Paul Cézanne   Aquarelle

DuMont Buchverlag Köln

Götz Adriani   Paul Cézanne   Aquarelle

CIP-Kurztitelaufnahme der Deutschen Bibliothek

Adriani, Götz:
Paul Cézanne: Aquarelle / Götz Adriani. –
Köln: DuMont, 1981.
ISBN 3-7701-1346-2
NE: Cézanne, Paul [Ill.]

Das Buch entstand als Katalog der Ausstellung
Paul Cézanne Aquarelle 1866–1906
Kunsthalle Tübingen
16. Januar–21. März 1982

© 1981 DuMont Buchverlag Köln
5. Auflage 1982
Alle Rechte vorbehalten
Gesamtherstellung: Dr. Cantz'sche Druckerei,
Stuttgart-Bad Cannstatt

Printed in Germany   ISBN 3-7701-1346-2

Paul Cézanne, *Selbstbildnis*, um 1895

Leihgeber

Basel	Kunstmuseum, Kupferstichkabinett
Basel	Galerie Beyeler
Basel	Sammlung Ernst Beyeler
Basel	Privatbesitz
Bergen	Privatbesitz
Budapest	Museum der bildenden Künste
Cambridge	Fitzwilliam Museum
Cambridge	Fogg Art Museum, Harvard University
Cardiff	National Museum of Wales
Chicago	The Art Institute
Cincinnati	Privatbesitz
Dublin	National Gallery of Ireland
Fribourg	Privatbesitz
Genf	Bibliotheca Bodmeriana
Genf	Galerie Jan Krugier
Genf	Galerie Krugier & Geofroy
Gent	Privatbesitz
Hartford	Wadsworth Atheneum
Hythe	Lord Kenneth Clark
Kopenhagen	Statens Museum for Kunst
Lausanne	Privatbesitz
London	Victoria and Albert Museum
London	The Trustees of The Tate Gallery
London	Courtauld Institute Galleries
London	Marlborough Fine Art Ltd.
London	Privatbesitz
Manchester	Whitworth Art Gallery
Montreal	Privatbesitz
New Haven	Yale University Art Gallery
New York	The Museum of Modern Art
New York	Mrs. Henry Pearlman
New York	Privatbesitz
Northampton	Smith College Museum of Art
Oberlin	Allen Memorial Art Museum
Ottawa	The National Gallery of Canada
Oxford	The Ashmolean Museum
Paris	Heinz Berggruen
Paris	Privatbesitz
Princeton	The Art Museum, Princeton University
Rotterdam	Museum Boymans-van Beuningen
Saint Louis	The Saint Louis Art Museum
San Francisco	Artus-Club
Stuttgart	Staatsgalerie, Graphische Sammlung
Tokio	The National Museum of Western Art
Tokio	Bridgestone Museum of Art
Washington	Privatbesitz
Wien	Kunsthistorisches Museum, Gemäldegalerie
Winterthur	Ehemalige Sammlung Hahnloser
Wuppertal	Von der Heydt-Museum
Zürich	Kunsthaus, Graphische Sammlung
Zürich	Marianne Feilchenfeldt
Zürich	Walter Feilchenfeldt
Zürich	Dr. Peter Nathan
Zürich	Privatbesitz

Dank

Eine Ausstellung mit Aquarellen Cézannes zu realisieren
schien zunächst aussichtslos. Denn die Einmaligkeit dieser
Werke deckt sich mit einer besonderen Empfindlichkeit. Daß
das Projekt dennoch mit einiger Zuversicht angegangen werden konnte, begründete sich aus einem Gespräch mit Marianne Feilchenfeldt in Zürich. Sie war von dem Ausstel-
lungsvorhaben, das gleichsam als Pendant zu einer 1978 in
der Kunsthalle Tübingen gezeigten Auswahl aus dem zeichnerischen Werk Cézannes gedacht war, sofort begeistert und
sagte ihre Unterstützung zu. Auf ihren Rat und ihre großzügige Hilfsbereitschaft konnten wir bauen. Deshalb sei ihr,
zusammen mit John Rewald, dessen grundlegende Forschun-
gen zu Leben und Werk Cézannes viele Anregungen gaben,
diese Katalogpublikation dankbar zugedacht.

Ohne das vertrauensvolle Entgegenkommen zahlreicher
Sammler, Galerien sowie der bedeutendsten Museen in den
USA und Kanada, in Japan, Großbritannien, Irland, den
Niederlanden, Belgien, Dänemark, in Ungarn, der Schweiz,
Österreich und der Bundesrepublik Deutschland hätte das
Unternehmen nicht verwirklicht werden können. Ihnen allen
sei dafür gedankt, daß schließlich nahezu sämtliche Wünsche
um Leihgaben erfüllt wurden. Ausstellungsumfang und Katalog sind identisch. Es wurde bewußt darauf verzichtet, die
Publikation durch zusätzliche Abbildungen zu einem Kom-
pendium aufzublähen, das mehr verspricht, als die Ausstellung hält. Die meisten der Arbeiten, von denen nur einige
wenige in Deutschland bisher zu sehen waren, sind hier erstmals farbig reproduziert und ausführlich katalogmäßig erfaßt. Dies war nur möglich dank des großen Engagements,
das der DuMont Buchverlag dem Projekt entgegenbrachte.

Ausstellung und Katalog geben mit 123, teilweise erstmals
vorgestellten Beispielen einen in diesem Umfang noch nie gezeigten repräsentativen Querschnitt durch Cézannes Aquarellmalerei aus vier Schaffensjahrzehnten. Man kann nur
wünschen, daß sie ähnliche Anstöße vermitteln wie die wichtige Retrospektive, die 1907 in der Galerie Bernheim-Jeune,
Paris, stattfand. Vor den 79 Exponaten dieser bis heute um-
fassendsten Aquarellausstellung, haben Picasso, Matisse, Braque und viele andere entscheidende Anregungen für ihr
künstlerisches Schaffen erfahren.

Götz Adriani

Inhalt

Paul Cézanne, 1904 fotografiert von Emile Bernard vor dem noch unvollendeten Gemälde *Die Badenden* (Barnes Foundation, Merion)

»Ich will nicht theoretisch recht haben,
sondern angesichts der Natur.«

Paul Cézanne, 1904

I

»Das Schöne ist sicherlich das Zusammentreffen alles Angemessenen«, schrieb Eugène Delacroix 1847. Diese nur vermeintlich bequeme Definition läßt sich auf die von den Einsichten in das Wesen der Natur durchdrungenen Aquarelle Paul Cézannes uneingeschränkt anwenden, sind sie doch Inbegriff des Schönen, das aus der Zusammenschau von Angemessenem verwirklicht wurde. Einzig in ihrer Art, geben sie diesem Maler par excellence, der den Sinn des Plastikers für Volumenbildung und Raumverhältnisse hatte, in allen Bereichen ihres Vorhandenseins recht. Wie kein anderer beherrschte Cézanne das die Malerei so überzeugend verkörpernde Medium. Als zutiefst empfundenen Ausdruck der Konsequenz seiner Überlegungen brachte er es zu ungeahnter Wirkung. Im sorgsam bedachten Gefüge der Aquarelle klären und erfüllen sich die Intentionen ihres Schöpfers besonders absichtsvoll. Sie machen das Zaudern, ja die Vergeblichkeit mancher Unternehmung, ebenso transparent wie eine unerreichte Gelassenheit und Sicherheit im Umgang mit der Farbe. In der konzentrierten Aussage dieser Erfindungen bewahrheitet sich Allgemeingültiges in der persönlichen Sicht, Vieldeutiges in eindeutiger Gestalt, das Naturganze im optischen Ausschnitt, der Raum in der Fläche, die Form durch Farbe. Alles in jenen Werken, die zu den Höhepunkten der europäischen Kunstgeschichte zählen und denen mit Worten nur ungefähr entsprochen werden kann, kündet von einer höchst subtilen ästhetischen Intelligenz, die keine Ausnahme ertrug.

Im Bewußtsein seiner Unzulänglichkeit und der Schwerfälligkeit seines Tuns mit Flaubert vergleichbar, schuf der in vielerlei Widersprüche verstrickte Cézanne ständig im Kampf gegen sich selbst, um endlich zu der vagen Gewißheit zu gelangen, auf dem richtigen Weg zu sein. Zwischen den Polen des »Gewaltsamen« am Anfang seines Schaffens und des »Gewaltigen« im Spätwerk[1] verbarg er hinter einem apodiktischen Vorgehen eine bis zur Selbstaufgabe reichende Unentschiedenheit. Dabei stand die ordnende Kraft einer aus unerhörter Willensanstrengung erwachsenen Selbstdisziplin neben unberechenbaren Gefühlslagen, entmutigenden Schüchternheiten und Verklemmungen; zugleich schlossen sich souveräne Unbeirrbarkeit und platte Verdrängungsmechanismen, Brüskes und Serviles keineswegs aus. Absolut persönliche Vorstellungsformen führten zu einer nach Art und Grad in der Geschichte der abendländischen Malerei als beispiellos bezeichneten Zurückdrängung des Subjektiven.[2] Provokationen waren dem Willen zu sachlicher Bestimmtheit eng benachbart, und Hoffnungen paarten sich mit der Angst, Wahrgenommenes könnte nicht realisiert werden. So bestimmten Rebellion und Reaktion eine Kunst, die Übereinkünfte rücksichtslos entwertete, um in Phasen strenger Disziplinierung um so beharrlicher die Traditionen fortzuführen und aus Überliefertem Zukünftiges zu entwickeln. Dem Bedürfnis, anerkannt zu werden, stand Kompromißlosigkeit diametral entgegen. Geradezu beispielhaft bestätigte dieses vom künstlerischen Anspruch aufgezehrte Leben, das keine Stagnation kannte, Delacroix' Vermutung, »daß es den langsamer…, mühsamer geformten Talenten bestimmt ist, länger in ihrer Kraft und ihrer Schaffensbreite zu leben«.[3] Kein Künstler war von seinem Anliegen so überzeugt und keiner ebenso von Zweifeln geplagt. Der Skeptiker Cézanne erhielt sich den Glauben an sein Kön-

1 Kurt Badt, *Die Kunst Cézannes*, München 1956, S. 229. Monet bezeichnete Cézanne als einen »Flaubert der Malerei, ein wenig schwerfällig, hartnäckig, fleißig, manchmal zögernd wie ein Genie, das um seine Selbstverwirklichung ringt«; zitiert nach Marc Elder, *A Giverny chez Claude Monet*, Paris 1924, S. 49.

2 Fritz Novotny, *Cézanne und das Ende der wissenschaftlichen Perspektive*, Wien 1938, S. 99.

3 Kuno Mittelstädt (Herausgeber), *Eugène Delacroix – Dem Auge ein Fest. Aus den Tagebüchern des Malers*, Berlin 1979, S. 241; die Originalausgabe der Tagebücher Delacroix' erschien unter dem Titel *Journal de Eugène Delacroix*, Paris 1893, in drei Bänden, die die Jahre 1823–1850, 1850–1854 und 1855–1863 umfassen.

nen, obwohl er sich fragen mußte, ob »es auf der Erde und im Laufe des Lebens das Gekünstelte und das Konventionelle sei, das am sichersten erfolgreich ist, oder aber eine Reihe von glücklichen Zufällen, die unsere Bemühungen gelingen läßt«.[4] Seine Arbeit war ihm mühsam hervorgebrachte Behauptung; »sein Arbeiten war ein Nachdenken mit dem Pinsel in der Hand« (Bernard).[5]

So paradox es klingen mag, der von verschiedenster Seite in Anspruch genommene Wegbereiter, auf dessen eindringlicher Haltung die Bildrevolutionen des 20. Jahrhunderts großenteils basieren, war ein Leben lang auf Autoritäten angewiesen. Um auf seinem fast monoman verfolgten Weg sicher zu gehen, stützte er sich auf den insgeheim bewunderten Lebenssinn des Vaters, auf das robustere Genie des Jugendfreundes Emile Zola, auf die Meisterwerke in den Museen und zuletzt auf den Sohn Paul.[6] Nichts lag dem auf sich selbst verwiesenen Cézanne ferner, als mit einem allein der Anschauung verpflichteten Werk, das niemals von zeitgenössischer Bedeutung war wie das eines Courbet oder Manet, Zäsuren zu intendieren und mit einer »verzweifelt unersättlichen Aufnahmefähigkeit einer neuen Kunst die Fährten zu öffnen« (Huysmans).[7] Die radikalen Folgerungen, die die Moderne aus Cézannes Werk zog, indem sie sich zusehends von der Naturanschauung distanzierte und Naturtreue mit Naturabhängigkeit verwechselte, wären kaum von ihm gebilligt worden. Mit den Worten, »er war für mich der einzige Meister..., er war eine Vaterfigur für uns; er war es, der uns Schutz bot«[8], setzte Picasso 1943 diesem noch heute mit dem virulenten Mythos vom verkannten Genie apostrophierten Menschen ein Denkmal. Die Leben und künstlerisches Schaffen betreffende Vereinzelung des in seiner Heimat verhöhnten Cézanne wurde symptomatisch für das inzwischen sentimental verkehrte Bild des unbeheimateten Künstlers, dessen Hoffnungen auf dem Glauben beruhen, das Anliegen des Einzelnen habe Sinn für ein Ganzes. Diese Vereinzelung stellte derart extreme Charaktere wie Gauguin oder den um Brüderlichkeit werbenden van Gogh, dessen Distanz zu sich selbst immer weniger kalkulierbar wurde, auf eine Stufe mit dem unverstandenen Cézanne, dem man Unverstand nachsagte. Der aus der Gesellschaft zurückgezogene und isoliert von ihren Belangen existierende Provenzale, der trotz des Gleichmaßes seiner Lebensumstände jedes soziale Umfeld entbehrte – und das, obwohl er späterhin sämtliche Vorurteile des Kleinstadtbourgeois teilte –[9], ahnte nichts von van Goghs Traum einer gegen die Vereinzelung gerichteten Ateliergemeinschaft in der Provence.

Cézannes Werk ist derart vielschichtig und oft auch in sich folgewidrig, daß es nur bedingt möglich ist, Anhaltspunkte zu gewinnen. Auffallende Markierungen fehlen, und kaum lassen sich klare Trennungslinien zwischen den einzelnen Werkteilen finden. Das aus Konflikten und Kontroversen resultierende Frühwerk nimmt manches vorweg, was über die auf das Zusammenbestehen der Dinge abhebende Reife der achtziger und beginnenden neunziger Jahre hinauswirkt, während die Spätzeit, offen und spannungsgeladen, Vorausgegangenes mitberücksichtigt. Die 415 in Lionello Venturis 1936 erschienenem Œuvre-Verzeichnis aufgeführten Aquarelle sind mit vier Ausnahmen weder signiert noch datiert.[10] Auch bei knapp 650 Nummern, die der neue, von John Rewald vorbereitete Catalogue

4 John Rewald (Herausgeber), *Paul Cézanne – Briefe*, Zürich 1979, S. 305.

5 Michael Doran (Herausgeber), *Conversations avec Cézanne*, Paris 1978, S. 58. Der Maler Emile Bernard, der bereits 1891 in der Zeitschrift Les Hommes d'Aujourd'hui einen ersten Aufsatz über Cézanne veröffentlicht hatte, besuchte diesen 1904 und 1905 in Aix-en-Provence. Seine Erinnerungen publizierte er unter dem Titel, *Souvenirs sur Paul Cézanne et lettres inédites*, in: Mercure de France, LXIX, 1. und 16. Oktober 1907, S. 385 ff., S. 606 ff. Die von Bernard überlieferten Aussagen Cézannes, die von Autoren wie Gasquet, Vollard, Larguier und anderen teilweise wörtlich übernommen wurden, sind jüngst unter anderem in der von Michael Doran edierten Zusammenfassung erschienen. Vgl. auch Götz Adriani, *Paul Cézanne – Zeichnungen*, Köln 1978, S. 85 f., Anm. 163.

6 Am 23. November 1894 schrieb Monet an den Kritiker Gustave Geffroy: »Welches Unglück, daß dieser Mann keine bessere Stütze in seinem Dasein gehabt hat! Er ist ein wirklicher Künstler, aber so weit gekommen, daß er allzusehr an sich zweifelt«; vgl. auch die *Cézanne Briefe* 1979, op. cit., S. 110 f., S. 152, S. 154, S. 156, S. 162, S. 192 f., S. 195, S. 304 f., S. 308.

7 Joris Karl Huysmans, *Trois peintres: Cézanne, Tissot, Wagner*, in: La Cravache, 4. August 1888; sowie in *Certains*, Paris 1889, S. 38 ff.

8 Gyula Brassaï, *Picasso and Co.*, New York 1966, S. 79.

9 Zur täglichen Lektüre des alten Malers gehörten die Zeitungen Le Pèlerin und La Croix; letztere wurde 1899 wegen ultramontaner Umtriebe belangt.

10 Lionello Venturi, *Cézanne – son art, son œuvre*, Text- und Abbildungsband, Paris 1936. Die Venturi Nrn. 808, 821 und 1032 sind signiert, Nr. 814 ist sowohl signiert als auch 1867 datiert.

Raisonné der Aquarelle enthalten wird, ist kaum mit einem anderen Ergebnis zu rechnen. Während etwa 100 Gemälde nach äußeren Merkmalen zeitlich bestimmt werden können und durch die zahlreichen Bildnisse des heranwachsenden Sohnes Paul bei den Zeichnungen gewisse Datierungshilfen gegeben sind[11], ist man im Falle der Aquarelle weitgehend auf stilistische Kriterien angewiesen, um zumindest ungefähre Richtlinien auszumachen. Da Rückgriffe, Überschneidungen und Vorwegnahmen in allen Bereichen dieses künstlerischen Werdegangs selbstverständlich waren, können Klärungen nur annäherungsweise, das heißt in weiten zeitlichen Spannen und mit dem Vorbehalt hoher Unsicherheitsquoten herbeigeführt werden. Vorsicht ist selbst dann geboten, wenn Gemälde, Aquarelle und Zeichnungen das gleiche Motiv zeigen, denn der Maler benutzte über große Zeiträume hinweg dieselben Requisiten und bevorzugte dieselben Landschaftsausschnitte. Auch stellen sich Entwicklungen keineswegs in allen behandelten Bildgattungen vergleichbar dar, und selbst ungefähr Gleichzeitiges kann wesentlich voneinander abweichen. Cézanne pflegte formale Grundzüge, mit Unterbrechungen, lange Zeit beizubehalten, und manches Mal zeigen sich Neuansätze, die dann erst sehr viel später auch in anderen Zusammenhängen weiterverfolgt wurden. Er trug einmal durchdachte Vorstellungen stets in sich fort; aus diesem Grunde ist das in mitunter rüdem Zugriff die persönlichen Komplikationen reflektierende Frühwerk keineswegs ein Cézanne vor dem eigentlichen Cézanne[12], sondern es ist unumgängliche Voraussetzung für das nachfolgende Œuvre. Sogar dann ist dies spürbar, wenn sich spätere Entwürfe, die eine starke Objektivierungstendenz des Subjektiven behaupten, im Widerspruch zum Vorhergegangenen herausbilden. Einen gemeinsamen Nenner hat dieses Werk allein darin, daß es sich jedem oberflächlichen Interesse sowie jeder einseitigen Kategorisierung entzieht.

Wie es zu Cézannes besonderer Neigung für die Aquarellmalerei kam, was diese derart attraktiv für ihn machte und welcher Stellenwert ihr innerhalb des Gesamtwerks zufiel, kann nur vermutet werden. Tatsache ist, daß sie sich, von Dürer als autonomes Medium erkannt, erst im Laufe des 18. Jahrhunderts, vorwiegend in England durchgesetzt hatte. Zwar gehörte der Umgang mit dem Aquarell dann allerorten zum Zeitvertreib Höherer Töchter – auch Cézannes Schwester Marie widmete sich dieser Tätigkeit –, aber die lasierende Sonderform der Wasserfarbenmalerei fristete in Frankreich bis zu Delacroix weiterhin ein eher untergeordnetes Dasein neben einer auf lineare Konzeptionen versessenen, klassizistischen Doktrin. Zu den wenigen erklärten Aquarellisten des französischen 19. Jahrhunderts zählt François Marius Granet, der auf diesem Gebiet sein bestes leistete. Wie Cézanne in Aix-en-Provence geboren, verdankt ihm seine Heimatstadt die Stiftung des dortigen Musée Granet, wo heute auch drei, von amerikanischen und englischen Sammlern geschenkte Cézanne-Aquarelle im Schatten des Granetschen Nachlasses ein zunehmend verblassendes Zeugnis für den kaum geliebten Sohn der Stadt ablegen[13], der doch wesentlich dazu beigetragen hat, daß die Provinz zur Provence wurde. Cézanne frequentierte das 1838 eröffnete Museum im ehemaligen Prioratsgebäude der Malteserritter nicht nur während des

11 Vgl. Wayne V. Andersen, *Cézanne's Portrait Drawings,* Cambridge (Massachusetts) – London 1970, S. 115 ff.

12 Während Bernard Dorival in seiner Monographie *Cézanne,* Hamburg 1949, S. 32, die Vermutung äußert, daß Cézanne, wenn er nur die frühen Bilder gemalt hätte, kaum einen bedeutenden Platz in der Geschichte der französischen Kunst eingenommen hätte, spricht Werner Hofmann in *Grundlagen der modernen Kunst,* Stuttgart 1978, S. 227, von den »romantischen Exzessen seiner Jugendsünden«!

13 Venturi Nrn. 931, 1027, 1054.

Unterrichts an der ebenfalls dort untergebrachten Ecole spéciale de dessin d'Aix, sondern auch später zu Studienzwecken. Dabei dürften ihm Granets zahlreiche Landschaftsaquarelle nicht entgangen sein.[14]

In Paris, wo Ernest Meissonier mit säuberlich ausgemalten, von Champfleury als Däumlingsmalerei bespöttelten Aquarell-Gouachen ein Meister des bis ins kleinste perfektionierten, historischen Genres war und Johan Barthold Jongkind, gefolgt von Eugène Boudin, als einer der ersten seine für die Impressionisten vorbildlichen Aquarelle in freier Natur ausführte, lenkte die intensive Beschäftigung mit dem Werk Delacroix' die Aufmerksamkeit des jungen Cézanne gewiß auch auf dessen Aquarellkunst. Delacroix, der in der Farbe jenen unbegrenzt wirkenden Faktor sah, der die Herstellung von Bezügen und kühnen, über die Form hinausgreifenden Verflechtungen erlaubte, war mit der Aquarellmalerei durch die englischen Aquarellspezialisten Copley und Thales Fielding sowie durch den Freund Edouard Soulier vertraut gemacht worden. Zweifellos trug Cézannes Aversion gegen alle akademischen Klassizismen, die das Aquarell vollends zur Bedeutungslosigkeit verdammten, viel dazu bei, daß er gerade dieses ausgesprochen farbbezogene, freie malerische Verfahren für sich entdeckte. Bedeutete ihm doch Farbe – in Übereinstimmung mit Delacroix – konstituierende Materie schlechthin. Das im Spektrum aufgefächerte Licht, das aus der Substanz der Dinge zu kommen scheint, wurde ihm primäres, im Zentrum der Überlegungen stehendes Gestaltungsmittel, hinter dem lineare oder perspektivische Stilisierungen zurückzustehen hatten. Früh schon war Cézanne klar geworden, daß der Einsatz seiner Mittel und ihre spezifische Anwendung nirgends derart offenkundig ist wie im Aquarell, das den Weg von der sinnlichen Erfahrung über die Formwerdung zur Bildgestalt Schritt für Schritt nachvollziehbar darlegt. Das von der Unmittelbarkeit des optischen Erlebens geprägte Verfahren vermag in der Offenlegung des gestaltenden Prozesses spontan zu wirken, obschon es zu den am schwersten zu meisternden Bildmedien zählt. Denn jeder Pinselstrich, jede aufgetragene Farbform ist unwiderrufliche Feststellung, und nichts kann dem Zufall überlassen bleiben. Korrekturen sind ausgeschlossen, da die hochwertigen Papiere, selbst bei vorsichtigem Auswaschen mit dem Schwamm, niemals die ursprüngliche Helle zurückerhalten und Bleistiftvorzeichnungen wegen der Oberflächenveränderungen, die auch bei nachheriger Übermalung störend ins Gewicht fallen, kaum radiert werden können.

Die dem Aquarell eigene Transparenz der Farben dürfte mit ausschlaggebend gewesen sein, daß sich Cézanne in so hohem Maße dieses Mediums bediente und gegen Ende der siebziger Jahre vom Gebrauch vermischter Wasserfarbentechniken Abstand nahm, bei denen deckende und lasierende, ebenso wie die sogenannten unbunten Farben Schwarz und Weiß Verwendung fanden.[15] Während bei deckenden Techniken wie der Gouache ein Mehr an Bindemittel zu einer stärkeren Konzentrierung der Farbteilchen führt, verbinden sich im Aquarell die Pigmente in kolloidaler Feinheit. Nur beim Lasieren, das heißt beim Malen mit durchsichtigen Farben auf ausschließlich weißem oder nur leicht getöntem Papier – oft handelt es sich um handgeschöpftes Bütten –, wirken Tiefen- sowie Oberflä-

14 In den 1907 veröffentlichten Erinnerungen an seinen ersten Besuch bei Cézanne in Aix-en-Provence, 1904, schrieb Emile Bernard: »Wir gingen zusammen ins Museum von Aix, um uns einige Gemälde von Granet und zwei bis drei Säle mit alten Meistern anzusehen. Er liebte die Malerei Granets, und er war gegen diesen eher mittelmäßigen Künstler über alle Maßen nachsichtig; vielleicht von seiner Jugendzeit her«; zitiert nach *Conversations avec Cézanne* 1978, op. cit., S. 75.

15 Delacroix notierte am 5. und 6. Oktober 1847: »Was der Malerei auf weißem Papier soviel Feinheit und Glanz gibt, ist zweifellos diese Transparenz, die von der notwendig weißen Natur des Papiers herrührt... Der besondere Zauber des Aquarells, neben dem jede Ölmalerei immer fuchsig und schmutzig erscheint, liegt in dieser fortdauernden Transparenz des Papiers begründet; das wird damit bewiesen, daß ihm etwas von dieser Eigenschaft verlorengeht, wenn man ein wenig Gouache hineinbringt; in einer Gouache geht sie völlig verloren«; zitiert nach *Delacroix Tagebücher* 1979, op. cit., S. 31 f.

chenlicht in lichtdurchlässigen und lichtaufnehmenden Farbflächen zusammen. Das Aquarellieren ermöglicht farbige Durchdringungen, die zu gleichen Teilen durchsichtig und vom Grund her durchscheinend sind, sowie Farbkombinationen, die sich durch das einfache Übereinanderlegen verschiedener Töne ergeben. Im genau abgewogenen Verhältnis von Farbmenge und Wasser besteht das Farbpigment – sogar bei äußerster Verwässerung und den damit erzielten höchsten Helligkeitsstufen – gleichmäßig in allen Teilen fort. Cézanne vermied zumeist ein breites Zerrinnen der Farben sowie verfließende Übergänge an den Rändern oder Auflösungen zum Lichtgrund, worauf englische Spezialisten mit Vorliebe abhoben. Dadurch entsteht in seinen Aquarellen kaum einmal der Eindruck willkürlich summierender Lavierungen. Vielmehr wurden die transparenten Farben nach jeweiligem Antrocknen in langwierigen Überlegungen von Schicht zu Schicht aufgetragen, so daß es ein leichtes war, aus den primären Farben Gelb, Rot und Blau in durchscheinenden Lagen die sekundären Farben Orange, Violett und sämtliche Grünschattierungen zu erlangen. Trotz unterschiedlichster Nuancierungen bleiben der Eigencharakter der einzelnen Farbe sowie ihre spezifische Ausstrahlung grundlegend; stets sind die Ausgangspunkte der weniger ineinander-, als übereinandergreifenden Komponenten deutlich. Wird beispielsweise wegen des Grüns ein Blau über Gelb gelegt, ist durch das Blau hindurchschimmernd auch die Gelbsubstanz spürbar. Cézanne zog diese Art assoziativer Farbüberblendung jenen Vermischungen vor, die durch Naß-in-naß-Malerei erreicht werden und kaum unter Kontrolle zu halten sind. Entscheidendes Kriterium der verschieden schmalen und breitrechteckigen, der konisch zugespitzten und runden Farbausformungen war die bestimmten Richtungsimpulsen folgende Eigenart der Pinselzüge. Nur durch die geringfügige Veränderung von Haltung, Druck und Zug des Pinsels konnte die ganze Skala von dünnzeichnenden, in kleinteiligen Übergängen abgestuften Strichlagen und feinsten Liniensetzungen bis zum breitflächigen Auftrag ausgeschöpft werden.

In Cézannes erhaltenen Briefen, die die einzige authentische Schriftquelle darstellen, ist nur sporadisch von der Aquarellmalerei die Rede. 1858 empfahl er voller Ironie die »unvergleichliche Schönheit« einer im Brief enthaltenen, aquarellierten Federzeichnung der Aufmerksamkeit des Freundes Zola. Ebenfalls an Zola schrieb Cézanne am 30. Juni 1866 aus Bennecourt, einem Dorf am rechten Seineufer, wo er den Sommer verbrachte, in Zusammenhang mit dem Projekt eines Figurenbildes: »Das Bild kommt nicht allzu schlecht vorwärts, aber so ein ganzer Tag vergeht doch nur langsam; ich sollte mir einen Aquarellfarbkasten kaufen, um während der Zeit zu arbeiten, die ich nicht meinem Bilde widme.«[16] Es sollten 40 Jahre vergehen, bis das Aquarellmedium nochmals Erwähnung fand. Im August 1906 schrieb der Künstler aus Aix an den Sohn Paul nach Paris: »Ich warte bis vier Uhr, dann kommt der Wagen mich abholen und fährt mich zum Fluß, an den Pont des Trois Sautets. Dort ist es ein wenig kühl. Gestern fand ich es sehr angenehm dort und begann ein Aquarell in der Art von denen, die ich in Fontainebleau gemacht habe; es scheint mir harmonischer zu sein; die Hauptsache ist, einen möglichst reichen Zusammenklang zu schaffen.« Und zwei Mo-

16 *Cézanne Briefe* 1979, op. cit., S. 19f., Abb., S. 111. Vgl. Rodolphe Walter, *Cézanne à Bennecourt en 1866*, in: Gazette des Beaux Arts, LVII, 103, 1961, S. 103 ff.

nate später berichtete er an den gleichen Adressaten: »Da die Ufer des Flusses ein wenig kühl geworden sind, habe ich sie verlassen und bin in die Gegend von Beauregard hinaufgestiegen, wo der Weg hügelig und sehr pittoresk, aber sehr dem Mistral ausgesetzt ist. Zur Zeit gehe ich zu Fuß und nur mit dem Aquarellsack dorthin und verschiebe die Ölmalerei auf später, wenn ich einen Platz zum Unterstellen meines Gepäcks gefunden haben werde.« Noch im letzten Brief an den Sohn vom 15. Oktober 1906, sieben Tage vor dem Tod, bat Cézanne, wie im Jahr zuvor zwei Dutzend Marderhaarpinsel zu bestellen.[17] Wahrscheinlich kam den vielseitigen Ansprüchen des Aquarellisten deren bauchige, naß in eine feine Spitze zulaufende Form besonders entgegen; denn sie kann sowohl reichlich flüssige Farbe aufnehmen, wie auch bei vollem Aufsetzen in genau abschätzbaren Mengen wieder abgeben und darüber hinaus überschüssige Flüssigkeiten vom Papier abheben.

Aus den wenigen Briefstellen zu schließen, der Künstler habe dem Aquarell nur bedingt und zeitweise Beachtung geschenkt, wäre freilich verfehlt. Qualität und Quantität der Produkte sprechen für sich. Immerhin erfährt man, daß Cézanne mitunter die Aquarellmalerei aufgrund ihrer leichteren Anwendung der mit allerlei Umständen verbundenen Ölmalerei vorzog. Die auf Papierblock, einen kleinen Farbkasten, Pinsel und Wasser beschränkten Aquarellutensilien waren gegenüber Staffelei, aufgezogener Leinwand, Palette, Spachtel, Pinseln und Farbtuben leichtes Gepäck, das mühelos mitgeführt werden konnte und auch der schwächer werdenden Konstitution des alten Malers Rechnung trug. Unkompliziert dürfte auch der Umgang mit den bevorzugten Papierformaten gewesen sein. Die meist querliegend verwandten Bogen lassen an den Ecken teilweise die Durchstiche erkennen, die beim Aufspannen auf eine feste Unterlage entstanden; ihre Maße bewegen sich hauptsächlich in einem mittleren Größenbereich von ca. 250×500 mm. Eine obere Grenze war mit einer Bogengröße von knapp 500×650 mm erreicht. Ausgesprochene Kleinformate, die frühen und späten Figurenbildern vorbehalten blieben, entstammten oft den Skizzenalben, die maximal 210×273 mm groß sind.

Neben den eher praktischen Gesichtspunkten erwies sich das vor dem Motiv bequem zu handhabende Aquarell als geradezu ideal, um auch geringfügigen Naturphänomenen auf die Spur zu kommen. Die fortschreitende Sicherheit im Umgang mit den Feinheiten der Technik erlaubte Cézanne, geradewegs seinen Eingebungen zu folgen. Alleinstehende Baumkronen, Blütenranken oder eine aus Geäst und Blättern verdichtete Musterung, die für die ambitionierte und langwierige Arbeit auf Leinwand kaum von Interesse gewesen wäre, geben im Aquarell eine bemerkenswert lyrische Seite des Malers zu erkennen. Geringstes wurde mit größter Gewissenhaftigkeit vorgetragen, und Qualitäten, die man schwerlich mit seinen Absichten in Verbindung bringt – wie eine nur in ersten Andeutungen wahrnehmbare Regung zarter Zweige im Wind oder die diaphane Spiegelung von Baumgruppen im Wasser –, gewinnen im Aquarell Gestalt. Wohl weil die unterschiedlichen Eigenschaften der Öl- und Aquarellfarben ein völlig anderes Reagieren erfordern, zeigt sich dasselbe Motiv auf Papier von weniger gewichtigem

17 *Cézanne Briefe* 1979, op. cit., S. 301 f., S. 311 f.

Charakter als auf Leinwand. Selbst jene Aquarelle mit relativ großen Formaten, die den ausgearbeiteten Pastellen Degas' vergleichbar sind und den Anspruch des Mediums repräsentieren, wirken unmittelbarer und spontaner, da sie weitgehend unbelastet sind von einer Materialität, die der Vollendung der Leinwandbilder oft im Wege stand. Die in den zwanziger Jahren einsetzende Erörterung, ob die Aquarelle nun überwiegend zur Vorbereitung der Gemälde dienende Studien seien oder ob sie eine autonome Werkgruppe bilden, erscheint müßig. Bei genauerer Differenzierung bemerkt man die verschiedensten Funktionen. Seite an Seite mit jenen genügsamen Impressionen vor der Natur, die eine prompte Antwort der Hand auf die Inspiration gaben, entstanden bedachtsam komponierte Werke mit bildmäßigem Rang. Nur leicht mit Farbe angereicherte Bleistiftstudien, die vereinzelt in Skizzenalben vorkamen, bevor sie von Paul Cézanne *fils* zum Zwecke kleiner Präsente herausgetrennt wurden, stehen neben sorgfältig ausgemalten Ergebnissen. Farbig Skizziertes – wofür Dürer den anschaulichen Begriff »Halbe Färblein« gebraucht hatte – konnte eine erste Idee dessen sein, was nach Vervollkommnung verlangte, oder aber zur Präzisierung bereits gefaßter Vorstellungen dienen. Im weniger verpflichtenden Medium mag es mitunter leichter gefallen sein, sich Klarheit über Gesamtstrukturen zu verschaffen sowie die Grenzen zu erkunden, die der Wahrnehmung mit den Mitteln der Kunst gesetzt sind. Während Cézannes Zeichnungen dem persönlichen Gebrauch vorbehaltene Arbeitsmaterialien waren, ist das Hauptkontingent dessen, was der Aquarellist dem Papier anvertraut hat, den Realisationen auf Leinwand ebenbürtig; ja es übertrifft sie stellenweise sogar, da es seine Geltung auch aus der Gewißheit bezieht, ohne Einzelheiten vollendet zu sein.

Bei grundsätzlich gleicher Themenstellung unterscheiden sich die Aquarelle von den Gemälden und Zeichnungen durch eine andere Gewichtung der Bildgattungen. Denn auffallend ist die Dominanz der Landschaftsaquarelle, die der Tatsache Rechnung trägt, daß seit jeher die Landschaftsdarstellung im Aquarell eine ihr gemäße Technik gefunden hat. Figurenbilder und Stilleben nehmen quantitativ eine mittlere Position ein, während man die Vielzahl der Porträts auf Gemälden und Zeichnungen sowie die im zeichnerischen Werk vorherrschenden Studien nach ausgewählten Vorbildern vergebens sucht.[18] Auch wenn die noch unbekannten, die verlorenen oder vom Künstler zerstörten Aquarelle mit in Betracht gezogen werden könnten – vor allem, als das 40 Jahre benutzte Atelier im Elternhaus 1899 geräumt werden mußte, sind viele Arbeiten auf Papier vernichtet worden –, würde sich an diesem Verhältnis schwerlich etwas ändern. Der Maler bevorzugte auch im Aquarell Landschaftsausschnitte, Gegenstände und – im Falle der wenigen Bildnisstudien – Personen, mit denen er sich ständig beschäftigte. An den nahestehenden Requisiten im Atelier, an den seit der Kindheit wohlbekannten provenzalischen Landschaften und den ihm vertrauten Modellen fand er den Halt, sein künstlerisches Anliegen zu exemplifizieren. Motive, in die sich Cézanne nicht über lange Zeit hineinversetzen konnte, bereiteten ihm Schwierigkeiten. Daher auch sein Verzicht, in poetischer Verklärung des Alltäglichen die Menschen und ihre Schauplätze, die Boulevards, die Strände, die Parks oder Rennplätze zu

18 Daß sich Cézanne bei seinen Studien nach den Alten Meistern weitgehend auf rasch skizzierte Zeichnungen beschränkte, mag daran gelegen haben, daß es ihm unangenehm war, vor einem neugierig Vergleiche anstellenden Publikum in den Museen, mit den für die Malerei benötigten Utensilien zu agieren.

zeigen.[19] Das entsprach weder seinem Lebensgefühl, noch seiner Vorstellung von klassischen Inhalten. Seine Augenzeugenschaft beschränkte sich auf die Natur oder den Menschen sowie auf deren Relikte im Stilleben. Eine Anteilnahme an gesellschaftlichen Realitäten hätte zu weit von der eigenen Lebensproblematik weggeführt, die nicht im Zeitgemäßen sondern im Naturgemäßen Authentizität suchte. Den aktiven, tätigen Menschen und dessen Eingrenzung in ein dokumentierbares Damals oder Heute eliminierte Cézanne aus seinem Vorstellungsbereich. Dem Daumier- und Courbetbewunderer gingen deren kritische Zeitgenossenschaft ebenso ab wie der weltmännische Anstrich eines Manet und Degas oder das unbekümmerte Augenblicksverständnis Pissarros und Monets. Um sein Weltbild herauszuhalten aus den Programmen, die sich das 19. Jahrhundert zurecht gelegt hatte, verzichtete Cézanne weitgehend auf Zeitbezüge; er wollte weder der Gegenwart noch einem Vergangenen mit all seinen Abnutzungserscheinungen zu ihrem Recht verhelfen. Wenn er aus Landschaften Natur, aus Figuren Körper, aus beliebigen Dingen die Unbeirrbarkeit der Stilleben und aus Physiognomien die faszinierende Nüchternheit seiner Bildnisse schuf, war es das Motiv an sich, das seine Aufmerksamkeit erregte und das er von historisch oder zeitgenössisch relativierten Vordergründen abrückte. In malerische Zusammenhänge gebracht, blieben Einmaligkeit und Auswirkungen des Motivs, das Ephemere eines Zeitpunktes oder der Wandel der Umstände großenteils unberücksichtigt. Ohne jemals auf dem extremen L'art pour l'art-Standpunkt einer sich selbst zum Gegenstand gewordenen Kunst zu beharren und das Wie der Form entschieden dem Was der Inhalte vorzuziehen, war dem Maler das Motiv in erster Linie Anlaß, Mittel und Maß der Farbformenanalyse. Obwohl die Wahl des Vorwurfs einen sehr persönlichen Akt der Entscheidung darstellte, wirken die von Zeit und Ereignissen unbefangenen Bildresultate unpersönlich.[20] Der Künstler tat alles, um die Vertrautheit mit den Bildobjekten im Bilde zu neutralisieren. Er nahm ihnen das, was eine besondere Neugier, was Gefühle oder Stimmungen veranlaßt hätte. So verbannte er aus den Landschaften Detailtreue oder erbauliche Staffage, und nur wenige Stillebengegenstände lassen konkrete Rückschlüsse auf den Autor zu. Entfremdung resultiert aus den am Anfang stehenden Figurenszenen, und Vereinsamung sowie fehlende Kontaktbereitschaft charakterisieren Porträts, in denen das Außen zum inneren Monolog geraten ist. Als Ausdruck dessen, womit sich Cézanne nur in seiner Phantasie verbunden fühlte, sowie als Gegengewicht zu den vor dem Motiv gestalteten Bildgattungen sind seine Figurenszenen die einzig frei erfundenen, ganz aus der Einbildung gewonnenen Sujets. Menschenleere in den Landschaften und Naturferne in den frühen Szenerien heben sich zumindest in jenem Stück *Orplid* auf, wo das ziel- und handlungslose Dasein der *Badenden* den Erweis glückvollen Eingebettetseins des Menschen in die Natur zu erbringen hat.

Noch zu Lebzeiten Cézannes richtete sich die Aufmerksamkeit mancher Kollegen, Sammler, Händler und vereinzelt auch der Journalisten auf die Aquarelle. Renoir und Degas sowie die Sammler Victor Chocquet, Isaac de Camondo und Auguste Pellerin besaßen Aquarelle des Künstlers.[21] Der symbolistische Dichter und Kritiker des Mercure de France, Charles Morice, der 1902 einem unbekann-

19 So sehr Cézanne das 1867 veröffentlichte Romanwerk *Manette Salomon* der Brüder Goncourt schätzte, das, ausgehend von Honoré de Balzacs *Le Chef d'Œuvre Inconnu* und hinführend zu Zolas *L'Œuvre*, sämtliche Aspekte des Künstlerlebens behandelt, konnte er sich doch nicht mit der darin geforderten contemporanéité, der Zeitgenossenschaft des Künstlers, anfreunden.

20 André Breton, der Klassiker des Surrealismus, wies 1937 darauf hin, daß Cézanne wiederholt seine Sujets mit einer Aura versah: »...seit dem *Mord* von 1870, bei dem dieses Bestreben evident ist, bis zu den *Kartenspielern* von 1892, die von einer halb tragischen, halb kasperltheaterhaften Drohung umwittert sind, durchaus vergleichbar jener, die bei dem Kartenspiel in dem Chaplin-Film *Ein Hundeleben* in die Tat umgesetzt wird; nicht zu vergessen der *Junge Mann vor einem Totenschädel*, der, seiner Erfindung nach scheinbar von gänzlich abgestandener Romantik, so wie er gemalt ist, diese Romantik dennoch weit hinter sich läßt: die metaphysische Unruhe sinkt über das Bild aus den Falten des Vorhangs«; zitiert nach André Breton, *L'Amour fou*, München 1978, S. 131 f.

21 Beim Verkauf der Sammlung Chocquet, Anfang Juli 1899, durch die Galerie Georges Petit, Paris, wurden für die Aquarelle *Roches parmi les bruyères, en forêt* 155 Francs, für *Chemin dans la montagne* (Venturi Nr. 814) 180, und für *Fleurs et fruits* (Venturi Nr. 808) 390 Francs erzielt; siehe John Rewald, *Chocquet and Cézanne*, in: Gazette des Beaux Arts, LXXIV, 111, 1969, S. 85. Aus dem Nachlaß Chocquets erwarb Isaac de Camondo das Aquarell *Les pots de fleurs* (Venturi Nr. 952), das er zusammen mit den Aquarellen *Le cruchon vert* (Venturi Nr. 1138), *Les rideaux* (Venturi Nr. 1123) und *Le four à plâtre* (Venturi Nr. 979) dem Musée du Louvre, Paris, vermachte. Durch diese Schenkung kamen 1911 die ersten Aquarelle Cézannes in ein Museum.

22 Charles Morice, *Aquarelles de Cézanne*, in: Mercure de France, LVI, 193, 1. Juli 1905, S. 133 f.

23 Maurice Denis, *La Peinture*, in: L'Ermitage, 15. November 1905.

24 John Rewald (Herausgeber) *Camille Pissarro – Briefe an seinen Sohn Lucien*, Erlenbach-Zürich 1953, S. 392. Cézanne scheint sich dessen bewußt gewesen zu sein, als er am 27. Juni 1904 an Bernard schrieb: »Das Wetter ist schön, ich profitiere davon, um zu arbeiten. Man sollte zehn gute Studien machen und sie teuer verkaufen, da die Liebhaber nun einmal darauf spekulieren«; zitiert nach *Cézanne Briefe* 1979, op. cit., S. 283 f.
    Laut Georges Rivière, *Le maître Paul Cézanne*, Paris 1923, S. 229, waren in der Exposition rétrospective du Salon d'Automne 1904 sieben Aquarelle zu sehen, die Paul Cézanne *fils* zur Verfügung gestellt hatte: *La Montagne Sainte-Victoire; Paysage d'Auvers; La Montagne Sainte-Victoire et l'arbre; Le Jas de Bouffan; Baigneuses; La Bouteille de Cognac; La Nappe.*

25 Die Exponate sind aufgeführt in Rivière 1923, op. cit., S. 229 ff.

26 Clara Rilke (Herausgeber), *Rainer Maria Rilke, Briefe über Cézanne*, Frankfurt 1977, S. 97.

27 Robert Delaunay, *Du Cubisme à l'Art Abstrait*, Paris 1957, S. 72. Jacques Rivière, *Cézanne*, Paris 1910.

28 Vgl. die Ausstellungsbesprechung *Aus Berliner Kunst-Salons*, in: Die Kunst für Alle, XVI, 8, 15. Januar 1901, S. 193.

29 Im Katalog der *Internationalen Kunstausstellung des Sonderbundes*, Köln 1912, sind zwei Aquarelle aufgeführt: Nr. 150 *Pfirsiche* (Venturi Nr. 854) und Nr. 151 *Blumen in grünem Topf* (aus dem Besitz von Alfred Flechtheim).

30 Delaunay 1957, op. cit., S. 58. Paul Klee hatte 1909 in seinem Tagebuch notiert: »Wille und Disziplin ist alles. Disziplin im Hinblick auf

ten, 21jährigen Spanier namens Picasso Kraft, Begabung und Talent attestiert hatte, befand anläßlich der ersten, 1905 in Paris von dem Kunsthändler Ambroise Vollard veranstalteten Aquarellausstellung Cézannes, daß »diese wunderbaren Studien geprägt sind von dem primitiven, naiven Charakter, den ein ständig an der Vergangenheit orientierter Blick in allem entdeckt«.[22] Aus gleichem Anlaß schrieb der Maler Maurice Denis: »Kürzlich sahen wir bei Vollard eine Anzahl von Aquarellen, die über einer in Preußischblau angelegten Skizzierung aus lebhaften Kontrasten aufgebaut waren. Die bestimmte Farbigkeit dieser Studien, die wie Gemälde komponiert und konstruiert sind, war breit, lebendig, kraftvoll und von einem wundervollen Klang; man fühlt sich an alte Fayencen erinnert.«[23] Seit der Jahrhundertwende war Cézanne, der 1899, 1901, 1902 und 1905 an den Ausstellungen des Salon des Indépendants sowie 1904, 1905 und 1906 an denen des Salon d'Automne beteiligt war, »sehr en vogue, was ganz erstaunlich ist«, wie Pissarro vermerkte.[24]

1907 – der Maler war im Jahr zuvor verstorben – fanden dann die im Hinblick auf die Rezeption einer jungen Künstlergeneration wichtigsten beiden Retrospektiven statt. Vom 17. bis 29. Juni zeigten die Brüder Josse und Gaston Bernheim-Jeune, die unlängst von Paul Cézanne *fils* knapp 100 Aquarelle erworben hatten, in ihrer Pariser Galerie mit 79 Arbeiten die bis heute vollständigste Aquarellausstellung[25], während im Oktober 1907, innerhalb des V. Salon d'Automne, 56 Gemälde zu sehen waren; gleichzeitig veröffentlichte der Mercure de France Cézannes Briefe an Emile Bernard. Die beiden Ausstellungen motivierten Künstler wie Matisse, Derain, Braque und Picasso zu ihren für das Entstehen der Kunst des 20. Jahrhunderts entscheidenden Einsichten. Durch Paula Modersohn-Becker auf die Retrospektiven hingewiesen, antwortete Rainer Maria Rilke, dessen frühe Briefe über Cézanne zum einprägsamsten zählen, was je über den Maler geschrieben wurde, am 28. Juni 1907: »Bernheim-Jeune stellt Aquarelle von Cézanne aus, die ich gestern sah. Davor fiel mir ein, daß Sie mir von Cézanne gesprochen hatten, von ›Wunderschönem aus seiner Jugend‹, wie ich wörtlich erinnere, und von der geplanten Ausstellung seiner Bilder im nächsten Salon d'Automne ... die Aquarelle sind sehr schön. Ebenso sicher wie die Bilder und ebenso leicht, wie jene massiv sind. Landschaften, ganz leichte Bleistiftumrisse, auf die nur da und dort, als Nachdruck und Bestätigung gleichsam, ein Zufall von Farbe fällt, eine Reihe von Flecken, wunderbar angeordnet und von einer Sicherheit im Anschlag, als spiegelte sich eine Melodie.«[26] 1909 und 1910 stellte die Galerie Bernheim-Jeune erneut Aquarelle aus, worauf Robert Delaunay notierte, daß die »Aquarelle Cézannes den Kubismus ankünden; die farbigen, oder besser leuchtenden Pläne zerstören das Objekt«. Damals auch veröffentlichte Jacques Rivière einen Cézanne-Text, in dem er hervorhob, daß »Cézanne nicht der ungeschickte Erhabene war, als den ihn uns gewisse Legenden darzustellen suchen. Im Gegenteil, seine Aquarelle zeigen eine schwindelnde Geschicklichkeit, der vielleicht nur die Virtuosität der Japaner gleichkommt.«[27] Man mag mit den beiden letztgenannten Beurteilungen nicht konform gehen, da die von Cézanne eingeführten »plans« die Gegenstände eher bestätigen, als daß sie sie zerstört hätten und er alles andere als geschickt und virtuos war, solches blieb der Raffinesse seiner unzähligen Epigonen vorbehalten. Doch zeigen auch diese Reaktionen, daß das Interesse früh auf die Aquarelle gestoßen ist. In Deutschland bemühte sich der Kunsthändler Paul Cassirer schon seit 1900, nicht zuletzt durch das Angebot von Aquarellen, Cézanne in Berlin ein Forum zu schaffen[28], während die Galerien Arnold und Thannhauser in Dresden und München nachzogen. Kurz vor dem Ersten Weltkrieg wurden in Deutschland, England und Italien fast gleichzeitig auf der Internationalen Kunstausstellung des Sonderbundes in Köln 1912[29], im Rahmen einer zweiten Präsentation post-impressionistischer Malerei in den Londoner Grafton-Galleries und 1913 innerhalb der Secessione-Ausstellung in Rom Aquarelle Cézannes gezeigt. Durch die Vermittlung Delaunays wurde die »übernatürliche, alles bisher Gesehene übertreffende Schönheit der späten Aquarelle« (Delaunay) vorbildlich für die Mitglieder des *Blauen Reiter,* insbesondere für Klee und Macke.[30] Einem breiteren Interessentenkreis sind Cézanne-Aquarelle 1914 durch Abbildungen in Vollards Cézanne-Monographie und 1918 durch eine erste, von Julius Meier-Graefe edierte Bildmappe mit zehn Faksimiles nach Aquarellen, der 1921 eine weitere folgte, bekannt geworden.

1927 betonte Roger Fry in seiner grundlegenden Cézanne-Publikation, daß nach 1885 die Technik des Aquarells stark auf Cézannes Malerei mit Ölfarben eingewirkt hätte. Georg Schmidt, der 1952 speziell auf das Aquarellthema einging, bezeichnete Cézannes Aquarelle als die sublimste Erfüllung der Kunst des Aquarells überhaupt; und Kurt Badt fügte 1956 in einer gedankenreichen Cézanne-Analyse, die nichts von ihrer Gültigkeit verloren hat, hinzu, daß im Aquarell der Geist Cézannes am reinsten zum Ausdruck komme.[31] All jenen Würdigungen, denen noch manches hinzuzufügen wäre, ist eines gemeinsam: Sie beziehen vorwiegend aus dem Spätwerk die Kriterien ihrer Beurteilung. Dabei wurde nicht ausreichend berücksichtigt, welche Geltung Cézanne auch seinen frühen Aquarellen beimaß, als er beispielsweise 1875 eine Aquarellansicht seines Elternhauses für geeignet erachtete, um sich damit für die Teilnahme am Salon, dem damals wichtigsten Pariser Ausstellungsforum, zu bewerben.[32] Gewiß unterstreicht man zurecht die Einzigartigkeit der Aquarelle aus dem letzten Lebensjahrzehnt, da sich in ihnen die Forderungen, die Cézanne das 20. Jahrhundert zu stellen gelehrt hat, am deutlichsten manifestieren. Eine solche Begrenzung, die auch der 1977 vom Museum of Modern Art in New York erarbeiteten, eindrucksvollen Ausstellung von Cézannes Spätwerk zugrunde lag, verstellt allerdings den Blick auf die stilistische und ikonographische Spannweite einer Entwicklung, die über vier Jahrzehnte währte und an deren Anfang eine derart aufschlußreiche, jedoch unbeachtet gebliebene Aussage des Aixer Jugendfreundes Antoine Fortuné Marion steht, der im Sommer 1867 an Heinrich Morstatt nach Stuttgart schrieb: »Paul ist hier [in Aix] und malt. Er ist mehr er selbst denn je. Aber dieses Jahr hat er den festen Willen, so schnell wie möglich zum Erfolg zu gelangen... Vor allem seine Aquarelle sind bemerkenswert, ihre Farbgebung ist unglaublich, und sie hinterlassen einen ungewöhnlichen Eindruck, wie ich ihn bei einem Aquarell nicht für möglich gehalten hätte... Paul ist überzeugt, daß er

das ganze Werk, Wille im Hinblick auf seine Teile... Wenn bei meinen Sachen manchmal ein primitiver Eindruck entsteht, so erklärt sich diese ›Primitivität‹ aus meiner Disziplin, auf wenige Stufen zu reduzieren. Sie ist nur Sparsamkeit, also letzte professionelle Erkenntnis... Cézanne ist mir ein Lehrmeister par excellence«; zitiert nach Felix Klee (Herausgeber), *Tagebücher von Paul Klee 1898–1918,* Köln 1957, S. 247 f.

31 Roger Fry, *Cézanne, a study of his development,* London 1927, S. 63 ff.; Georg Schmidt, *Aquarelle von Paul Cézanne,* Basel 1952, S. 3; Badt 1956, op. cit., S. 25. In ihrem Artikel *L'Atelier de Cézanne,* in: La Grande Revue, 25. Dezember 1907, S. 811 ff., betonen die Autoren R. P. Rivière und J. F. Schnerb als erste, daß das analysierende Vorgehen Cézannes in manchen der Aquarelle besonders deutlich in Erscheinung tritt; zitiert nach *Conversations avec Cézanne 1978,* op. cit., S. 88.

32 Rivière 1923, op. cit., S. 201; es handelte sich um das Aquarell Venturi Nr. 817. In John Rewalds grundlegender Cézanne-Biographie *Cézanne – sa vie, son œuvre, son amitié pour Zola,* Paris 1939 (im Folgenden zitiert nach der englischsprachigen, 1968 in New York erschienenen Ausgabe: Rewald 1968) steht S. 203 zu lesen, daß etwa seit 1890 das Aquarell eine wichtige Rolle im Werk Cézannes spiele. Auch William Rubin schreibt in der von ihm edierten Katalog-Publikation *Cézanne – The late work,* New York 1977, S. 189, daß die Aquarelle für Cézanne erst in den letzten Lebensjahren zu einem zentralen Medium wurden.

33 Der angehende Naturwissenschaftler Marion, der Cézanne seit 1864 oft bei Ausflügen in die Umgebung von Aix begleitete, machte den Maler mit den geologischen Formationen der provenzalischen Landschaft vertraut. Auszüge aus Marions Briefen an den in Stuttgart beheimateten Morstatt, der kurze Zeit zum Aixer Freundeskreis zählte, wurden von Alfred Barr veröffentlicht: *Cézanne d'après les lettres de*

Marion à Morstatt 1865–1868, in: Gazette des Beaux Arts, XVII, 79, 1937, S. 37 ff. Die noch erhaltenen 35 Briefe, die sich in Stuttgarter Privatbesitz befinden, sind hier, unter Berücksichtigung bisher unveröffentlichter Teile, nach den Originalen zitiert.

einerseits seine großflächige Malweise beibehalten, andererseits aber gleichzeitig durch große handwerkliche Geschicklichkeit und Genauigkeit in der Beobachtung zur Ausarbeitung der Details gelangen kann. Damit hätte er sein Ziel erreicht, und sein Werk wäre bald auf der Stufe der Vollendung angekommen. Ich glaube, dieser Augenblick ist nicht mehr weit entfernt. Das Wichtigste für ihn ist jetzt, daß er arbeitet.«[33]

Paul Cézanne, um 1874

II

Als der 1839 in Aix-en-Provence geborene Paul Cézanne im Frühjahr 1861, unter der Obhut des Vaters Louis Auguste Cézanne und begleitet von der jüngeren Schwester Marie, in Paris eintraf, glaubte er sich am Ziel seiner Wünsche. Die autokratische Herrschaft des Vaters dünkte ihm gebrochen, und er sah den Weg frei, um mit dem Intimus aus Kinder- und Jugendtagen, Emile Zola, der über 30 Jahre nächststehender Freund und distanzierter Beobachter bleiben sollte, all die Genietaten zu vollbringen, die das Dioskuren-Paar seit Jahren projektiert hatte. Mit der Gewißheit, daß es »keine Träume und keine Philosophie geben wird«, die mit den ihren vergleichbar wären[34], wollten sie die Welt, sprich Paris, in die Schranken weisen. Doch weder die Emanzipation von der väterlichen Autorität, noch die in Aussicht genommene ruhmreiche Künstlerkarriere mit preisgekröntem Studium an der Ecole des Beaux Arts, mit regelmäßiger Teilnahme an den Salonausstellungen, mit der Berufung in deren Jury und der Dekorierung mit dem Kreuz der Ehrenlegion als Höhepunkt sollten sich erfüllen. Zu stark blieb die Dominanz des Vaters, und zu unrealistisch waren die an die Metropole gerichteten Hoffnungen gesteckt. Beide Tatsachen gaben jedoch den Ausschlag für die Bewußtwerdung einer Künstlerpersönlichkeit und das Entstehen eines Werks, das sich dennoch, das heißt gegen alle Erwartungshaltungen sowie gegen die Mechanismen, die den Erfolg gebracht hätten, zu behaupten wußte.

Der aus bäuerlichen Verhältnissen stammende Vater, Louis Auguste Cézanne, der es vom zugereisten Hutmachergesellen zum vermögenden Bankier in Aix-en-Provence gebracht hatte, fand allein im materiellen Zugewinn Befriedigung. Ihn beschrieb Zola in seinen Notizen zum Roman *La Conquête de Plassans* — sicher zu einseitig — als kalten, ängstlichen und geizigen Kleinbürger, »der seiner Frau den Luxus verweigert... und ein Schwätzer ist, der sich auf sein Vermögen stützt und sich über alle Welt mokiert«.[35] Der Zugang zu der von einer glorreichen Vergangenheit zehrenden Aixer Gesellschaft war ihm verwehrt. Um so mehr erhoffte sich der Parvenü eine bourgeoise Identität für seinen Erben. Nach abgeschlossenem Jurastudium an der Aixer Universität sollte Paul sein Nachfolger als Inhaber der Banque Cézanne et Cabassol werden. Einen noblen Rahmen für eine solche Laufbahn hätte der 1859 erworbene Jas de Bouffan bieten können. In dem barocken Herrenhaus, auf einem 37 Morgen großen Grundstück im Westen der Stadt, hatte einst der Gouverneur der Provence residiert. Daß der neue Eigentümer des Prestigeobjekts das zunächst zaghaft, seit 1860 immer nachdrücklicher vorgetragene Ansinnen des von der Mutter unterstützten Sohnes, ihm doch das ungeliebte Studium der Jurisprudenz zu ersparen und dafür eine fundierte künstlerische Ausbildung in Paris zu ermöglichen, mit der stereotypen Antwort konterte, »mein Sohn, denk an die Zukunft, man stirbt mit Genie und man ißt mit Geld«[36], versteht man aus der Sicht des reich gewordenen Geschäftsmannes, der sich um die Früchte seines Lebenswerks betrogen sah. Auch ging er nicht fehl in der Annahme, daß es der im Februar 1858 nach Paris gezogene, erste Vertraute seines Sohnes, Zola, war, der diesem die Flausen von einem freien, ungebundenen Künstlerdasein in den Kopf gesetzt hatte. In ständigen Briefen beschwor Zola den zurückgebliebenen Freund, nach Paris zu kommen, endlich den »Stier bei den

34 *Cézanne Briefe* 1979, op. cit., S. 60; Zola zitiert diesen Ausspruch Cézannes in einem Brief vom 17. März 1860 an Baptistin Baille. Acht Tage später schreibt Zola an Cézanne (ibid., S. 61): »Ich hatte neulich einen Traum: ich hatte ein schönes, ein herrliches Buch geschrieben, das Du mit schönen, mit herrlichen Illustrationen versehen hattest. Unsere beiden Namen strahlten vereint in goldenen Buchstaben auf dem Titelblatt und gingen in dieser Genie-Brüderschaft unzertrennlich auf die Nachwelt über. Aber das ist leider bisher nur ein Traum.«

35 Rewald 1968, op. cit., S. 83.

36 *Cézanne Briefe* 1979, op. cit., S. 54 (Zola an Cézanne).

Hörnern zu packen« und alles aufs Spiel zu setzen, statt »zwischen so verschiedenen Laufbahnen wie dem Atelier und der Advokatur hin- und herzuschwanken«.[37]

Gedrängt auch von anderen Freunden, die in Paris ihr Glück versuchten, und nicht zuletzt aus der Einsicht, daß er trotz akademischer Ausbildung dem Vater in dessen ureigenstem Metier niemals gleichkommen werde, begehrte Cézanne schließlich mit Erfolg gegen die »Advokatur« auf, um sich fürs »Atelier« zu entscheiden. Ohne sichtbares Talent, das ihn für diese Berufswahl prädestiniert hätte, folgte er damit jener Seite seines Naturells, die der gemeinsame Freund, Baptistin Baille, Zola 1858 als »poetisch, phantastisch, bacchantisch, erotisch, antikisch, physisch und geometrisch« beschrieben hatte und die Zola selbst 1861 folgendermaßen charakterisierte: »Cézanne etwas beweisen zu wollen, wäre gleichbedeutend mit dem Versuch, die Türme von Notre-Dame dazu zu bewegen, eine Quadrille zu tanzen... Er ist ganz aus einem Stück, starr und schwer zu behandeln. Nichts kann ihn geschmeidig machen, nichts vermag ihn zu Zugeständnissen zu bewegen... Und so steht er denn plötzlich im Leben, mit gewissen Ideen gewappnet, die er nur auf Grund eigener Erkenntnisse zu ändern bereit ist.«[38] Cézanne hoffte wohl insgeheim, sobald er eines Tages mit Medaillen und Preisen ausgezeichnet nach Aix heimkehren würde, könne er sich und damit seiner Familie die Anerkennung verschaffen, um die der Vater vergebens bemüht war. Daß es letztendlich weder gelang, dem väterlichen Karrieredenken zu genügen, noch in der Heimatstadt anerkannt zu werden, empfand der Künstler sein Leben lang als entscheidendes Manko.

Der im rechten Augenblick zum Monsieur Capital avancierte Louis Auguste Cézanne war der typische Vertreter einer zahlungskräftigen Gesellschaftsschicht ohne Vergangenheit. Mit allen Vorzeichen des Neuen und Unverbrauchten feierte sie nach dem Machtantritt Napoleons III. in Paris ihre Triumphe. Sie bot den Nährboden für jene Profiteure, deren rasche Erfolge kaum über ihre Gewöhnlichkeit hinwegtäuschten. Geschickt zwischen dem Neid und Haß ihrer Mitmenschen lavierend, zogen sie aus den sozialen Umbrüchen der Zeit, deren Aufklaffen sie über Jahre turbulent zu verhindern wußten, skrupellos ihren Vorteil. Als Spekulanten waren sie das Ferment eines korrupten, von der Hand in den Mund lebenden Milieus; »Transaktionen, die Schwindel erregten, und Transaktionen, die auf Schwindel beruhten«, waren an der Tagesordnung; Chic und Scheck, Halbe und Große Welt, gingen extravagante Mesalliancen ein.[39] Die Flaneurs, Boulevardiers und Grandes Horizontales stellten die mondänen Exponenten einer vom Amüsiergetriebe geprägten großstädtischen Kulturfassade, der die möglichst frivole Überhöhung des Augenblicks in luxuriösen Maskeraden, Theaterrevuen und Operetten am Herzen lag. Auf dem Sektor der bildenden Künste schuf sich das von Zola später auf den Nenner von Laster und Luxus, von Gier und Begierden gebrachte Seconde Empire im tonangebenden Pomp des seit 1863 alljährlich im Palais de l'Industrie stattfindenden Salon de la Société Nationale des Beaux Arts eine quasiästhetische Fluchtburg vor den Tatsachen der Wirklichkeit. Das Selbstdarstellungsspektakel der Ribot, Roybet, Fromentin, Nazon, Gérôme, Dubufe, Cabanel und wie sie alle hießen, war zur unumgänglichen Instanz geworden, die

37 Ibid., S. 76 (Zola an Cézanne); vgl. auch die Briefe S. 83 ff. Zum schwierigen Vater-Sohn-Verhältnis vgl. Badt 1956, op. cit., S. 72 ff., Theodore Reff, *Cézanne's dream of Hannibal*, in: The Art Bulletin, XLV, 2. Juni 1963, S. 148 ff., und John Rewald, *Cézanne and his father*, in: National Gallery of Art, Washington, Studies in History of Art, 1971 / 1972, S. 38 ff.

38 *Cézanne Briefe* 1979, op. cit., S. 27, S. 89.

39 Vgl. die brillante, 1937 erstmals in Holland erschienene Analyse Siegfried Kracauers, *Jacques Offenbach und das Paris seiner Zeit*, Frankfurt 1976, S. 187 ff.

rigoros über Erfolg und Mißerfolg der Debütanten entschied. Nur wer sich der akademischen Anmaßung der Salonjuroren unterordnete, konnte damit rechnen, im Kreis der Arrivierten zu reüssieren.

Im einzelnen ist nicht überliefert, wie der unerfahrene Provinzler aus der Provence auf die mondäne Zurschaustellung des Pariser Lebens reagierte, zumal er sich durch den erst 1862 naturalisierten, in erbärmlichen Verhältnissen lebenden Sohn des verstorbenen italienischen Ingenieurs Zolla mit einer völlig anderen sozialen Realität konfrontiert sah.[40] Überliefert sind jedoch Malereien, die den zutiefst existentiellen Behauptungswillen eines jungen Mannes offenbaren, der sich gegen die Geschmacksdiktatur dieses bronzevergoldeten Zeitalters auflehnte und nach einer provokativen Antwort auf die Glätte und die stumpf gewordenen Illusionismen der im Salon vorherrschenden Malereien suchte. Verschiedene Faktoren trieben das in den sechziger Jahren aus ungestümen Gefühlslagen resultierende, thematisch weit ins nächste Jahrzehnt reichende Frühwerk zu äußerster Spannung. Auf dem Wege zur Selbstfindung, den Zola so sehr viel entschlossener anzutreten bereit war, wurde für Cézanne vor allem aber der rebellische Geist jener Künstlerkollegen richtungsweisend, die er an der vom alten Père Suisse geführten Akademie gleichen Namens kennenlernte. Auf Betreiben Zolas hatte er sich dort eingeschrieben. Ohne geregelten Lehrbetrieb bot die Académie Suisse lediglich die Gelegenheit, gegen eine Monatsgebühr nach dem Modell zu zeichnen; von diesem Angebot hatten schon Delacroix und Courbet, Manet, Monet und Pissarro Gebrauch gemacht. Mit letzterem wurde der Neuling durch den Mitschüler Armand Guillaumin bekannt, während der ebenfalls bei Suisse zeichnende Antoine Guillemet den Kontakt zu Monet, Sisley, Bazille und Renoir herstellte. Nachdem Cézannes Aufnahmegesuch an die mit dem Ausbildungs- und Auftragsmonopol bedachte Ecole des Beaux Arts abgelehnt worden war, boten die neugewonnenen Freunde entscheidende Hilfestellungen, damit Cézanne mit dem Rat Zolas, »dem Einfluß der Kunstschulen zu entgehen und die eigene Originalität zu entwickeln«, ernst machen konnte.[41] Sie, die später unter dem Spottnamen Impressionisten firmierten, vermittelten jenes Selbstvertrauen, das in die Lage versetzte, unabhängig von akademischen Schultraditionen einer persönlichen Sicht nachzugehen und sich rücksichtslos in des Wortes wahrster Bedeutung eigener Mittel zu bedienen. Mehr und mehr schärften sie Cézannes Blick für eine bislang verpönte Kunst. Denn in der Tat nahmen sich sowohl die »Einbildungswut«, die Delacroix für sich beanspruchte, als auch die Courbet zum Vorwurf gemachte Bestandsaufnahme einer vérité basse revolutionär aus gegenüber den offiziell protegierten Niedlichkeiten und Rührstücken der Salonheroen. Deren stets bestaunte Serienproduktionen waren den jungen Opponenten – in Abwandlung eines Delacroix-Wortes – vollständiger Ausdruck unvollständigen Geistes.[42] Wie es um die kurzlebigen, sich ständig regenerierenden Effekthaschereien bestellt war – und unterschiedslos bis heute ist –, hatte Delacroix 1854 kritisch vermerkt: »Was einem Werk unausweichlich jenen Stempel des Veralteten aufdrückt, der manchmal schließlich die größten Schönheiten auslöscht, das sind diese aller Welt erreichbaren Mittel des Effekts, die in dem Augenblick, da das Werk entstand, im

40 Recht mutlos berichtete Cézanne am 4. Juni 1861 einem Freund nach Aix: »Ich dachte, als ich Aix verließ, daß ich die Langeweile, die mich verfolgt, weit hinter mir lassen würde. Doch habe ich nur den Ort gewechselt, und die Langeweile ist mir gefolgt. Ich habe meine Eltern, meine Freunde, einige meiner Gewohnheiten zurückgelassen, und das ist alles. Und dennoch muß ich Dir sagen, daß ich sozusagen den ganzen Tag herumstreiche. Ich sah, es ist naiv, dies zu sagen, den Louvre und den Luxembourg und Versailles. Du kennst sie, jene Schinken, die in diesen großartigen Bauwerken zu sehen sind, es ist ganz außerordentlich, verblüffend, niederschmetternd. Denke nicht, daß ich etwa Pariser werde«; zitiert nach *Cézanne Briefe* 1979, op. cit., S. 87.

41 Ibid., S. 97.

42 Am 15. Mai 1855 notierte Delacroix: »Eröffnung im Industriepalast... Ich sah die Ausstellung von Ingres. Das Lächerliche in dieser Ausstellung herrscht in großem Maße vor; es ist der vollständige Ausdruck eines unvollständigen Geistes«; zitiert nach *Delacroix Tagebücher* 1979, op. cit., S. 200.

Schwange waren, es sind gewisse der Idee beigeordnete, von der Mode geheiligte Ornamente, die gewöhnlich den Erfolg der meisten Werke ausmachen. Die Künstler, die durch ein sehr seltenes Wunder ohne dieses Beiwerk ausgekommen sind, sind erst sehr spät und sehr schwer verstanden worden oder von Generationen, die diesen Reizen der Konvention gegenüber unempfindlich geworden waren.«[43]

Mit Eugène Delacroix ist der Künstler genannt, der mit Sicherheit den größten Einfluß auf die französische Avantgarde in der zweiten Hälfte des 19. Jahrhunderts ausgeübt hat. Von Daumier und Corot über Manet, Monet, Renoir und Degas bis zu Redon und van Gogh, der Delacroix als Bahnbrecher rühmte, war ihm mehr als eine Künstlergeneration verpflichtet. Er öffnete den Jüngeren die Augen für das eigentliche Problem des Malers, ein Bild ausschließlich von der Farbe her zu gestalten. Seine gekonnte Dramaturgie, seine freizügig mit der Natur harmonisierende Farbwahl sowie ein Vorgehen, das Spuren von Improvisation beibehielt, stimmten mit deren Ideen von Originalität und äußerster malerischer Kühnheit überein. Am meisten jedoch stand Cézanne im Banne des »großen Meisters« und dessen Bekenntnis zum Primat der Einheit und Beziehungsreichtum stiftenden Farbe.[44] In Delacroix sah er ein Vorbild, dem es gelungen war, Farbe gleichermaßen für die Inhalte wie für die Formbildung einzusetzen. Unvoreingenommen von klassizistischen Maximen und deren auf lineare Vervollkommnung gerichteten Schönheitsidealen hatte Delacroix um Farbzusammenhänge gewußt, die Einzelnes derart in Allem aufgehen lassen, daß sich Alles im Einzelnen wiederfindet. Nach Baudelaire, dem Wortführer der Koloristen, der künstlerische Freiheit mit dem extensiven Gebrauch koloristischer Möglichkeiten gleichsetzte, beinhalten Delacroix' Farbkonstellationen im »vielstimmigen Hymnus... die Harmonie, die Melodie und den Kontrapunkt«; sie bewahren »immer ihre natürlichen Zu- und Abneigungen« und hören nicht auf, »durch wechselseitige Zugeständnisse in Harmonie miteinander zu leben«. Delacroix hatte erkannt, daß Licht die Gegenstände in farbige Reflexe auflöst, und daß man Farben ungemischt sowie Pinsellagen offenliegend verwenden könne, da sie sich, von bestimmten Entfernungen gesehen, wie von selbst verbinden. Auf seiner Suche nach entsprechenden Gesetzmäßigkeiten war er auf die Tatsache gestoßen, daß der Schatten eines Gegenstandes dessen komplementäre Farbe mitenthält, so daß sich, in Baudelaires Worten, »das Grün in reichem Purpur färbt« und »große blaue Schatten in rhythmischer Kadenz die Menge der orangenen und zartrosa Töne vor sich her treiben, die gleichsam ein fernes, abgeschwächtes Echo des Lichtes sind«.[45] Den Erfordernissen der Detailgegebenheiten, die »das eigentliche Gewebe des Bildes sind«, aber dann geopfert werden müssen, »wenn sie der Einheit schaden«[46], stellte Delacroix eine spezifische Logik der Töne voran. Sein empfindsamer Umgang mit Farben voller Zartheit, Leidenschaft und sinnlicher Ausstrahlung war weit geeigneter, den jungen Cézanne zu inspirieren, als das verhaltene Kolorit des frühen Manet oder Courbets irdene Farbigkeit, die niemals über den Gegenstand hinausweist, geschweige denn ein Hell-Dunkel spürbar farbig umsetzt.

Einem Mitarbeiter hatte Delacroix im Louvre vor einem Bild aus Rubens' *Medici-Zyklus* (1622–1625) und angesichts von Veroneses *Hochzeit zu Kana*

43 Ibid., S. 175; knapp zwei Jahre später fügte Delacroix dem hinzu (ibid., S. 225): »Sehr brillante Männer haben niemals Meisterwerke geschaffen; sie haben fast immer Arbeiten gemacht, die im Augenblick ihres Erscheinens als Meisterwerke galten, der Mode wegen, weil der Augenblick günstig war. Echte Meisterwerke hingegen, Meisterwerke an Tiefe oder Feinheit, gingen, ihrer scheinbaren Fremdartigkeit wegen und weil sie den im Augenblick herrschenden Vorstellungen nicht entsprachen, unbemerkt oder schroff kritisiert in der Menge unter, um allerdings später in ihrer ganzen Klarheit wieder aufzutauchen und nach ihrem Wert geschätzt zu werden.«

44 Cézanne war stolzer Besitzer zweier Gemälde, eines Aquarells und zweier Lithographien Delacroix'. Sechs Reproduktionen seiner Werke schmückten die Wände des Ateliers in Aix. Vornehmlich aus den sechziger und siebziger Jahren existieren über 25 gezeichnete und gemalte Varianten nach Delacroix (vgl. 1, 3, 5, 9, 10, 106), mit dem Cézanne in seiner Verehrung für die großen Venezianer, für Rubens und den Plastiker Puget übereinstimmte. Obwohl die eigentliche Auseinandersetzung mit Delacroix' Errungenschaften in den frühen Pariser Jahren erfolgte, als 1862 in der Galerie Georges Petit dessen Arbeiten auf Papier und 1864 eine große Retrospektive zu sehen waren, war es immer wieder Delacroix, auf den sich Cézanne bis ins Alter berief. So sorgte er sich 1904, ob seine schwankende Gesundheit ihm je erlauben werde, eine seit langem geplante *Apotheose Delacroix'* (vgl. Venturi Nrn. 245, 891) zu verwirklichen, und noch vier Wochen vor dem Tod las er wieder einmal »die Würdigungen, die Baudelaire über das Werk von Delacroix geschrieben hat«; siehe *Cézanne Briefe* 1979, op. cit., S. 100, S. 103, S. 211, S. 261, S. 282.

Auch wenn den Aussagen, die der Dichter Joachim Gasquet dem alten Cézanne nach eigenem Literatengeschmack in den Mund legte, mit Vorsicht zu begegnen ist, geben sie doch in den wesentlichen Sentenzen dessen Ansichten wieder und kommen hinsichtlich der Delacroix entgegengebrachten Verehrung sicher der Wahrheit nahe. Demnach war für Cézanne Delacroix »die schönste Palette Frankreichs… wir Maler sind alle in Ihm«. Betont wird unter anderem, daß Delacroix vom Ganzen her arbeitete, daß er als erster seit den Großen Meistern ein Volumen gemalt habe und seine Schatten farbig angelegt seien; schließlich hob Cézanne Delacroix' Aquarelle als wahre Wunder der Tragik und des Entzückens hervor; zitiert nach Walter Hess (Herausgeber), *Paul Cézanne, Über die Kunst – Gespräche mit Gasquet, Briefe,* Mittenwald 1980, S. 52. Vgl. auch Françoise Cachin, *Cézanne and Delacroix,* in: Art de France, 1964, S. 34 ff.; vor allem Sara Lichtenstein hat sich seit 1964 mit Cézannes Kopien nach Delacroix beschäftigt, ihre Erkenntnisse sind zusammengefaßt in *Cézanne's copies and variants after Delacroix,* in: Apollo, Februar 1975, S. 116 ff.

45 Charles Baudelaire, *Sämtliche Werke – Briefe, Iuvenilia, Kunstkritik,* München 1977, S. 202.

46 *Delacroix Tagebücher* 1979, op. cit., S. 176.

47 Karl Schawelka, *Eugène Delacroix, sieben Studien zu seiner Kunsttheorie,* Mittenwald 1979, S. 108 f.

48 *Cézanne Gespräche mit Gasquet* 1980, op. cit., S. 41 ff. Von Maurice Denis ist im Vorwort des Katalogs *Paul Cézanne, Centenaire du peintre indépendant,* Musée de l'Orangerie, Paris 1939, S. 5, die Aussage Cézannes überliefert: »Wegen der Kontraste habe ich eine Skizze nach der *Hochzeit von Kana* ausgearbeitet, die gleichen Kontraste fand ich in Delacroix' *Bouquet*« (einem Blumenaquarell, das Vollard auf der Versteigerung der Sammlung Chocquet für Cézanne gekauft hatte, und das dieser später kopierte).

49 *Delacroix Tagebücher* 1979, op. cit., S. 129, und *Journal,* III, 1893, op. cit., S. 256.

50 Dabei mögen auch Einzelheiten einer bereits 1858 unter dem Titel *Hannibals Traum* an Zola gerichteten, wohl das problematische Va-

(Abb. S. 259) erklärt, daß er an den von Rubens gemalten Wassertropfen und an den Reflexen im orangefarbenen Kragen einer Figur links in Veroneses monumentaler Historie zum Koloristen geworden sei.[47] Ähnliches ließe sich von Cézanne sagen, dem die genannten Gemälde gleichermaßen Anlaß boten, sich mit der farbigen Vorstellungskraft der Alten Meister zu befassen. Gelegentlich eines gemeinsamen Louvrebesuchs mit dem jungen Dichter Joachim Gasquet, den Cézanne 1896 in Aix kennengelernt hatte, kam er ausführlich auf Veroneses Hochzeitsbild zu sprechen. Verwirklicht sah er darin »die Fülle der Idee in den Farben… Alle Töne durchdringen sich, alle Formen greifen kreisend ineinander. Hier ist Zusammenhang… Sie können das Einzelne betrachten. Das ganze übrige Bild wird ihnen immer folgen, wird immer gegenwärtig sein… Sie können nichts aus dem Ganzen herausreißen… Wenn man nichts weiß, glaubt man, daß die, die etwas wissen, uns den Weg versperren. Im Gegenteil, wenn man sich ihnen hingibt, stellen sie sich nicht in den Weg, sondern nehmen uns bei der Hand und dulden gütig, daß man neben ihnen seine eigene kleine Geschichte stammelt. Ja, man sollte die großen Meister des Dekorativen studieren, Veronese und Rubens, aber genauso wie man die Natur studiert.«[48]

Cézannes Auseinandersetzung mit Werken Veroneses und Delacroix' sowie eine ausgesprochene Sensibilität für das kühne Zusammenwirken von Farbkontrasten zeigen sich bereits in einer jüngst wiederentdeckten Studie zu dem Gemälde *Die Orgie* (Abb. S. 259). In dieser wohl 1866–1868 bildmäßig ausgeführten ersten Konzeption des Themas (1) schwelgte der Maler förmlich und dunkelfarbig in der Fülle sinnlicher Gegebenheiten. Aus Veroneses klassischer Geschichtsinterpretation, die für Raumanlage und Figurenarrangement genauso vorbildlich gewesen sein dürfte wie ähnliche Szenerien Tintorettos oder Bassanos, machte er ein Liebesmahl von ausschweifender Exotik. In hohen Amphoren wird der Wein kredenzt, und die am weißgedeckten Tische Sitzenden und Liegenden schließen sich tumultuarisch zusammen. Für Delacroix hatte Veronese den Gipfel der Gestaltung in allen Bildpartien erreicht; er hatte jene Kaltblütigkeit, Ruhe und Gelassenheit bewiesen, durch die sich diejenigen Geister auszeichnen, die sich in der Gewalt haben.[49] All das ging Cézanne ab. Um so mehr suchte er das grandiose Vorbild in seine von Zweifeln zerrissene Ausdruckswelt zu integrieren und – wohl als Entsprechung zu Delacroix' *Todesorgie Sardanapals* (1826, Musée du Louvre, Paris) oder Coutures *Römischer Orgie* (1847, Musée du Louvre, Paris) – eine Szene wollüstiger Lebensgier daraus zu entwerfen.[50] Sämtliche Register wurden gezogen, um den von einem fiktiven Standort aus gesehenen, hinreißenden Raumsog sowie die Ekstatik der Gesten in einem aus der Phantasie gewonnenen Kolorit zu bändigen. Das Pathos der Figurenbewegung ist ausschließlich aus ungemein sprechenden Tonfolgen entwickelt. Die aus dem Dunkel aufleuchtenden Farbevokationen sind nicht beliebige Zutat zur Form, sondern als ihr unmittelbarer Ausdruck gedacht. Aus der barocken Kontrastierung von ungebrochenen dunklen und darüber gelegten hellen Tönen ergeben sich flackernde Lichter, die über das aus Ultramarin und Gelb erzielte Smaragdgrün der Gründe gleiten. Im Sinne der Empfehlung Delacroix', Einzelheiten zu opfern und Nachlässigkeiten zugunsten einer höheren Notwendigkeit hinzunehmen, hat Cézanne Details nur insoweit differenziert, als sie für das Verständnis des Ganzen notwendig sind. Um zu einer das orgiastische Geschehen pastos verkörpernden Farbigkeit zu gelangen, findet eine Mischtechnik Anwendung, in der deckende Gouachefarben mit den breiten Stiften der Vorzeichnung sowie mit farbigen Kreiden Verbindungen eingehen. Während beim Aquarellieren meist ausgespartes Papierweiß für Glanzlichter steht, sind hier Glanzlichter auf dunklere Farblagen aufgesetzt. Dem in der Anwendung der Aquarellfarben noch ungeübten Maler bot die Gouachetechnik den Vorteil, daß bildmäßige Wirkungen fast wie in der Ölmalerei erreicht und jederzeit korrigierende Übermalungen vorgenommen werden konnten. Davon wurde, wie man sieht, auch reichlich Gebrauch gemacht; ja Cézanne ging soweit, einmal Verworfenes im unteren Bildviertel einfach zu überkleben, um neu darauf anzusetzen. Entsprechend den mit Spachtel und Palettmessern faustdick aufgetragenen Farbbahnen auf frühen Leinwandbildern zielte die Impulsivität der Ausführung – nicht zuletzt in effektvoll hervortretenden Kreidestrichlagen – auf die Unmittelbarkeit der Wirkung.[51] Cézanne suchte in emphatischer Malerei Delacroix' sentiment d'ensemble nachzuvollziehen. Allerdings besaß er noch nicht dessen kenntnisreiche Erfahrung, die jede Form leidenschaftlicher Erregtheit aus einem unerschöpflichen Ideenreservoir zu erfinden wußte; es fehlte diesem allein aus sich heraus die Maßstäbe setzende Temperament noch an der auf das Wesentliche gerichteten Vorstellung des Natürlichen.

Etwa gleichzeitig mit der *Orgie* wurde eine Gouache gemalt, die wohl von Antoine Guillemet den ironischen Titel *Der Rumpunsch* erhielt (2). Bis in die Mitte der siebziger Jahre variiert, kommt dieser für damalige Begriffe schockierenden Szene ein besonderer Stellenwert in Cézannes Frühwerk zu. Wieder handelt es sich um ein Liebesmahl, diesmal allerdings in einem auf nur drei Akteure reduzierten Figurenaufgebot. Den Vordergrund bestimmt auf leuchtend blauem Diwan ein weiblicher Akt mit sorgfältig angelegtem Inkarnat, rotbackigen Wangen und blondem Gelocke. Der alle ihre Reize bloßlegenden Schönen ist links als bedeutsames Attribut eine buckelnde schwarze Katze beigegeben. Zudem tauchen Kopf und Rücken eines pfeiferauchenden Mannes auf, dessen dunkles Haar von der Lehne eines karminroten Fauteuils hinterfangen ist. Der Liebestrank wird von einer herbeieilenden Dienerin gereicht, indes auf dem mit weißem Tafeltuch bedeckten Tischchen ein – von den feinmalerischen Möglichkeiten der Gouachetechnik profitierendes – Stilleben en miniature mit Gläsern und Karaffe dem Zugriff harrt. Eine Vorhangdraperie schließt zusammen mit der in Ockertönen gehaltenen Wand den Innenraum nach hinten. Im Vergleich zur *Orgie* sind die Farbbezüge vereinfacht, und die räumliche Ordnung ist in drei kulissenartig verzahnten Bildebenen geklärt. Schwarze und weiße Töne polarisieren – als den Buntfarben gleichberechtigte Eigenfarben – linke und rechte Bildseite. Ihnen folgen im komplementären Gegenüber das vorderste Blau mit dem Ockergelb der Bildtiefe, sowie das anregende Rot des Sessels mit dem Grün im Gewand der Dienerin. Cézanne nutzte die Erkenntnis, daß sich Komplementärfarben vor dem Hintergrund der grenzsetzenden Schwarz-Weiß-Distanz gegenseitig festigen.[52] Ein

ter-Sohn-Verhältnis ansprechenden, poetischen Phantasie des knapp 18jährigen eine Rolle gespielt haben. In ungelenken, sarkastisch überzeichneten Versen ist dort die Rede von Hannibal, der

»Am Ende eines großen Festes,
Bei dem so mancher Wein geflossen…
Vom Tische sank…
Mit einem Faustschlag auf die Tafel
Zuvor die Reste er zerstreute:
Der Wein in großen Lachen schwamm,
Und Teller, Platten, Kannen, Schüsseln,
Die rollten traurig durch das Naß,
Des Punsches, der noch etwas warm war.
Ist's möglich, daß er so vergeudet
Den guten Rum des Vaterlandes…«;

zitiert nach *Cézanne Briefe* 1979, op. cit., S. 30; vgl. Reff 1963, op. cit., S. 148 ff.

Während die umgestoßenen Schüsseln und Amphoren deutlich gezeigt werden, erkennt man auf dem Entwurf nur ungenau, in der großformatigen Gemäldefassung jedoch eindeutig, neben dem Kopf eines Negersklaven, der neuen Wein herbeischafft, die am unteren Rand ins Bild ragenden Beine der »Siegeshelden von Cannae«. Ihm erscheint im Traum die strenge Vaterfigur Hamilkars. Wütend redet dieser dem vom »guten Rebensaft so zugerichteten, losen Sohn« ins Gewissen, von »Alkohol und Weibern, die ganz die Seele uns verknechten, abzuschwören« und statt dessen zu fechten, um die römischen Feinde zu unterwerfen. Auf eine zeitgenössisch politische Ebene übertragen, ließen sich nicht zuletzt Bezüge herstellen zum rauschhaften Amüsiergetriebe des Zweiten Kaiserreichs, als die Persiflage antiker Götter und Helden zum gängigen Repertoire zählte – Offenbachs *Orphée aux Enfers* hatte im Oktober 1858 Premiere – und der Dritte Napoleon das Prestige des Ersten unaufhaltsam verspielte.

51 Die von Cézanne selten benutzten Pastellkreiden wird der Studienfreund Armand Guillaumin nahe gebracht haben, der, wie Degas, an die große Pastelltradition des französischen 18. Jahrhunderts anknüpfen wollte.

52 Monet erinnert sich, daß Cézanne in der Académie Suisse neben seine Modelle einen schwarzen Hut und ein weißes Taschentuch zu legen pflegte, um die extremen Positionen der Licht- und Schattenwerte zu markieren; siehe John Rewald, *Die Geschichte des Impressionismus*, Köln 1965, S. 44. 1866 schrieb Cézanne an Zola von den Farbkontrasten in einem eben vollendeten Bildnis seiner Schwester Rose: »Der Hintergrund ist schwarz, der Kopf hell, blaues Haarnetz, ein blaues Kinderschürzchen, ein dunkelgelbes Kleid, links ein blaues Stilleben«; zitiert nach *Cézanne Briefe 1979*, op. cit., S. 114.

53 Im November 1866 berichtete Antonin Valabrègue, ein gemeinsamer Freund Cézannes und Zolas, an letzteren: »Paul hat gestern eine Kopfstudie von mir gemacht. Brandrote Fleischpartien mit weißen Stellen, die wie abgeschabte Haut wirken; es ist eine Kleckserei. Ich bin so kräftig in Farbe gesetzt, daß es mich an die Statue des Geistlichen von Champfleury erinnert, als diese mit Maulbeeren überstrichen wurde. Ich saß glücklicherweise nur einen Tag Modell. Der Onkel mußte ihm häufiger sitzen. Jeden Nachmittag tritt ein Porträt von ihm in Erscheinung, während Guillemet ihn mit wilden Späßen überschüttet«; zitiert nach Rewald 1968, op. cit., S. 80 f.

54 Siehe Anmerkung 33. Courbet und Manet waren 1867, dem Jahr der Pariser Weltausstellung, nicht im Salon vertreten. Statt dessen zeigten sie in eigens von ihnen finanzierten Pavillons erste Retrospektiven mit 137, beziehungsweise 50 Arbeiten.

solch spannungsreich kontrastiertes Bezugssystem verdeutlicht räumliche Positionen, dient speziell aber auch dazu, das in hellem Rosé und dunkleren Schattenlagen differenzierte Inkarnat des Mädchens gebührend zur Geltung zu bringen. Um den Formmassen ein Mehr an Stofflichkeit hinzuzugewinnen, wurden ihnen vereinzelt konträre Farbsubstanzen aufgesetzt; beispielsweise ist das Schwarz durch verschiedene Grauabstufungen und das allen Wirkungen offene Weiß durch blaugraue Schatten angereichert, wohingegen die Strahlkraft des Blau in einigen Ocker- und Grünhöhungen kulminiert. Nirgendwo hinterlassen die derart gesteigerten Farben den Eindruck des Bunten, und nur an wenigen Stellen kommt die von Farbe unbedeckte, dafür von entwerfenden Bleistiftstrichen durchsetzte Oberfläche des Bildträgers zur Mitwirkung. Die relativ großflächigen, kompakten Farbkonstellationen verleihen dem kleinen Bild eine Formsicherheit, die ansonsten nur in Porträts dieses Zeitraums zu finden ist.[53]

Es sei an die Briefstelle des Freundes Marion erinnert, der 1867 betonte, daß Cézanne »neulich einige sehr schöne Porträts geschaffen hat, nicht mehr mit dem Spachtel, aber genauso kraftvoll, und dabei mit viel größerem handwerklichen Geschick und viel gefälliger. Vor allem seine Aquarelle [die der Maler wahrscheinlich im Juni des Jahres aus Paris mitbrachte, um sie den Freunden vorzuführen] sind bemerkenswert, ihre Farbgebung ist unglaublich, und sie hinterlassen einen ungewöhnlichen Eindruck, wie ich ihn bei einem Aquarell nicht für möglich gehalten hätte«; am Schluß seines Briefes fügte Marion hinzu: »Paul und ich, wir gedenken uns Mitte August für eine Woche nach Paris zu begeben… Eigentlich wollen wir dort nur die Ausstellungen von Manet und Courbet besuchen; einer jener Vergnügungszüge, welche die Provenzalen für 30 frs. nach Paris und zurück transportieren, bietet uns dazu die günstige Gelegenheit.«[54] Wenn Marion mit seiner weitsichtigen Charakterisierung als erster die Besonderheit von Cézannes Wasserfarbenmalerei unterstrich, so tat er dies gewiß nicht nur im Hinblick auf die außergewöhnliche Farbgebung und Formbehandlung, sondern auch der exzeptionellen Inhalte wegen. Sie waren nämlich in erster Linie Ausdruck von Cézannes festem Willen, vehement, ja singulär auf die in Paris angetroffenen künstlerischen und kunstpolitischen Verhältnisse zu reagieren.

Nachdem die anfänglichen Hoffnungen, regelmäßig in den Salonausstellungen mit Arbeiten vertreten zu sein, sowohl 1863, als ein eingesandtes Stilleben in den von Napoleon III. veranlaßten, alternativen Salon der Refüsierten abgeschoben worden war, wie auch 1864 enttäuscht wurden, schrieb Cézanne im März 1865 an Pissarro den bezeichnenden Satz, daß er dieses Jahr Bilder abzuliefern gedenke, »vor denen das Institut vor Wut und Verzweiflung erröten wird«. In den fünf Jahren von 1861 – als der Neuankömmling die Salonausstellung noch in »vollen Zügen genießen« konnte und als »allerbesten Platz« empfand, »weil dort alle Geschmacksrichtungen, alle verschiedenen Gattungen sich treffen und aufeinanderstoßen« – bis zu der 1866 gestellten Forderung an den Generalintendanten der Schönen Künste, er solle in Zukunft für eine juryfreie Ausstellungsmöglichkeit Sorge tragen, da Künstler seinesgleichen nicht mehr bereit seien, sich dem Urteil einer wie auch immer gearteten Jury auszusetzen, hatte sich ein entscheidender Selbstwerdungsprozeß vollzogen. Er gipfelte in dem gegen die Allerweltssprache der Pompiers gerichteten Satz: »Ich verlange an das Publikum zu appellieren und trotz allem ausgestellt zu werden!«[55] Es wundert daher nicht, wenn es der junge Maler ablehnte, mit eben der Voreingenommenheit beurteilt zu werden, gegen die er antrat. Proudhon folgend sah er, daß einer neuen Kunst nur mit neuer Kritik begegnet werden könne. Allerdings kann Cézannes Vorsatz, in die Fußstapfen eines Courbet und Manet zu treten – die die Avantgarde endgültig isolierten, indem sie die vom Salon aufgestellten Normen durch absolute Lösungsansprüche in Zweifel zogen –, nicht darüber hinwegtäuschen, daß er mit dem gleichen Eifer, mit dem er die abgedroschenen Konventionen anging, bis ins Alter vergebens um die Anerkennung jener Arrivierten bemüht war, die kunstfertig mit genau diesen Konventionen umzugehen pflegten.[56] Denn dem äußerst verwundbaren Provenzalen war die Rolle des nur der eigenen Autorität vertrauenden Déclassé am Rande der Gesellschaft keineswegs auf den Leib geschrieben. Er war weder von jener robusten Beschaffenheit wie Courbet, den schon Baudelaire als Autoritätenmörder gerühmt hatte, noch besaß er das Temperament Manets, dem Zola bescheinigte, daß er »die furchtsamen Mittelmäßigkeiten zerschmettert, die ihn umgeben«.[57]

Im Grunde hätte sich Cézanne im allein seligmachenden Schoß des Salon am besten aufgehoben gefühlt. Da ihm dies verwehrt blieb, sah er die einzige Chance, seine Originalität zu beweisen sowie jene Publizität zu erreichen, die selbst den Vater im fernen Aix von der Durchschlagskraft seiner Aussage zu überzeugen vermochte, im Affront gegen den vom Staat sanktionierten Geschmackstotalitarismus. Dessen die Wirklichkeit übermalende, »kunstvolle« Ästhetizismen galt es durch ein »kunstloses« Ausdruckswollen zu kompensieren. Mit großem Impetus machte sich der Maler, der noch das Glück hatte, auf einen mächtigen Akademismus zu stoßen, gegen den es zu revolutionieren lohnte, an die Umwertung verkommener ästhetischer und moralischer Wertvorstellungen. Bewußt wurde dabei auf glatte Malerei und Formvollendung im hergebrachten Sinne verzichtet. Entstellende Dissonanzen blieben unvermittelt stehen; Form- und Farbheterogenitäten wurden offen ausgetragen. Die durch Schönheitsformeln aus Darstellungsfinesse und verbrauchter Farbkultur befriedigten Kunsterwartungen bourgeoisen Selbstvergewisserns stellte Cézanne dadurch in Frage, daß er Gegenstand und Ausführung, das heißt anstößige Inhalte mit anstößigen Formen sowie suggestiven Farbigkeiten in Einklang brachte. Delacroix' besondere Spontaneisierung sowie bis an die Grenzen der Zersetzung reichende Formvergröberungen erfüllten sich im Wagnis, inhaltliche Tabus zu brechen. Rigoros wurden die bevorzugten genrehaften oder quasireligiösen Sujets demontiert. Selbst dort, wo sich Cézanne den großen Traditionen schöpferisch verband, dort wo er sich an einem klassischen Stilideal ausrichtete – wie an Veroneses *Hochzeit zu Kana* –, wurde aus der Figurenharmonie im lichten Raum ein ausschweifendes Getümmel in düsterem Raumkompartiment, das eher an Manieristisches gemahnt (1).

Zola, der im Frühjahr 1866 Redakteur der Pariser Tageszeitung L'Evénement geworden war, bestärkte den Freund in dessen wahrhaft antiautoritärer Haltung.

55 *Cézanne Briefe* 1979, op. cit., S. 104, S. 87 f., S. 106. Nach Zola machte es sich Cézanne »jetzt zum Grundsatz, der Jury immer etwas zu präsentieren, allein, um sie ins Unrecht zu setzen; im übrigen erkannte er die Nützlichkeit der Salons an, als des einzigen Schlachtfeldes, auf dem ein Künstler sich mit einem Male durchsetzen könne«; zitiert nach Rewald 1968, op. cit., S. 48. Auch Marion schreibt in diesem Sinne 1866: »Cézanne hofft, bei der Ausstellung abgelehnt zu werden, und die Maler aus seinem Bekanntenkreis bereiten eine Ovation für ihn vor. Guillemet bläst das Jagdhorn«; siehe Anmerkung 33.

56 Vgl. die *Cézanne Briefe* 1979, op. cit., S. 126, S. 140, S. 153, S. 166, S. 169, S. 199, S. 294.

57 Klaus Herding (Herausgeber), *Realismus als Widerspruch – Die Wirklichkeit in Courbets Malerei*, Frankfurt 1978, S. 94. Emile Zola, *Malerei*, Berlin 1903, S. 69.

58 Ibid., S. 33 f., S. 49 f. Zola schrieb die Aufsätze, um zu verhindern, »daß die Künstler, die Meister von Morgen sein werden, nicht heute die Verfolgten sind«. Courbet gab er zu bedenken, der erste Maler seiner Zeit zu bleiben und – mit Seitenhieb auf Proudhon, den er schon im Jahr zuvor als doktrinären Verfälscher Courbets gebrandmarkt hatte – nicht Moralist oder Sozialist zu werden (ibid., S. 44).

Zolas einseitig auf formale Qualitäten abhebende Beurteilung, mit seiner »auf Formfragen orientierten Bekanntschaft mit Cézanne« begründen zu wollen, wie Herding 1978, op. cit., S. 141, es tut, ist jedoch kaum zutreffend; denn Cézanne konzentrierte seine Aufmerksamkeit gerade in dieser Zeit auf neue Inhalte und suchte die Formprobleme diesen anzupassen.

59 Zola 1903, op. cit., S. 64, S. 61. Zola, der von sich sagen konnte, daß er der Erste sei, »der ohne Umschweife Manet lobt« (ibid., S. 58), ging soweit zu behaupten, daß die Plätze für Courbet und Manet, denen die Gesellschaft die Stellung von Parias zudiktiert habe, im Louvre schon bestimmt seien (ibid., S. 68).

60 Ibid., S. 65 f.

61 Cézanne Briefe 1979, op. cit., S. 109. Vgl. Ambroise Vollard, Paul Cézanne, Zürich 1960, S. 62, und Jean Adhémar, Le cabinet de travail de Zola, in: Gazette des Beaux Arts, LVI, 102, 1960, S. 285 ff.

62 Als Dokument einer Freundschaft läßt es den Leser völlig im unklaren über den Künstler Cézanne: »Wir haben furchtbare Gedankenberge umgewälzt, haben alle Systeme geprüft und verworfen und sind nach dieser angestrengten Arbeit zu der Erkenntnis gekommen, daß es außer dem kraftvollen und individuellen Leben nichts als Lüge und Dummheit gibt... Du stellst meine ganze Jugend dar. Mit jeder meiner Freuden, mit jedem meiner Leiden finde ich Dich verbunden... Weißt Du, daß wir, ohne es zu wissen, Revolutionäre waren? Ich habe jetzt laut und öffentlich sagen können, was wir seit zehn Jahren in der Stille miteinander erörtert haben... Wir kamen überein, daß auch die geringste neue Wahrheit nicht ans Licht kommen kann, ohne Wutausbrüche und Hohngelächter hervorzurufen. Und so bin ich nun an der Reihe, ausgepfiffen und beschimpft zu werden«; zitiert nach Cézanne Briefe 1979, op. cit., S. 108 f.

63 Ibid., S. 93.

Ihre diesbezüglichen Erörterungen fanden rasch ihren Niederschlag in einer geharnischten Salonberichterstattung Zolas, die vom 27. April bis 20. Mai in insgesamt sieben Artikeln erschien. Darin ging der Literat hart mit »den kleinen Geschicklichkeiten«, den »Theatereffekten« und »parfümierten Träumereien« der Juroren ins Gericht, die nach eigenem Gutdünken »eine Art Übereinstimmungsbrei zusammenmanschen« und diese »langen, kalten, fahlen Säle zu verantworten« haben, »in denen sich ... alle furchtsame Mittelmäßigkeit, alle gestohlene Berühmtheit ausbreitet«. Seine Forderung an den Künstler als Schöpfer individueller Werte stellte er am 4. Mai: »Ich will, daß man lebendig sei, daß man neu schaffe, außerhalb von Allem, gemäß den eigenen Augen und dem eigenen Temperament.«[58] Sicher nicht ohne Zutun Cézannes ergriff Zola uneingeschränkt Partei für Manets aus »Einfachheit und Richtigkeit bestehendes Talent«, das »direkt die Natur ergreift ... und versucht, aus sich heraus zu schaffen und nichts von seiner Persönlichkeit geheim zu halten«.[59] Als Manets Meisterwerke pries der Chronist das 1863 vom Kaiser höchst persönlich als unanständig bezeichnete Picknick im Grünen (1863, Musée du Louvre, Paris), sowie die im gleichen Jahr geschaffene Olympia (Abb. S. 34). Während das Déjeuner sur l'herbe im Salon des Refusés gezeigt und dort von Cézanne und Zola eingehend erörtert wurde, hielt die Olympia 1865 wider Erwarten den beschränkten Auswahlkriterien der Salonjuroren stand. Als Zola es wagte, die Heuchler bloßzustellen, die sich über die beiden Gemälde mokierten oder gar schockiert zeigten – angesichts der ungewöhnlich gemalten, da nicht mit der »Reismehlpuderquaste Cabanels« übergangenen nackten Olympia, die lediglich den »schweren Fehler begangen hat, vielen Frauen ähnlich zu sehen«, die man kennt, und der eine schwarze Katze beigesellt ist, die »die armen Mitbürger« zu frivolen Gedanken veranlaßte – überzog er das Maß des dem Publikum Erträglichen.[60] Die Redaktion wurde von Protestbriefen überschwemmt. Sie beschimpften Manet als »vulgären und grotesken Sudler« und forderten für die »geistige Schamlosigkeit und treu- und glaubenslose Gesinnung« des Schreiberlings eine strikte Zensur. Der so Angegriffene, dessen Eintreten für Courbet und Manet auch eine gegen das Kaiserreich gerichtete Dimension beinhaltete, zog die Konsequenz und beendete die ursprünglich umfassender geplante Berichterstattung. Das abschließende Versprechen, er werde »immer in der Partei der Besiegten stehen«, löste Zola über drei Jahrzehnte später mit der mutigen Parteinahme für den jüdischen Hauptmann Dreyfus ein, nicht jedoch für den Freund Cézanne.

Zola, der prägnante Diagnostiker seiner Epoche, hatte den mittelmäßigen Kunstgeschmack eines Nouveau Riche. Die vor allem der eigenen Imagepflege dienenden Artikel waren ihm lediglich Prüfstein, um die Reaktion des Publikums zu erforschen.[61] Noch im Mai 1866 wurde die Folge unter dem Titel Mon Salon erneut veröffentlicht. Obwohl Zola dieses Pamphlet mit einer überschwenglichen Widmung an Cézanne einleitete, vermied er es geflissentlich, auf ihn als Künstler einzugehen.[62] Diesbezüglich hatte er sich schon fünf Jahre zuvor festgelegt, als er bekräftigte, daß »Paul das Genie eines großen Malers haben mag, aber nie das Genie besitzen wird, tatsächlich einer zu werden«.[63] Auch in einem zweiten, mit

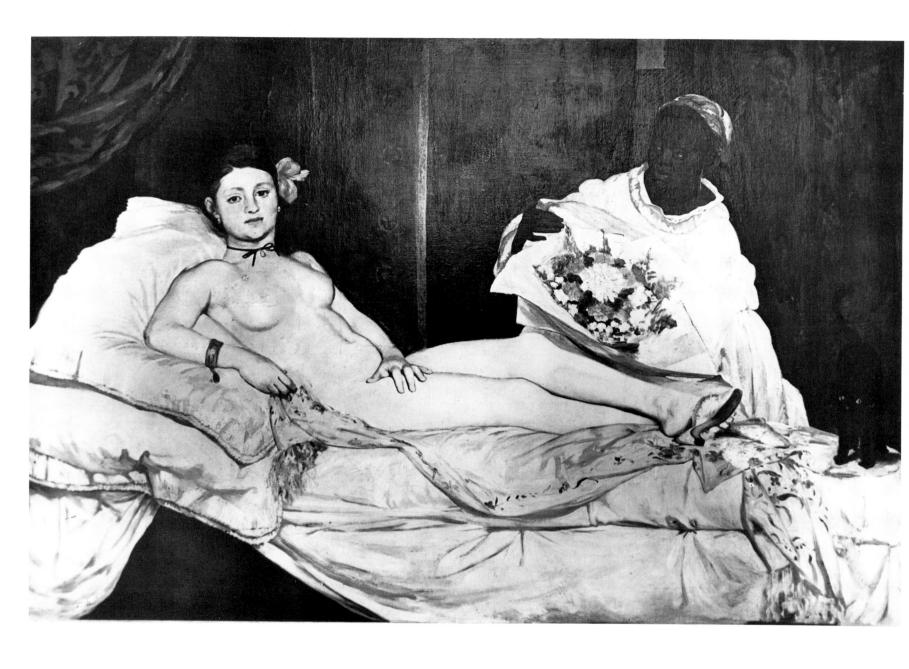

Edouard Manet, *Olympia*, 1863. Öl auf Leinwand, 130×190 cm. Musée du Louvre, Paris

64 Ibid., S. 125. Durchaus reali-
stisch schätzte Marion die diesbe-
zügliche Lage ein, als er 1868 Heinrich Morstatt mitteilte: »Cézanne
wird sich bestimmt noch lange nicht
in der Ausstellung der offiziell aner-
kannten und bevorzugten Kunstwerke vorstellen können. Sein Name
ist schon zu bekannt, und zu viele
künstlerisch revolutionäre Ideen
verbinden sich mit ihm, als daß die
Maler, die Mitglieder in der Jury
sind, auch nur für einen einzigen
Augenblick schwach werden. Und
ich bewundere die Beharrlichkeit
und die Kaltblütigkeit, mit der Paul
mir schreibt: ›Nun gut! Man wird
ihnen sowas mit noch größerer Beharrlichkeit in der Ewigkeit vorset-
zen‹«; siehe Anmerkung 33.

Honoré Daumier, *Vor dem Gemälde
Monsieur Manets* (»Warum zum
Teufel heißt die dicke Schwarze im
Hemd Olympia? – Mon ami, ist das
nicht vielleicht der Name der
schwarzen Katze?«), 1865. Lithographie, 230×189 mm.

weit geringerem kämpferischen Elan vorgetragenen Ausstellungsbericht für
L'Evénement Illustré fand das vergebliche Bemühen Cézannes, 1868 endlich zu
Salonehren zu kommen, keine Erwähnung. Daß Zola darin eine Lanze für die
Pleinairmalerei brach, könnte den Freund immerhin bestärkt haben, auf solch ein
Freilichtunternehmen zu bauen und im Herbst hoffnungsvoll mitzuteilen: »Ich
arbeite immer noch viel an einer Landschaft an den Ufern des Arc [Fluß bei Aix-
en-Provence]; sie ist wie immer für den nächsten Salon. Wird es der von 1869
sein?«[64]

Die einzig ausführlichere, wenn auch allgemein gehaltene Stellungnahme des Literaten für Cézannes Kunst erschien 1867 und führt zurück zur bereits erwähnten
Rumpunsch-Szene (2). Trotz oder gerade wegen Zolas vernichtenden Beurteilungen von 1866, hatte sich auch 1867 nichts geändert an der unnachsichtigen Haltung der Salonjuroren. Gleichwohl fand ein gewisser Arnold Mortier das sich von
Jahr zu Jahr wiederholende Ritual der Zurückweisungen lohnend genug, um sarkastisch in der Zeitschrift L'Europe und auszugsweise in Le Figaro darauf einzugehen: »Man hat mir von zwei zurückgewiesenen Bildern von Monsieur Sésame
(der nichts mit den *Arabischen Nächten* zu tun hat) berichtet, demselben, der
1863 allgemeine Heiterkeit im Salon des Refusés – wo sonst! – verursachte, als er
ein Gemälde mit *Zwei gekreuzten Schweinsfüßen* zeigte. Diesmal sandte Monsieur Sésame zur Ausstellung zwei Kompositionen ein, die zwar weniger bizarr
sind, es nichtsdestotrotz verdienen, vom Salon ausgeschlossen zu werden. Beide
Bilder sind *Der Rumpunsch* betitelt. Eines stellt einen nackten Mann dar, dem
eine herausgeputzte Frau gerade einen Rumpunsch gebracht hat; das andere eine
nackte Frau und einen als Lazzarone gekleideten Mann; auf diesem ist der
Punsch verschüttet.« Zola reagierte rasch auf die Injurien. Am 12. April 1867
schrieb er in Le Figaro eine scharfe Entgegnung: »Verehrter Herr Kollege, tun Sie
mir bitte den Gefallen, diese kurze Berichtigung in Ihr Blatt aufzunehmen. Es
handelt sich um einen meiner Jugendfreunde, einen jungen Maler, dessen kräfti-
ges und individuelles Talent ich sehr hoch einschätze. Sie haben aus L'Europe
einen Ausschnitt übernommen, in welchem es sich um einen Monsieur Sésame
handelt, der 1863 im Salon des Refusés *Zwei gekreuzte Schweinsfüße* ausgestellt
haben soll und dem in diesem Jahr das Gemälde *Der Rumpunsch* zurückgewiesen
worden sei. Ich gestehe Ihnen, daß ich einige Mühe hatte, unter der Maske, die
man ihm übergestülpt hatte, einen meiner Schulkameraden wiederzuerkennen,
Monsieur Paul Césanne [sic], der nicht den kleinsten Schweinsfuß in seinem
künstlerischen Gepäck hat, wenigstens bis jetzt. Ich mache diese Einschränkung,
denn ich sehe nicht, warum man nicht Schweinsfüße malen sollte, wie man Me-
lonen und Karotten malt. Monsieur Paul Césanne wurden in der Tat – er befand
sich dabei in guter und zahlreicher Gesellschaft – dieses Jahr zwei Gemälde refü-
siert: *Der Rumpunsch* und *Rausch*. Es gefiel Monsieur Arnold Mortier, sich über
diese Bilder lustig zu machen, sie mit Anstrengungen seiner Phantasie zu be-
schreiben, die ihm große Ehre machen. Ich weiß wohl, daß dies alles nur ein
freundlicher Scherz ist, um den man sich nicht kümmern sollte. Aber ich habe
niemals die sonderbare Kritikermethode verstehen können, das zu verhöhnen und

zu verdammen, was man nicht einmal gesehen hat. Ich möchte wenigstens sagen, daß die von Monsieur Arnold Mortier gegebenen Beschreibungen ungenau sind.«[65]

Anlaß für den öffentlich ausgetragenen Disput waren zwei heute verschollene Gemälde, deren Thematik auch in der *Rumpunsch*-Gouache (2) angesprochen ist. Die weniger durch Formvollendung, als durch Formkraft überzeugende Studie ist erstes erhaltenes Beispiel einer Reihe zeichnerischer Entwürfe, Aquarelle und Gemälde gleichen oder ähnlichen Inhalts. Auch unter dem Titel *Nachmittag in Neapel* (3) waren sie alle durch die *Olympia* Manets motiviert, die von Zola als »das wirkliche Fleisch und Blut des Malers« propagiert und von der Kritik sofort als Darstellung einer Kurtisane interpretiert[66], zum Skandalbild schlechthin avanciert war. Rückhaltlos für den vielgeschmähten Manet und dessen programmatische Herausforderung einzutreten und darauf aufzubauen hieß in vorderster Linie gegen den Unverstand der öffentlichen Meinung anzukämpfen. Cézanne und Zola taten es auf ihre Art, wobei der gewandte Wortführer rasch die erwünschte Publizität für sich verbuchen konnte. Cézanne ging davon aus, daß er nur dann einen vergleichbaren succès de scandale erringen könne, wenn er die malerischen und ikonographischen Neuerungen Manets noch um ein Vielfaches kompromißloser fortführen und sich mit Belegen noch banalerer Sinnlichkeit der Öffentlichkeit präsentieren würde. Und was läge näher, als bei jener die Salon-Olympier desavouierenden *Olympia* anzusetzen, die, wie nie zuvor zum Tagesgespräch geworden, Publikum und Presse in Aufruhr versetzte. Offensichtlich fiel es Cézanne nicht schwer, das Anstößige des zum Tummelplatz von Karikaturisten und Journaille gewordenen Dreigestirns aus Akt, Dienerin und Katze im *Rumpunsch* an Ausdrucksintensität und unmißverständlichem Bedeutungsgehalt zu übertreffen. Der Akt als Schönheitsideal, auf dessen bewährte Koketterie sich die Salonkonjunkturisten seit Jahrzehnten mit Venusbildern und Odalisken en masse eingeschworen hatten, zeigte sich plötzlich grotesk verzerrt. Sein Defizit an Natürlichkeit gibt mit all den eckigen Überzeichnungen Baudelaire recht, der von der größeren Indezenz dünner, ungelenker Frauenakte sprach.[67] Neben der Bloßstellung dieses eher ausgezogenen als nackten Leibes, – der eine Pose damals gängiger Akt-Daguerreotypien wiedergeben könnte, – wirkt das Lagern der *Olympia* geradezu distanzgebietend; und das, trotz des von Manet intendierten vulgären Aspekts, der ungenauen Proportionierung und des flächigen Gesamtaufbaus, der den spöttischen Vergleich mit Bilderbogen aus Epinal nahelegte. Was Manet zur pose profane einer zielbewußten Provinzschönen entwertet hatte, trivialisierte Cézanne vollends durch die Einbeziehung einer männlichen Gestalt in den von der *Olympia* übernommenen Figurenbestand. Bis zu ihr als dem jüngsten Sproß einer verzweigten, den ausgelegten weiblichen Akt betreffenden Genealogie, die von Tizians berühmter *Venus von Urbino* (um 1538, Uffizien, Florenz), über Goyas *Nackte Maja* (1802/1803, Prado, Madrid) und die *Odalisken* Ingres' und Delacroix' reicht, waren die Partner der Schönen unentdeckt geblieben. Sie sind im Betrachter zu vermuten, nach dem die Dargestellten unverholen Ausschau halten. Mit einem Male brachte Cézanne dann einen Liebhaber hinzu, der sich

65 Rewald 1968, op. cit., S. 64 f.; Zola fährt dann fort: »Sie selbst, werter Kollege, fügen ihre Meinung hinzu; sie sind davon überzeugt, daß der Künstler seine Bilder mit einer philosophischen Idee befrachten müsse. Das ist allerdings eine unangebrachte Überzeugung. Wenn Sie philosophische Künstler finden wollen, so mögen Sie sich an die Deutschen oder selbst an unsere netten französischen Träumer wenden; seien Sie sich aber bewußt, daß die analysierenden Maler, jene junge Gruppe, deren Sache zu verteidigen ich die Ehre habe, sich mit den mächtigen Realitäten der Natur begnügen.«

66 Vgl. Jules Claretie, *Deux heures au Salon*, in: L'Artiste, 15. Mai 1869, S. 226; Theodore Reff, *Manet: Olympia*, London 1976, S. 111 ff., und George Mauner, *Manet, Peintre-Philosophe*, Pennsylvania – London 1975, S. 79 ff.

67 Reff 1976, op. cit., S. 57.

häuslich auf dem bislang dem Akt vorbehaltenen Diwan niedergelassen hat. Das mit Bedacht die guten Sitten verletzende Stelldichein des nackten Paares läßt keine Frage nach dem Metier der Gastgeberin und dem Anliegen des Gastes, nach Konsument und Ware, offen.[68] Weder das geschäftige Treiben des bereits in der religiösen Ikonographie des Barock als Kupplerin amtierenden dienstbaren Geistes, noch die Indiskretion des betrachtenden Augenzeugen vermögen die Protagonisten aus der anzüglichen Ruhe zu bringen. Ein purpurfarbener Vorhang reißt die Intimsphäre zur öffentlichen Angelegenheit auf. Stets mit von der Partie bei diesem Blick hinter die Kulissen philiströser Wohlanständigkeit ist das schwarze Katzentier mit aufgerichtetem Schwanz.[69] Es stand seit alters für teuflische Inkarnationen und sexuelle Aggressivität. In der Gegenfarbe des Lichts zeugt es von den dunklen Geheimnissen rebellischer Lebenskraft. Spätestens seit um die Jahrhundertmitte E. T. A. Hoffmanns *Lebensansichten des Katers Murr* und Poes *The Black Cat* zur Pflichtlektüre der Pariser Ästheten geworden waren, als Champfleury seine von Manet illustrierte Kulturgeschichte der Katze veröffentlicht hatte und Zola der Katze 1867 in *Thérèse Raquin* zu dämonischem Ruhm verhalf, war sie zum Inbegriff des Bösen und Sinnlichen geworden; ja der von Cézanne verehrte Baudelaire ging in seinem Gedicht *La Chat* soweit, das Tier mit dem verderbenbringenden Weib zu identifizieren.[70]

Cézanne erkundete in Manets *Olympia* weitreichendere Bedeutungsschichten als Zola, der die malerischen Qualitäten des Gemäldes betonte und sich zur Behauptung verstieg, daß es lediglich »einfacher Vorwand zur Analyse sei« und daß er jene Leute, »die in dem Bild einen philosophischen Sinn suchten« oder geneigt wären, »in ihm eine obszöne Absicht zu entdecken«, enttäuschen müsse.[71] Auch im Hinblick auf Cézannes *Rumpunsch*-Szene hatte er ja dem Leser nahegelegt, von der Suche nach einer »philosophischen Idee« abzusehen, da sein Freund zu jenen »analysierenden Malern« gehöre, die »sich mit der mächtigen Realität der Natur begnügen«. Eine solch einseitige Betrachtungsweise überrascht umsomehr, als dem Literaten das besagte Milieu wohlvertraut war und ihm der Bedeutungsgehalt der Darstellungen kaum entgangen sein dürfte, hatte er sich doch in frühen Romanen und Novellen eingehend mit anzüglichen Themen befaßt. Zum Beispiel ist in seinem 1865 erschienenen Erstlingswerk *La Confession de Claude* das von einer alten Kupplerin geförderte Verhältnis mit der Prostituierten Berthe, alias Laurence, beschrieben, die der Autor im Winter 1860/1861 zu sich in eine verkommene Absteige der ehemaligen Rue Soufflot genommen hatte. Das Glück war jedoch nur von kurzer Dauer, denn Anfang Februar 1861 berichtete er Cézanne nach Aix, daß er gerade die harte Schule der wirklichen Liebe durchgemacht habe, mit all den »schmerzlichen oder süßen Empfindungen«, und daß er nun die Erfahrung habe und den Weg kenne, um den Freund mit Sicherheit in Paris zu leiten.[72] Der autobiographisch angelegte Roman, dessen Sittenwidrigkeit den kaiserlichen Staatsanwalt auf den Plan rief, ist den beiden Jugendfreunden Cézanne und Baille mit den Worten gewidmet: »Brüder, erinnert ihr euch der Tage, an denen das Leben ein Träumen für mich war? Wir hatten die Freundschaft, wir träumten von Liebe und Ruhm... Was nicht mehr ist, die Provence, meine Trä-

68 Ihr Beieinander erinnert sowohl an die Mittelgruppe aus Thomas Coutures *Orgie Romaine,* als auch an Courbets 1867 ausgestellte *Mädchen am Ufer der Seine* (1856/1857, Musée du Petit Palais, Paris), die als »Odalisken in Gestalt von Ladenmädchen« bereits im Salon von 1857 für Schlagzeilen gesorgt hatten.

69 Vgl. Reff 1976, op. cit., S. 96 ff.; Mauner 1975, op. cit., S. 94 ff.

70 »Wenn meine Finger streicheln ohne Hasten
Dein Haupt und den geschmeidigsten der Rücken,
Die Hände trunken werden vom Entzücken,
Den Leib, der Ströme ausschickt, abzutasten...
Seh ich mein Weib im Geist! Sein Blick versehrt
Wie deiner, du so liebenswertes Tier,
Gleich tief und kalt und schneidend wie ein Schwert.«
Nicht zuletzt könnte Baudelaires Titel *Chanson d'après-midi* ein Stichwort gegeben haben für *Le punch au rhum* und *Après-midi à Naples:*
»Was kann mir ein Liebestrank geben,
Wo Du Dich in Wohligkeit reckst
Und wenn Du Liebkosungen heckst,
Erwecktest Du Tote zum Leben...
Dein Rücken begehrt sich in Brunst
Den Brüsten, den Hüften zu einen;
Dein Kissen will jauchzen und weinen,
Renkst Du Dich in zärtlicher Kunst«;
zitiert nach Charles Baudelaire, *Die Blumen des Bösen,* übertragen von Carlo Schmid, München 1959, S. 35, S. 60.

71 Zola 1903, op. cit., S. 139.

72 *Cézanne Briefe* 1979, op. cit., S. 82 f.

nen und Freuden, meine Träume und Hoffnungen. Was ist? Paris, der Schmutz, das Zimmer, Laurence, die Schmach meiner Zärtlichkeit für diese Frau... Ich lebe ganz hoch und schreiend vor Schmerz, stammelnd vor Begeisterung, im Himmel und in der Scheiße, zerstörter nach jedem neuen Aufschwung, strahlender nach jedem neuen Sturz.«[73] Dem Wunsche Zolas nachkommend, versäumte es der Schulkamerad und Kritiker Marius Roux nicht, in seiner Besprechung von *La Confession de Claude* im Mémorial d'Aix vom 3. Dezember 1865 als Weggenossen des Autors Cézanne zu nennen, der »Originalität besitzt und seinen Arbeiten ein besonderes Gepräge gibt«. Ahnungsvoll fügte Roux in dieser ersten öffentlichen Erwähnung des angehenden Malers hinzu, daß er mit Gewißheit sagen könne, daß dessen Werk niemals mittelmäßig sein wird..., da er einer Schule angehöre, die den Vorzug hat, die Kritik herauszufordern.[74] Zolas zweiter, im Dezember 1867 ausgelieferter Roman *Thérèse Raquin,* wo es um den Mord geht, den ein ehebrecherisches Paar am Gatten der Frau verübt, veranlaßte den Kritiker Louis Ulbach, in Le Figaro gegen diese »Pfütze von Blut und Schmutz« zu wettern. Zola, der mit großem Eifer danach strebe, sich einen Namen zu machen, sehe die Frau, wie Manet sie malt: »schmutzfarben und mit rosigen Schminkflecken«; der Feuilletonist beanstandete »die schreienden Töne, die heftigen und düsteren Pinselstriche« zwar nicht grundsätzlich; zu beklagen aber sei, daß sie allein und ungemischt dastehen; ... denn die Eintönigkeit des Gemeinen sei die schlimmste Eintönigkeit![75]

Cézanne war unter den Malern der einzige, der sich konzessionslos in grellfarbenen Vergewaltigungs-, Entführungs-, Mord- und Bordellszenen dieses düster-zwielichten Milieus annahm (4). Vielleicht hatte Zola auch Cézannes Werk vor Augen, als er in *Thérèse Raquin* einen Maler charakterisierte, dessen »Studien mit wahrhafter Energie in saftiger und fester Art gemalt waren; jede Einzelheit ist in prachtvollen Strichen hervorgehoben..., gewiß, diese Studien waren unbeholfen, hatten aber eine Seltsamkeit und waren von so mächtigem Charakter, daß sie ein künstlerisches Empfinden von höchstem Grad offenbarten; man hätte von erlebter Malerei sprechen können«.[76] Jahre vor Manets berühmt-berüchtigter *Nana* (1877, Kunsthalle, Hamburg) und diesbezüglichen Bilderfindungen Degas' führte Cézanne in den verschiedenen Fassungen des *Rumpunsch,* des *Nachmittag in Neapel* oder seiner *Modernen Olympia* (Abb. S. 39) unbeschönigt die professionelle Direktheit der sich preis-gebenden Dirne vor.[77] Abweichend von der romantisch gefärbten, literarischen Kurtisanentradition der mondänen Boheme, hatte sich seine Phantasie statt der erotischen sarkastisch verzerrte, sexuelle Wunschgestalten zurechtgelegt. Er entdeckte in jenen Gunstgewerblerinnen, die die Häuser im Umkreis des Neubaus der Kirche Notre-Dame de Lorette besetzt hielten und deshalb als Loretten bezeichnet wurden[78], die Heroinen einer parvenühaft selbstvergessenen Zeit. In üppig mit Kanapees, Vorhangdraperien, Fauteuils, Standspiegeln und Gemälden ausstaffierten Boudoirs, die bis in den letzten Winkel noch die Prachtentfaltung und Quasiwürdesphäre des Kaiserreichs signalisieren, schuf er ihnen ein Betätigungsfeld, das den als La Garde firmierenden Aristokratinnen der Demimonde à la Hortense Schneider, Anna Deslions, Adèle

73 Karl Korn, *Zola in seiner Zeit,* Frankfurt 1980, S. 42.

74 Rewald 1968, op. cit., S. 43.

75 Rewald 1939, op. cit., S. 160.

76 Rewald 1968, op. cit., S. 78.

77 Vgl. Götz Adriani, *Paul Cézanne ›Der Liebeskampf‹, Aspekte zum Frühwerk Cézannes,* München 1980, S. 12 ff.

78 Vgl. *Cézanne Briefe* 1979, op. cit., S. 44.

Paul Cézanne, *Eine moderne Olympia,* um 1873. Öl auf Leinwand, 46×55 cm. Musée du Louvre, Paris (ehemals Docteur Gachet)

Courtois oder Marie Duplessis – der Kameliendame – zur Ehre gereicht hätte. Übrigens erzählte man sich, daß einem Alphonse de Rothschild das eigene Palais im Vergleich mit deren Palästen wie eine Hütte vorkam und daß eine von ihnen, um das Weiß ihrer Haut hervortreten zu lassen, Bettücher aus schwarzem Satin bevorzugte.[79] Das Malerauge baute auf ähnliche Effekte, als es im *Rumpunsch* (2) das Rosé des Mädchenaktes abhob vom Blau der Diwandecke, und im *Nachmittag in Neapel* (3) das Weiß des liegenden Paares und deren Bettstatt mit der Rückenfigur eines dunkelhäutigen Domestiken konstrastierte, der, als exotischer Gegenpol, geradewegs aus Delacroix' Gemälde *Die Frauen von Algier* (1834, Musée du Louvre, Paris) entnommen sein dürfte. Während es im *Rumpunsch* auf eine kraftvolle Vergegenwärtigung der Farbmaterie ankam, bewirkte der Umgang mit den Aquarellfarben einige Jahre später im *Nachmittag in Neapel* ein verhaltenes Zusammenklingen der Farben mit den graphischen Werten der Bleistiftzeichnung. Alle gestalterischen Differenzierungen vermögen freilich nicht davon abzulenken, daß Cézanne in beiden Szenen das Maß des noch Vertretbaren provokativ überzog. Eingedenk dessen, daß Ambroise Vollard fehlendes Erinnerungsvermögen des öfteren durch blühende Phantasie ersetzte, dürfte der von ihm überlieferte Hinweis nicht von der Hand zu weisen sein, daß Manet mit der Frage an Guillemet, wie er nur eine so schmutzige Malerei gern haben könne, seinerseits nicht verhehlte, was er vom Künstler des *Nachmittag in Neapel* hielt.[80] Die Impertinenz, mit der Cézanne seinen Akteuren ihre Rolle zugewiesen hatte, war demnach nicht nur bei den Pharisäern des Kunsttempels, die nur das durch die Weihen des Salons in seinem Kunstanspruch bestätigen konnten, was ihren Standards genügte, auf heftige Verweigerung gestoßen. Auch auf manch einen der befreundeten Kollegen, die immerhin sporadisch die Chance erhielten, innerhalb des erlauchten Kreises ihre Avantgardeposition zu vertreten, hatte sie befremdend gewirkt; zumal wenn Sachwalter der Avantgarde wie Monet das allein auf das Flüchtige abgestimmte Motiv ohne Bedeutung empfahlen. Einer von gängigen Abgeschmacktheiten verwöhnten Optik, der sich selbst ein Courbet mitunter so erfolgreich assimilierte, daß Zola davor warnte, mit Niedlichkeiten »Gemeingut der öffentlichen Bewunderung« zu werden[81], ließ Cézanne mit seinen Szenerien keinerlei Ausweichmöglichkeiten in Bereiche moralisierender Allegorie. Jeder Gefälligkeitsanspruch, jede Verbindlichkeit entfielen.

Es konnte deshalb nicht ausbleiben, daß der Urheber derart brüskierender Anzüglichkeiten, die weder mythologisch noch religiös oder historisch bemäntelt waren, in die Schußlinie der Pariser Karikaturisten geriet, nachdem schon Courbets und Manets Aktdarstellungen nicht nur den Spott des jeweils anderen erregten – Manet sprach vom Maler der Billardkugeln, und Courbet verhöhnte Manet als Spielkartenkünstler –, sondern auch ein weites Feld für karikierende Angriffe geboten hatten. Im Frühjahr 1870 bekam Cézanne von dem nicht sehr originellen Zeichner Stock einen unflätig ausgestreckten Akt als verzeichnetes Gütesiegel ans Ohr gehängt.[82] Die Karikatur, die als Titel eines von Stock edierten Wochenblatts diente und sich auf zwei damals vom Salon zurückgewiesene Gemälde bezog, machte Cézanne zum öffentlichen Inbild des Refusé, zur lächerlichen Figur eines

79 Kracauer 1976, op. cit., S. 215 ff.

80 Vollard 1960, op. cit., S. 22.

81 Zola 1903, op. cit., S. 84.

82 Die Karikatur ist von folgendem ironischen Text begleitet: »Zwischenfall vom 20. März im Palais de l'Industrie, oder Vorzimmererfolg vor der Eröffnung des Salons: Bevor wir unseren Rundgang durch den diesjährigen Salon beginnen, möchten wir der Öffentlichkeit zwei Gemälde zeigen, gleichsam die verbotene Frucht, da sie zur Kategorie der Zurückgewiesenen gehören. Die Künstler und Kritiker, die sich am 20. März, dem letzten Tag für die Gemäldeeinlieferung, im Palais de l'Industrie einfanden, erinnern sich an das Aufsehen, das zwei Gemälde eines neuartigen Genres hervorriefen. Da wir der Meinung sind, daß es unserem Leser recht ist, haben wir die nötigen Schritte unternommen, um Ihnen als erste die getreue Reproduktion dieser beiden Leinwände anzubieten, sowie das Porträt Ihres Urhebers. Lumen lucet, das Licht leuchtet; Courbet, Manet, Monet und Ihr alle, Ihr Maler mit dem Spachtel, mit der Bürste, mit dem Besen und anderen Utensilien, Ihr seid übertroffen! Ich habe die Ehre Ihnen Ihren Meister zu präsentieren: Monsieur Cézannes [sic].

Cézannes! wer? was?? wer ist das??? Cézannes ist aus Aix-en-Provence, es handelt sich um einen realistischen Maler und nicht zuletzt … überzeugenden Maler. Hören Sie nur, was er mir mit betont südländischem Akzent vorgetragen hat… ›Jawohl, mein lieber Monsieur Stock, ich male, wie ich sehe und wie ich fühle … meine Empfindungen sind sehr stark. Die andern, Courbet, Manet, Monet usw. fühlen und sehen auch wie ich, aber haben keinen Mut. Sie malen Bilder für den Salon. Ich dagegen wage, Monsieur Stock, ich wage. Ich habe den Mut meiner Überzeugung, und wer zuletzt lacht, lacht am besten‹ «; zitiert nach John Rewald, *Un article inédit sur Paul Cézanne en 1870*, in: Arts, 473, 21. Juli 1954.

Bernard erinnert sich, daß er wohl die von Stock karikierte *Liegende nackte Frau* neben dem Porträt Em-

LE SALON PAR **STOCK**

Le Salon par Stock (Cézanne-Karikatur), 1870. Lithographie

Revoluzzers, der jener »Plejade oder Rotte bärtiger Maler« entstammte, »die die Revolution von 1848 gemacht oder ihr Beifall geklatscht haben, weil sie offensichtlich glaubten, daß es nun, wie die Gleichheit der Güter, auch eine Gleichheit der Talente geben würde« (Delacroix).[83] Mit Schild und abgestumpfter Lanze, sprich Palette und Malstock, bewehrt, präsentiert der total exponierte Verfechter seiner Kunst – mit dem verknöcherten Akt am Ohr und dem monumentalen Proträt des von Natur aus verkrüppelten Malerfreundes Achille Emperaire – die Gesetzestafeln »naturalistischer« Malerei (Abb. S. 41).

Mit der aquarellierten Bleistiftstudie einer *Freiheitsallegorie* (5), die die Obliegenheiten des Aktes von der Horizontale in die Vertikale verkehrt, reagierte Cézanne ausnahmsweise politisch aktuell auf die brisanten Geschehnisse der Jahre 1870/1871. Auf einem Barrikadensockel aus toten und verwundeten Kämpfern triumphiert die Heldin mit dem Schwert in der hocherhobenen Rechten und dem Blau-Weiß-Rot der Trikolore links als Personifikation der Republik, die über Empire und Commune den Sieg davongetragen hat. Das Pathos des für die Auferstehung einer neuen Sozietät stehenden Entwurfs, der nie zu bildmäßiger Ausführung kam, gewinnt zusätzliches Gewicht aus dem Linienfurioso und wenigen Farbakzenten. Alles in allem wird die kleine Skizze freilich kaum mehr gewesen sein als die Pflichtübung eines republikanisch erzogenen Sohnes, dessen Vater nach Ausrufung der Republik am 4. September 1870 ein Mandat im Aixer Stadtparlament erhielt. Um der Aushebung zu entgehen, war Cézanne im Juli 1870 mit seiner Lebensgefährtin Hortense Fiquet nach L'Estaque an die Bucht von Marseille gezogen. Unbehelligt von den sich überstürzenden Ereignissen in Paris, von der Ablösung des Kaiserreichs durch die Republik, von der Belagerung und Kapitulation Anfang 1871, der Herrschaft der Commune sowie deren Unterwerfung, widmete sich der Künstler dort ausschließlich seinen Studien.[84] Da er erst im Herbst 1871 in die Hauptstadt zurückkehrte, beruht sein bescheidener allegorischer Beitrag zu einer politischen Lage, in der sich Revolution und Reaktion an Grausamkeit überboten, nicht auf eigener Anschauung. Politisch indifferent, wie er war, griff er auf eine vorherrschend feminine ikonographische Tradition zurück.[85] Von Delacroix' 40 Jahre altem Urbild der Revolution, *Die Freiheit führt das Volk* (1830, Musée du Louvre, Paris), und einer 1848 gemalten *Allegorie der Republik* (Musée du Louvre, Paris) Daumiers ausgehend, feierte diese ihre Wiedergeburt in Gestalt der siegreichen Françoise Liberté oder der revolutionären Marianne im Umfeld proletarisch-rebellischer Illustrationen. Je nach Bedarf traten die mehr oder weniger entblößten Hoffnungsfiguren begehrenswert und mütterlich zugleich als Allegorie der Revolution, der Freiheit, der Nation, der Stadt Paris oder, mit roter Fahne, der Commune auf.

Die alles überragende Frauengestalt degenerierte einige Zeit später, im entgegengesetzten Zusammenhang einer *Versuchung des Heiligen Antonius* (6), von der zu neuen Ufern utopischer Menschheitsbeglückung Führenden zur Verführenden. Der Überwinderin einer verbrauchten Gesellschaftsordnung folgte die alle Reize ihrer Beauté ausspielende Zerstörerin, deren vorgewölbter Schoß den Tod gebiert. Die alptraumhafte Phantastik einer ersten, fahl aus dem Dunkel erschei-

peraires bei dem Farbenhändler Tanguy gesehen habe: »…obwohl sehr häßlich, war sie ein meisterliches Werk; denn gerade diese Häßlichkeit war von jener unbegreiflichen, eindrücklichen Größe, die Baudelaire zu dem Ausspruch veranlaßt hat: ›Les charmes de l'horreur n'enivrent que les forts.‹ Auf ihrem Bett lang ausgestreckt, ließ einen dieses wahrhaft ungeheure Weib an die *Géante* des genannten Dichters denken. Der Akt hob sich belichtet von einem grauen Grund, einer Wand, an der ein naives Bildchen klebte, ab. Im Vordergrund flammte ein roter, über einen plumpen Stuhl geworfener Stoff«; zitiert nach *Conversations avec Cézanne* 1978, op. cit., S. 68. Vgl. *Cézanne Briefe* 1979, op. cit., S. 126.

83 *Delacroix Tagebücher* 1979, op. cit., S. 126. Bereits 1867 steht in einem Brief Marions zu lesen: »Paul möchte Dich bald sehen. Dieses Jahr sieht er prachtvoll aus mit seinem lichten, ungeheuer langen Haar und seinem revolutionären Bart«; siehe Anmerkung 33.

84 Vgl. John Rewald, *Paul Cézanne: New documents for the years 1870–1871*, in: The Burlington Magazine, LXXIV, April 1939, S. 163 ff.

85 Schon 1859 mußte sich Cézanne von Zola politisches Desinteresse vorwerfen lassen: »Wir erörtern niemals politische Fragen; Du liest die Zeitung nicht, wie ich es mir gestatte, und würdest also nicht verstehen, wovon ich rede«; zitiert nach *Cézanne Briefe* 1979, op. cit., S. 53. Vgl. H. Hartwig, *Die Republik und andere allegorische Frauengestalten*, in: Katalog *Honoré Daumier und die ungelösten Probleme der bürgerlichen Gesellschaft*, Berlin 1974, S. 80 ff.

nenden Gemäldefassung (Abb. S. 261) veränderte sich auf dem Studienblatt zum Dialog der beiden Hauptakteure. Dem am Boden schutzlos ausgelieferten Eremiten macht das in gängiger Modellpose paradierende physische Übermaß der ihm obszön Entgegentretenden sichtlich zu schaffen. Zwei stellvertretend für die Kupplerin eingeführte, satanische Figuren werden von einer unheilbringenden Fledermaus rechts sowie einer Amorparaphrase assistiert. Gewiß hatte Cézanne kein unpopuläres Thema aufgegriffen, als er in geradezu klassisch ausgewogener Manier und einem breit konturierenden Pinselduktus, der sich dem jeweiligen Körperrund förmlich anschmiegt, das Geschehen um das zentrale Lustobjekt arrangierte. Im kaiserlichen Frankreich gehörten die modisch romantischen *Versuchungen* eines Tassaert, Delaroche, Rops und vieler anderer zum gängigen Repertoire, das sich in der Illustrationsgraphik ebenso wie in Volkslied und Bänkelsang eine Mischung aus dämonischen und satirischen Zügen bewahrt hatte. Oft exotisch ausstaffiert, wurde man eher dem erotischen Blickwinkel weiblicher Verführungskünste als dem religiösen gerecht. Auch Zola verglich 1868 in seinem Manet gewidmeten Roman *Madeleine Férat* die Titelheldin der dramatischen Geschichte verbotener Liebe mit der vom Teufel Besessenen auf einer alten Schilderung der *Antonius-Versuchung*. Als sich zudem verschiedene Biographen mit dem Leben des Heiligen befaßten und als Marguerite Bellanger, seit 1863 kaiserliche Mätresse, eine *Versuchung* ersteigerte, von der sie annahm, sie würde den Geschmack des Kaisers treffen, war das Thema in den Salons, das heißt sowohl in den alljährlich stattfindenden Ausstellungsforen wie auch in den Boudoirs der Pariser Lebewelt, en vogue.[86] Cézanne war das libidinöse Sujet Äquivalent einer aus sexuellen Obsessionen resultierenden Befangenheit allem Weiblichen gegenüber. In ähnlicher Weise hatte sich Flaubert in seinem Stück *La Tentation de Saint Antoine*, das 1874 in dritter, definitiver Fassung erschienen war, mit den Halluzinationen des Einsiedlers identifiziert. Inwieweit das partiell mystisch ausgelegte Defilee von Visionen, Glaubenslehren und Doktrinen Cézanne inspirierte, sei dahingestellt. Obwohl davon auszugehen ist, daß er das komplizierte literarische Gedankengebäude kannte und eine merkwürdig kulissenhafte Darstellung mit der asketischen Behausung des Heiligen genau die in der Vorrede gegebenen Hinweise befolgt (7), bleibt die kleine Aquarellskizze, deren dominierendes Blau durch Gelbhöhungen und ein teuflisches Feuerrot akzentuiert ist, ohne direkte Analogie zu Flauberts Erzählung. Weiterführend könnte statt dessen ein Vergleich mit Daumiers im Oktober 1849 für Le Charivari gezeichneter, politischer Auslegung des Themas sein (Abb. S. 261). Haltung und Gesten des von seinen Meditationen aufgeschreckten und von allen nur denkbaren leiblichen Genüssen Versuchten – gemeint war der opportunistische Verleger Véron, der sich an einen »wilden Ort inmitten der abschüssigen Hügel von Montmartre zurückgezogen hatte« – finden sich ebenso bei Cézanne. Deutlich verweisen die drei von Daumier im Hintergrund plazierten Schönen auf ein Paris-Urteil als mythologisches Gegenstück zur *Versuchung*. Die Kombination von religiöser und mythologischer Thematik, die in Cézannes Aquarell in der aphrodisischen Pose der Versucherin nachlebt, ist in der vorausgegangenen Gemäldefassung mit den drei weiblichen Hauptfiguren an-

86 Vgl. Claude Roger-Marx, *Les tentations de Saint Antoine*, in: La Renaissance, Januar/Februar 1936, S. 3 ff.; Theodore Reff, *Cézanne, Flaubert, St. Anthony, and the Queen of Sheba*, in: The Art Bulletin, XLIV, Juni 1962, S. 113 ff.

gesprochen, in denen die seit der Antike mit den Göttinnen gleichgestellten Lebensformen kontemplativen, aktiven und sinnlichen Daseins zur Anschauung gelangen (Abb. S. 261).

Erweitert wurde der Bannkreis der Verführerin in einer sarkastischen Huldigungsallegorie zur Apotheose des *Ewigweiblichen*, dem die Männerwelt zu Füßen liegt (8). Ihren Instinkten ausgeliefert, zollen die namenlosen Repräsentanten von Gott und Welt dem schönen Geschlecht ihren Tribut. In der hingebungsvollen Parade und Parodie geschlechtsspezifischer Positionen thront die zum Kultgegenstand avancierte, triumphale Weibermacht urwüchsig auf dem Piedestal eines Bettenberges. Unweit vom Zeremoniell des Lever am Hofe des Sonnenkönigs empfängt sie dort die Ovationen derer, die sich ihrer Willkür unterwerfen. Mit der Hinrichtung auf das Faktum kollektiven Begehrens, mit einem Baldachin als Hoheitszeichen und dem pompösen Dreiklang aus Blau, Scharlachrot und Goldgelb gewinnt die Travestie des Idols die Dimension einer Sacra conversazione, die den Umgang mit dem Himmel auf das gleichschenklige Dreieck des Betthimmels reduziert. Als das den unnachsichtigen Blicken ausgelieferte Schaustück männlicher Komplementärfiguren, die das Ecce Homo im perversen Rahmen einer Schwarzen Messe genießen mögen, hält sich die benutzte und deshalb um so verlogener mißachtete Dirne schadlos an den Grands Corrupteurs, die sie und die soziale Schicht, der sie angehört, ausbeuten. Mit der Vergötzung und Verteufelung der Frau in der reversiblen Rolle von Ausbeuterin und Ausgebeuteter reflektierte Cézanne ein Spannungsfeld aus Faszination und Animosität, das ihn in besonderem Maße berührte. Nicht von ungefähr beschrieb er das dem Manne entrückte Weibs-Bild als heillosen Anbetungsgegenstand. Das von gemeinsamer Absicht zusammengeführte Panorama der Männerwelt ist nach Klassen, Typen und Berufen geordnet. Schlüsselfigur zweier divergierender Gesellschaftskomplexe – mit den Artisten im weitesten Sinne rechts und den etablierten Berufsständen links – ist in axialer Bezugnahme zum Akt eine Rückenfigur am unteren Bildrand, deren Kopf im Halbprofil auftaucht. Der wuchtige, teilweise kahle Schädel, der von dunklem Haarkranz und einem Vollbart umrahmt ist, legt die Vermutung nahe, daß es sich um ein Selbstbildnis des Künstlers handelt, um das die ständischen Vertreter geschart sind. Angeführt werden sie rechts oben von einem mit Pinsel und Palette hantierenden Maler vor seiner Staffelei, der, gänzlich eingenommen von der Schönen, diese zu verewigen gedenkt. Es folgen Akrobaten in blauweiß gestreiften Trikots sowie Fanfaren blasende Musikanten. Ein Gastronom sorgt auf einem Tablett mit Getränk und goldgelben Früchten für das leiblich-weibliche Wohl.[87] Allein durch ihr Tun huldigen diese, auch die Sinne bezeichnenden Nachkommen der Artes liberales der füllligen Gleichmacherin, wobei Maler und Artisten, Ton- und Kochkünstler unterschiedslos das ihre geben. Dem entgegen steht das bürgerliche Establishment; an der Spitze, in prächtigem Ornat, der kaum um das geistliche Wohl seines Schäfleins besorgte Bischof, dessen Herrschaftsinsignien, Mitra und Krummstab, demonstrativ ins Bild ragen. Den Halbkreis der Adoranten schließen die weltlichen Würdenträger, die Delegierten juristischer, militärischer und fiskalischer Macht. Personifiziert werden sie von devoten, graubefrackten

87 Das zentrale Gelb der Früchte könnte im Sinne mittelalterlicher Farbsymbolik als der »Minne Sold«, wie auch als Farbe der Ausgestoßenen, der Dirnen, Bettler und Ketzer verstanden sein (eine Farbsymbolik übrigens, die bis in die jüngste Vergangenheit ihre Geltung hatte, als ein ganzes Volk damit gebrandmarkt wurde).

Staatsdienern, einem behelmten Offizier, sowie dem unerläßlichen Finanzier mit prallgefülltem Geldsack. Cézanne, der einst als ›Herkules am Scheideweg‹ zwischen Advokatur und Atelier, zwischen Sicherheit und Risiko zu wählen hatte[88], scheint eher passiver Mitläufer, der Abstand hält zu dem Panoptikum um ihn. Er identifiziert sich weder mit der einen, noch mit der anderen Seite. Wohl hat er sich damit abgefunden, daß ihm, entgegengesetzt zu all jenen, die mehr zu bieten haben, lediglich eine Beobachterrolle am Rande zukommt; das Gegenüber der einnehmenden Kurtisane ist unüberbrückbar seiner Reichweite entzogen. Wie sie ist auch der Künstler nur scheinbarer Mittelpunkt der Gesellschaft. In Wahrheit stehen sie beide, als Homme und Femme fatale zum sozialen Sprengstoff geworden, außerhalb jeder Sozietät. Der Kult um den Künstlerfürsten ähnelt in seiner Flüchtigkeit dem um das majestätische Luxusgeschöpf, denn beide funktionieren nur solange routiniert in ihrem jeweiligen Metier, wie sie den Ansprüchen ihrer splendiden Gönner genügen.

Aufschluß über Cézannes vielschichtige Auslegung des Themas, das nicht nur das Spannungsverhältnis von Mann und Frau sowie das von Künstler und Gesellschaft erhellt, sondern auch das Boudoir zum Treffpunkt von Prestige und Geist, von staatlicher Herrschaft sowie freiem Künstlertum macht, mögen einige etwa gleichzeitig notierte Gedankenskizzen Zolas geben. Dort heißt es im Hinblick auf den 1879/1880 veröffentlichen Erfolgsroman *Nana* über die heimtückische Mouche d'or, die sich die Pariser Lebewelt unterwirft: »Nana wird eine Elementarkraft, ein Ferment der Zerstörung, doch ohne dies zu wollen, nur durch ihr Geschlecht und ihren Frauengeruch zerstört sie alles, was in ihre Nähe kommt… Der Hintern in seiner ganzen Macht. Der Hintern auf einem Altar, vor dem alle opfern. Das Buch muß die Dichtung des Hintern sein, und die Moral wird der Hintern sein, der alle um sich tanzen läßt… Dies ist das philosophische Thema: Eine ganze Gesellschaft stürzt sich auf den Hintern. Eine Meute hinter einer Hündin, die nicht in der Brunst ist und sich über die Hunde lustig macht, die sie verfolgen. Das Gedicht von der männlichen Begierde, der große Hebel, der die Welt in Bewegung setzt. Es gibt nur den Hintern und die Religion. Ich muß also Nana zeigen: Mittelpunkt wie das Idol, zu dessen Füßen sich alle Männer hinwerfen, für verschiedene Motive und mit verschiedenen Temperamenten… Ich werde eine Anzahl Männer versammeln, welche die ganze Gesellschaft verkörpern.«[89] Auf einer zusätzlichen Sinnebene könnte mit der schönen Verführerin auch die den Maler in ihren Bann ziehende Personifikation der Kunst gemeint sein, der Produzenten und Konsumenten ihre Ehrerbietung darbringen. Sie umschrieb Zola in seinem Manet-Artikel als »die ›grande Impure‹ von Babylon, die Kurtisane, welche ein ewiges Gelüste nach Menschenfleisch hat und die das Blut ihrer Kinder trinken wird, um sie zuckend an ihrem unersättlichen Busen sich winden zu lassen. Da ist die Orgie ohne Gnade, die Verführung ohne Entrinnen – das blutige Gespenst, das sich manchmal inmitten der Familien aufrichtet und den häuslichen Frieden zerstört.«[90]

Im bildnerischen Bereich reicht die Genese des *Ewigweiblichen*, das von Munch 1895 in einer Lithographie zur kaltblütigen *Begierde nach dem Weibe* stilisiert

88 Als junger Mann hatte sich Cézanne mit dem Herkulesthema befaßt, vgl. die *Cézanne Briefe* 1979, op. cit., S. 32 f., S. 75 f., S. 78, und Theodore Reff, *Cézanne and Hercules*, in: The Art Bulletin, XLVIII, 1. März 1966, S. 35 ff.

89 Werner Hofmann, *Nana, Mythos und Wirklichkeit*, Köln 1973, S. 58.

90 Zola 1903, op. cit., S. 106 f.

wurde, um schließlich von Picasso in einer 1908 entworfenen *Huldigung* (Abb. S. 263) revolutionär nobilitiert zu werden, weit in die Kunstgeschichte zurück. Als frühes Exempel wäre eine im Louvre befindliche Hochzeitsplatte aus dem Florentiner Quattrocento zu nennen, die die Himmelserscheinung weiblicher Verlockung zeigt, von deren Schoß Strahlen auf eine Anzahl irdischer Adoranten treffen.[91] Auch Dürers Wiener *Allerheiligenaltar,* der den diesseits ausgesetzten Künstler den göttlichen Himmelszonen konfrontiert, oder Stiche in der Art eines Antwerpener Manieristen, der die Artisten in Gestalt von Narren, Musikanten und Gauklern um die mit Vanitashinweisen versehene Eitelkeit der Frau-Welt tanzen läßt, wären anzuführen (Abb. S. 262). Besonders zahlreich sind dann im französischen 19. Jahrhundert in den verschiedenen Sparten populärer Illustrationsgraphik die Vorlagen für die Dissoziation von überhöhter Einzelperson und rückhaltloser Masse. Sie dienten beispielsweise in der naiven Bildsprache politischer Agitation zur Glorifizierung der République Française, deren Getreue 1848 zusammenströmten (Abb. S. 262), oder in der Karikatur dazu, die Allmacht des Journalisten ironisch zu durchleuchten (Abb. S. 263).[92] Nicht zuletzt dürften Delacroix – mit einer ehemals im Besitz von Daubigny befindlichen Darstellung von *Simson und Delila* (1849–1856, Sammlung Reinhart, Winterthur) – sowie Courbet – mit der epochalen Allegorie *Das Atelier* (1855, Musée du Louvre, Paris) – zur spezifischen Form und Ikonographie der Cézanneschen Bilderfindung beigetragen haben. Delacroix schildert die Unterwerfung des Mannes durch das schwache Geschlecht am Fuße des von einem weitausladenden Baldachin bekrönten Liebeslagers[93], während in Courbets Allégorie Réelle die Kombination von Selbstbildnis und Akt inmitten einer Figurenansammlung, aber auch die Aufteilung der Gruppen in zwei gegensätzliche Lager vorgegeben ist. Nach Courbets eigenen Worten sind auf seinem anspruchsvollen Bildkosmos »zur Rechten alle Teilhaber, das heißt die Freunde, die Mitarbeiter, die Liebhaber der Welt der Kunst« angesiedelt; unter Führung Napoleons III. als Wilderer befindet sich »zur Linken die Welt des gewöhnlichen Lebens, das Volk, das Elend, die Armut, der Reichtum, die Ausgebeuteten, die Ausbeuter, die Leute, die vom Tod leben«.[94]

Um die Mitte des siebten Jahrzehnts forcierte Cézanne das Gegeneinander der Geschlechter zum feind-seligen Miteinander eines *Liebeskampfes* in arkadischer Landschaft (10). Dabei fällt auf, wie sehr er sich nun um eine Angleichung von Mensch und Natur bemühte.[95] An einem von hochstämmigen Bäumen flankierten, steil von rechts zur Bildmitte abfallenden Gestade spielt sich das kraftvolle Zusammenwirken der Paare ab. Die Handlungsintensität ist durch die freie Verteilung der Gruppen abgemildert. Zarte Bleistiftlagen, häufig fragmentierte, dunkelblaue Konturlinien und vereinzelte Farbhöhungen verleihen den Körpern Bewegtheit und Plastizität. Die für diesen Zeitraum typischen, kurzen, meist diagonal von rechts oben nach links geführten Pinselstriche aus saftigem Grün, Gelb und Blauviolett ergeben einen lebensprühenden Zusammenklang, der durch das atmosphärische Himmelsblau seine Weiträumigkeit bezieht. Die damals häufig verwandten Weißhöhungen übertreffen die Helle des partiell unbearbeiteten Papiergrundes. Wohldurchdacht ist die Verzahnung von ekstatisch bewegten Kör-

91 Hofmann 1973, op. cit., Abb. 57.

92 Im geschmäcklerischen Genre wäre unter anderem die Graphik, *Le lever d'une petite Dame* (1879) zu nennen, wo sich ein Schwarm stehender Figuren, vom Friseur über die Pediküre bis zum Mäzen und den Gläubigern, zum allmorgendlichen Empfang eingefunden hat, siehe Hofmann 1973, op cit., Abb. 66.

93 Cézanne kopierte die Figur des Simson in einer Zeichnung, siehe Adrien Chappuis, *The Drawings of Paul Cézanne – A catalogue raisonné*, Text- und Abbildungsband, London 1973, Nr. 496.

94 Herding 1978, op. cit., S. 24.

95 Als Zola 1878 Cézanne ein mit Widmung versehenes Exemplar seines jüngsten Romans *Une page d'amour* übersandt hatte, antwortete dieser, daß er die Entwicklung der Leidenschaft bei den Hauptfiguren sehr sorgfältig gesteigert fände; »dann habe ich folgende Beobachtung gemacht, die mir gleichfalls richtig scheint, daß nämlich die Schauplätze durch die Art, wie sie geschildert sind, von der Leidenschaft, die die Personen bewegt, durchtränkt sind und dadurch eine stärkere Einheit mit den Trägern der Handlung bilden und weniger abgelöst vom übrigen sind. Sie scheinen sich sozusagen zu beleben und am Leiden der menschlichen Wesen teilzunehmen«; zitiert nach *Cézanne Briefe 1979,* op. cit., S. 150.

96 Auf dem von Manets *Dejeuner sur l'herbe* ausgehenden Gemälde fehlt alles das an Utensilien, was eine solche Landpartie normalerweise auszeichnet. Die beiden Hauptakteure des eher feierlichen Treffens im modischen Habit sind ein gebeugt stehendes Mädchen, das ostentativ eine rote Frucht in Händen hält, und ein ihr gegenüber Sitzender mit der bärtigen Physiognomie des Malers. Zieht man das im Hintergrund entschwindende Paar mit in Betracht, ist damit ein ganz eigener Aspekt zum Thema der *Versuchung* gegeben. Denn was anderes könnte gemeint sein als eine gewin-

nende Venus-Eva, die ihrem auser-
wählten Partner die verbotene
Frucht des Sündenfalls als Unter-
pfand ihrer Verführungs- und Lie-
beskünste darbringt?

97 Vgl. Meyer Schapiro, *The
apples of Cézanne*, in: Art News
Annual, XXXIV, 1968, S. 36f.

98 Selbst in einer flüchtigen Aquarellstudie, Venturi Nr. 865 (Musée
du Louvre, Paris), nach Giorgiones
Ländlichem Konzert ist kaum etwas
geblieben von dem dort angesprochenen Gegensatz zwischen feminin und maskulin, Traum und Realität,
Passivität und Aktivität. Die soziale
Diskrepanz zwischen Schäfer und
Kavalier, zwischen den Vertretern
ländlicher und städtischer Kultur,
blieb unberücksichtigt. Auch die Fi-
gurengewichtung ist eine andere; die
Figurengrößen sind einander ange-
paßt und zu einer eng verbundenen
Vierergruppe harmonisiert. Cézanne
wollte insbesondere die formalen
Probleme des Bildaufbaus in den
Griff bekommen und eine ideale
Verbindung von Figuren und Land-
schaftskulisse herstellen.

99 1866 schrieb Cézanne an Pissarro: »Ich bin hier wieder im
Schoße meiner Familie, mit den
dreckigsten Wesen der Erde, jenen,
die meine Familie bilden, beschissen
über alles«; zitiert nach *Cézanne
Briefe 1979*, op. cit., S. 115; und
Marion fügt dem 1868 hinzu:
»Welche Generation von Leidenden,
mein armer Alter, Zola, wir beide
und so viele andere. Dabei sind einige von uns Leidenden, mit weniger
Sorgen, genauso unglücklich wie
wir. Zum Beispiel Cézanne, mit seinem gesicherten Leben und seinen
finsteren Anfällen von seelischer
Verzweiflung«; siehe Anmerkung
33. Vgl. auch die *Cézanne Briefe
1979*, op. cit., S. 134f., S. 150f.,
S. 154, S. 156f., S. 159f., S. 164f.
1885 heißt es in einem Brief an
Zola: »Übrigens gibt es für mich
nur vollständige Abgeschiedenheit.
Das Bordell in der Stadt, oder was
Ähnliches, aber sonst nichts. Ich
zahle, das Wort ist schmutzig, aber
ich brauche Ruhe, und für diesen
Preis sollte ich sie haben können«,
(ibid., S. 202, S. 208).

permassen und Wolkenformationen, von buntfarbigen und weißen Bildteilen. Offensichtlich wollte der Maler auch im kleinen Format etwas von jener mythisch-
heiteren Lebenslust einfangen, die die Meister der venezianischen Hochrenaissance, allen voran Tizian, so imponierend zu realisieren in der Lage waren. Eine
Reproduktion von Tizians *Bacchanal* (1518/1519, Prado, Madrid) könnte vor
Einzelheiten, die auf Vorbilder Delacroix' zurückgehen, als Inspirationsquelle für
die erstaunliche Begebenheit gedient haben.

Daß die allmählich gewonnene Sicherheit in der Bewältigung bildnerischer Pro-
blemstellungen mit einer Neutralisierung der Inhalte konform ging, bestätigt unter anderem die Aquarellstudie eines *Picknicks im Grünen* (11). Sie überführt die
mythische Erregtheit des *Liebeskampfes* in alltägliche Daseinsfreuden und läßt an
impressionistische Bildanlässe denken. Vor einem baumbestandenen Hintergrund
mit Kirchturm wird das Beieinander dreier Paare und eines Kindes mit einem
Glas Wein begossen. Der von einer stehenden Figur demonstrativ gehaltene Korb
mit grellroten Äpfeln ist hervorstechender Farbakzent einer ansonsten in hellem
Blau, Grün und Ocker gehaltenen Komposition. Wahrscheinlich sind die Früchte
Relikte eines säkularisierten Versuchungsattributs, das in Cézannes erster Fassung
des Themas im Mittelpunkt des Interesses gestanden hatte (Abb. S. 264).[96] Die sicher nicht umsonst herausgehobenen Früchte wären demnach zumindest als Zeichen der Zuneigung zu werten, um entfernt auch daran zu erinnern, daß seit Sal-
lust der Apfel für eine aus Gegensätzen zusammengefügte Einheit steht.[97] Damit
ist der an sich belanglosen Idylle einer Mahlzeit im Freien, die – von der Illustrationsgraphik der Jahrhundertmitte entdeckt – zu einem von den Impressionisten
favorisierten Sujet geworden war, etwas von jenem Bedeutungsgehalt zurückgege-
ben, der das Genre seit Giorgiones *Ländlichem Konzert* (um 1508, Musée du
Louvre, Paris) bis zu den Fêtes Champêtres des Rokoko ausgezeichnet hatte. Offenbar suchte Cézanne in dem unbeschwerten Zusammentreffen all das abzubau-
en, was Manets ehedem brüskierendes *Picknick im Grünen* zur Zielscheibe der
Entrüstung hatte werden lassen. Das von Giorgione vorgegebene Beisammen von
weiblichen Akten und bekleideten männlichen Partnern, von Sinnfiguren der Natur und Kultur im gleichsam öffentlichen Raum, scheint ihn nicht mehr interes-
siert zu haben.[98]

Die bisher angeführten Aquarellbeispiele zeigen, daß während eines Zeitraumes
von etwa 1865 bis 1875 die Konfrontation der Geschlechter in verschiedensten
Metamorphosen zentrales Thema der Figurenbilder war. Unumwunden bezeugen
sie die zwanghaften Verstrickungen eines Menschen, der niemals der familiären
Bevormundung entkommen sollte und noch im Alter dem bigotten Wohltätig-
keitseifer seiner Schwester ausgesetzt war.[99] Im Gegensatz zu allen späteren Ziel-
setzungen bevorzugte Cézanne anfangs extreme Situationen, bei denen im pak-
kenden Höhepunkt der Aktionen formale und farbige Kontrastierungen aufeinan-
derprallen. Seine im lauten Aufruhr inszenierten, nicht zuletzt apotropäisch ver-
standenen Inhalte bezogen ihre Authentizität aus einem Ausdruckswollen, dem
Be- und Verdrängungen Anlaß gaben. Sinnfällig legen sie jenes Gefühlsübermaß
offen, das sie entstehen ließ. Denn die Versucherinnen in Cézannes Bildwelt sowie

die maskuline Besessenheit, die in Entführungs-, Vergewaltigungs- und Mord-szenen bestialisch mit der hofierten Weibermacht abrechnet (4), waren nicht mehr und nicht weniger als Kompensationen einer durch provinzielle Konventionen in Mitleidenschaft gezogenen, ja im Unterbewußten erstickten Gefühlswelt. Ein sol-chermaßen autobiographisch motivierter Zerrspiegel aus Sexus und Tod be-stimmte ein Frühwerk, das Jahrzehnte vor Fauvismus und Expressionismus zu vergleichbaren Ergebnissen gelangt war.

Damals fand der Künstler noch nicht die Geduld, sich auf gründliche Natur-studien einzulassen; vielmehr beteiligte er auch Porträts, Stilleben und Land-schaften an dem dramatischen Ringen um Selbstaussage. Schon die in den Briefen und poetischen Ergüssen des Schülers angesprochenen Themen sind das, was man heute als Sublimationsprodukte kategorisieren würde. In ihnen wechselt die Stimmung des Verfassers ständig zwischen Niedergeschlagenheit, Apathie und ju-gendlichem Überschwang, zwischen witzigen Sarkasmen und »von düsterer Trau-rigkeit durchtränkter« Daseinsangst und Mutlosigkeit. Häufig ist in den an Zola gerichteten, ironisch-makabren Wunschbildern und Traumvisionen die Rede von der Ratlosigkeit dem anderen Geschlecht gegenüber. So fürchtet sich der 19jäh-rige, eine »plötzliche Liebe Flamme« könne sich »nach außen verraten« und hofft, der »inneren Traurigkeit« und einer »gewissen Langenweile« durch Betrin-ken abzuhelfen. »Elegien von nebelhafter Poesie« drehen sich um die ersehnte Ge-fährtin, die einmal greifbar nahe schien, um sich alsbald in den Armen des von tödlicher Kälte sogleich Erfaßten »zu blassem Kadaver mit eckigen Formen, mit klappernden Knochen und Augen, die leer sind«, zu verwandeln.[100] Jahrzehnte später notierte Zola über Cézanne in den vorbereitenden Aufzeichnungen zum Künstlerroman *L'Œuvre*, dessen Veröffentlichung 1886 zum Bruch zwischen den Freunden führte, da Cézanne sich in der Hauptfigur, dem gescheiterten Maler Claude Lantier, wiedergegeben glaubte[101]: »Gegen Frauen zeigte er Mißtrauen... Er brachte niemals Mädchen mit in sein Zimmer; er behandelte sie immer wie ein Junge, der mit gequälter, unter brutaler Großsprecherei versteckter Schüchternheit über sie hinwegsieht. ›Frauen habe ich nicht nötig‹ sagte er, ›das würde mich zu sehr stören. Ich weiß nicht einmal, wozu sie zu gebrauchen sind; ich habe mich immer vor dem Versuch gefürchtet‹.« An den Rand dieser Notiz ist ein unterstri-chenes »sehr wichtig« gesetzt. Im Roman selbst findet sich folgender Hinweis über die Begierde in der Maske der Geringschätzung: »Es war die Glut des Ent-haltsamen für den Körper des Weibes, ein tolles Verlangen nach begehrten und niemals besessenen Nacktheiten, eine Ohnmacht, sich genug zu tun, soviel von diesem Fleische schaffend darzustellen, als er mit beiden Armen heftig zu um-schlingen träumte. Die Mädchen, welche er aus seinem Atelier jagte, betete er in seinen Bildern an; er liebkoste sie oder tat ihnen Gewalt an, bis zu Tränen ver-zweifelt, sie nicht schön, nicht lebendig genug ausführen zu können.«[102] Kein Wunder, daß sich das Unterdrückte eines dermaßen charakterisierten Individuums zunächst in Bildern erbarmungsloser Schändung sowie sarkastischer Überhöhung des Weiblichen entlud. Kein Wunder auch, daß die maßlose Subjektivität jener Phantasiegebilde, die die eigene Beziehungslosigkeit in der Entfremdung der Ge-

100 Ibid., S. 17 ff., S. 63, S. 36 ff., S. 52. »Cézanne hat häufig Anfälle von Entmutigung. Trotz seiner et-was affektierten Verachtung für den Ruhm sehe ich, daß er es zu Erfolg bringen möchte«, schrieb Zola 1861 (ibid., S. 92).

101 Jeder der beiden liebte im an-deren den Freund mehr als den Künstler, und beide sahen sie ihre eigene Jugend im anderen verkör-pert. Obwohl Erfolg und Mißerfolg sie entfremdet hatten und jeder von ihnen glaubte, daß der andere es sei, der die in der Jugend formulierten Ideale nicht zu erfüllen in der Lage war, hielt das Band der Erinnerung sie ihr Leben lang zusammen. Aus-schlaggebend für den äußeren Bruch dürfte gewesen sein, daß keiner au-ßer Cézanne Einzelheiten des Ro-manwerks dermaßen auf sich und die mit Zola verbrachte Jugendzeit beziehen konnte. Kaum jemand in Paris erinnerte sich, als der Roman erschien, an den Maler aus der Pro-vence, der vor Jahren mit seinen Werken die Kunstwelt zu brüskieren suchte, und kaum einer wußte um die gemeinsame Vergangenheit des erfolgreichen Bestseller-Autors und des erfolglosen, aus dem Gedächtnis einer leichtfertigen Öffentlichkeit verlorenen Malers; vgl. Adriani 1978, op. cit., S. 65 ff.
Übrigens ist Derains Prophezei-ung, Picasso werde sich eines Tages hinter dem Bild der *Demoiselles d'Avignon* (1907, The Museum of Modern Art, New York) aufhängen, nur im Zusammenhang mit Balzacs *Le Chef d'Œuvre Inconnu* und Zo-las *L'Œuvre* zu verstehen. Die Au-toren stellten mit ihren Helden den modernen Künstler mit seiner bis zum Äußersten getriebenen, subjek-tiven Sicht dar. Was beide Maler zum Scheitern brachte, war der Wi-derspruch aus Wollen und Können, aus Vorstellungs- und Darstellungs-vermögen, sowie ihre Unfähigkeit, sich verständlich zu machen. Beide erlagen sie ihren Einbildungen.

102 Rewald 1968, op. cit., S. 58, S. 77 f.

Paul Cézanne, *Der Tanz*, 1869–1871. Bleistift auf Papier, 122×218 mm. Graphische Sammlung Albertina, Wien

schlechter signalisierten, auf jeden Fall verdächtig erscheinen mußte. Weder formal noch gattungsmäßig waren sie einzuordnen; weder die Abgeschmacktheiten des Salon noch die thematischen Unverbindlichkeiten der angehenden Impressionisten hatten damit zu tun. Ein so verdienstvoller Kritiker wie Castagnary warnte gar davor, Cézannes Subjektivismen nachzueifern. Anläßlich der in den Atelierräumen des Photographen Nadar veranstalteten ersten Gruppenausstellung jener Avantgardemaler, die damals als Impressionisten beschimpft wurden, bemängelte er am 29. April 1874 in Le Siècle: »Für die, die nicht nachdenken und lernen, sondern die Impression übertreiben, ist Cézanne bereits heute ein warnendes Beispiel, welches Los sie erwartet. Nach ihrem idealistischen Anfang werden sie einer zügellosen Romantik verfallen, in der die Natur nur Vorwand für Träumereien ist; das Vorstellungsvermögen ist nicht mehr fähig, anderes auszudrücken als persönliche, subjektive Phantasien ohne jede Beziehung zum Allgemeingültigen, denn diese entziehen sich der Kontrolle und dem Vergleich in der Wirklichkeit.«[103] Doch gerade Cézannes Subjektivismus war es, der seinen vielfach übersehenen Beitrag zur Freilegung von Konfliktstoffen aus Zerwürfnis und Entfremdung bewirkte. Er behält selbst in einer von erweiterten Kunstbegriffen überfüllten Zeit wie der heutigen, in der sich unter Berufung auf einen von der Verantwortung entleerten Freiheitsglauben Quasi-Wildes pseudo-rebellisch gebärdet, Entscheidendes von seiner Fragwürdigkeit und Anstößigkeit.

An mehreren, teilweise verschlüsselten Selbstdarstellungen aus der ersten Schaffensperiode des Malers läßt sich am ehesten ablesen, daß sie eindringlich das Geschick des Ausgesetzten beschwören, der sich zu den ebenfalls Verstoßenen hingezogen fühlte, und der in der Klausur seiner Provinzeinsamkeit, in Figuren wie Antonius oder Don Quijote Leidensgenossen erkannte. Bereits hingewiesen wurde auf den Bezug zwischen dem in jungen Jahren kahlköpfigen Cézanne und einem weiblichen Gegenstück im huldigenden Treiben um *Das Ewigweibliche* (8) sowie im *Picknick im Grünen* (Abb. S. 264). Des weiteren erkennt man den Peintre-Voyeur konfrontiert mit dem Enthüllungsritual einer Demimondaine auf einem das alte Maler- und Modell-Motiv paraphrasierenden Gemälde (Abb. S. 39), das 1874 in der Impressionisten-Ausstellung wohl auch deshalb den Hohn des Publikums auf sich zog, weil es unter dem Titel *Une moderne Olympia* Manets provokative Erfindung, kaum daß sie dem Gedächtnis entschwunden war, durch das dreist vorangestellte *moderne* aktualisierte. Das Zusammentreffen von zur Schau gestellter, nackter Weiblichkeit und männlichem Zuschauer genügte, um Cézanne bei seinem ersten, von der Öffentlichkeit registrierten Auftritt endgültig in die Reihe der Skandalverursacher Courbet und Manet einzuordnen. Scham- und formloser konnte sich jemand, der nicht einmal davor zurückschreckte, sich im Habit des Salonlöwen mit dem Objekt seines Verlangens zu verewigen, nach Meinung der Kritik kaum disqualifizieren. Auf einer Bleistiftskizze verwandelte sich die Hauptfigur des *Ewigweiblichen* in eine Solotänzerin, die zum Gefiedel des Stehgeigers vor einer männlichen Zuschauerkulisse den Can-Can im ekstatischen Wirbel zelebriert (Abb. S. 49). Den zylinderbewehrten Herrschaften rechts im Bild flegelt sich auf den Dielen des Tanzbodens eine Gestalt entgegen, die

103 Rewald 1965, op. cit., S. 201. Cézanne war in der Ausstellung mit zwei Landschaften aus Auvers (Venturi Nr. 133) und der zweiten Fassung von *Une moderne Olympia* (Abb. S. 39) vertreten.

104 Vgl. auch Pissarros Porträt Cézannes (1874, Kunstmuseum, Basel), auf dem im Hintergrund Petits Karikatur des ebenfalls als Provinzler verschrieenen Courbet so angebracht ist, daß letzterer seinem Nachfolger im Geist verständnisvoll mit einem Glas Bier zuprostet.

105 *Cézanne Briefe* 1979, op. cit., S. 102.

trotz des Getriebes rundum in sich versunken scheint. Im ländlich derben Aufzug des Provinzlers dürfte dieser pfeiferauchende Antipode einer großstädtisch modischen Frack- und Lackstiefel-Uniformität für den seinen Erfolg noch am Skandal messenden Künstler und dessen geflissentlich herausgekehrte Antihaltung stehen.[104] Cézanne hatte der anarchischen Allianz von Künstler und Kokotte mit der *Modernen Olympia* sein wichtigstes Bild geschaffen. Doch liegt die Vermutung nahe, daß er im *Rumpunsch* (2) die Rolle des am Liebesgeschehen unmittelbar Beteiligten der des Peintre-Voyeur vorangestellt hatte. Spätestens seit Grandville den exzentrischen Künstlertypen 1846 mit der Pfeife im Mund parodiert hatte und der verschiedentlich damit karikierte Courbet auf die Frage nach der Essenz realistischer Kunst eine Pfeife zeichnete mit dem Zusatz »Courbet sans ideal et sans religion«, gehörte dieses Attribut zum Bild des kraftstrotzenden Malerrebellen schlechthin. Pfeiferauchend stellte sich Cézanne folglich im *Tanz* und im *Rumpunsch* dar, wobei der ebenfalls zum Künstlermerkmal gewordene Bart offenbar wieder einmal »der siegreichen Venus geopfert« worden war.[105] Kaum ohne Blick auf Cézanne griff lediglich der junge Picasso – in einer 1901 gezeichneten Persiflage auf die *Olympia* – die Idee der Solidarisierung von Maler und Kokotte auf, als er seinen Freund Junyer-Vidal zu der mit dem Liebesmahl herbeieilenden Dienerin machte und sich selbst an den Bettrand einer durch Schoßhündchen und Katze ausgezeichneten, dunkelhäutigen Schönen setzte.

Pablo Picasso, *Parodie der Olympia*, 1901. Farbige Kreide, Feder und Tusche auf Papier, 153×230 mm. Léon Bloch, Paris

Paul Cézanne (sitzend) mit Camille Pissarro (rechts stehend) in dessen Garten in Pontoise, 1877

III

106 Daß sich Cézanne schon seit einiger Zeit bemühte, subjektivistische Bekenntnisse in subjektive Erkenntnisse umzusetzen, bemerkte Marion im Frühjahr und Herbst 1868: »Er ist jetzt zu einem wahrhaft erstaunlichen Grad von Einsicht gelangt. Alle zu starken Unbändigkeiten sind besänftigt, und ich glaube, es wäre an der Zeit, daß die Umstände ihm Mittel und Gelegenheit zu reichem Schaffen böten... Cézanne müht sich hart und mit allen Kräften, sein Temperament beherrschen zu lernen und den Regeln einer ruhigen Einsicht zu unterwerfen. Wenn er dieses Ziel erreicht, werden wir starke und vollendete Werke zu bewundern haben«; siehe Anmerkung 33.

107 Vollard »fragte Cézanne einmal, wie er und Zola den Krieg überstanden hätten. Er antwortete mir: ›Hören Sie, Monsieur Vollard! Während des Krieges arbeitete ich sehr viel am Motiv in L'Estaque. Übrigens kann ich Ihnen kein einziges ungewöhnliches Ereignis aus dem Jahre 70/71 erzählen. Ich teilte meine Zeit zwischen der Landschaft und dem Atelier‹«; zitiert nach Vollard 1960, op. cit., S. 20f.

108 Vgl. Gertrude Berthold, *Cézanne und die alten Meister*, Stuttgart 1958, und Theodore Reff, *Reproductions and Books in Cézanne's Studio*, in: Gazette des Beaux Arts, LVI, 102, November 1960, S. 303ff.

109 *Cézanne Briefe* 1979, op. cit., S. 82, S. 100, S. 165; siehe auch die Briefe S. 111ff.

Zusehends war Cézanne klar geworden, wie wichtig es ist, das eher vordergründige Drängen nach antiautoritären Reaktionen an Hand aufmerksam verfolgter Naturerfahrungen abzubauen, um in größerer Distanz zu sich selbst die Anfänge neu zu setzen.[106] Da waren zunächst äußere Faktoren – wie die 1869 eingegangene Verbindung mit Marie Hortense Fiquet oder der Aufenthalt in L'Estaque 1870/1871 –, die den Konfliktsituationen der Frühzeit disziplinierend begegneten und einen Prozeß der »Entsinnlichung« einleiteten. In L'Estaque erkannte der Maler, daß er »seine Zeit zwischen Landschaft und Atelier« aufteilen[107] und die Bildrealisierung auch im Sinne einer realistischen Annäherung an den Gegenstand vorantreiben müsse. Vor allem jedoch hatte die ergiebige Zusammenarbeit mit Pissarro 1872 und 1874 in den nordwestlich von Paris gelegenen Ortschaften Pontoise und Auver-sur-Oise davon überzeugt, daß der unmittelbare Naturkontakt für den weiteren Fortgang von entscheidender Geltung sein müsse und daß die Ungeduld des Blicks an der Wirklichkeit auszurichten sei. Während im zeichnerischen Werk die beizeiten einsetzenden Skizzen nach zahlreichen in den Sammlungen des Louvre oder in kunsthistorischen Publikationen aufgefundenen Vorbildern[108] den Künstler lehrten, sich zu bescheiden, die Übertreibungen der Mittel einzuschränken und das Bekenntnishafte seiner Inhalte abzuschwächen, bewirkte die konzentrierte Beschäftigung mit der Landschaft im Aquarell später ähnliches. Als sie sich Ende des Jahrzehnts zum zentralen Anliegen des Aquarellisten herauskristallisiert hatte, kulminierte damit eine Entwicklung, die – beginnend mit den Landschaftsaquarellen Dürers, über die Malereien Adam Elsheimers, Claude Lourrains, Poussins und van Dycks, bis zu Constable und Turner – das Schwergewicht der Wasserfarbenkunst auf die Wiedergabe der Landschaft als Inbegriff der Natur gelegt hatte.

Trotz einiger Hinweise, daß die Freilichtmalerei bereits dem Anfänger am Herzen lag, der 1861 »mitten im Winter im Freien« malte oder vor dem Motiv »mit der Palette in der Hand die Landschaft auf die Leinwand bannte«, versicherte Cézanne gegenüber Zola 1878, daß er spät damit begonnen habe, die Natur zu sehen, ihn das jedoch nicht hindere, ihr sein volles Interesse zuzuwenden.[109] Der zur Übertreibung seiner Persönlichkeit neigende Maler hatte es Pissarros Verantwortungsgefühl zu danken, daß ihre Zusammenarbeit seinem ausgeprägten Streben nach Individuation keinen Abbruch tat. Der naturerfahrene Wortführer jener heterogenen Künstlergruppe, deren Mitglieder seit der ersten gemeinsamen Ausstellung 1874 als Impressionisten diffamiert wurden, half dem jüngeren Kollegen, das nach außen gekehrte innere Erleben unter Kontrolle zu bringen, die Vielfalt der Erscheinungen zu verstehen und aus der Kenntnis des Gegenstandes die farbige Form zu artikulieren. Hauptsächlich bestimmte er Cézannes Weg von der exakten Anschauung des Sichtbaren über das Bewußtsein des Wahrgenommenen zur Freiheit der Gestaltung. Unter Anleitung des verständnisvollen Mentors wurden tiefe Einblicke in das Wesen natürlicher Gesetzmäßigkeiten gewonnen. Die vorbehaltlose Befolgung der Ratschläge dessen, den Cézanne als alleinigen Lehrmeister anerkannte, dürfte auch Rückwirkung einer Identitätskrise gewesen sein, die nach Orientierung und freundschaftlicher Anteilnahme verlangte. All das vermochte der »bescheidene und riesengroße Pissarro« zu geben.[110] Dank seines Einflusses wurde eine leidenschaftlich gesteigerte Akzentuierung der Inhalte, Formen und Farben von einem kaum weniger leidenschaftlichen, jedoch nun um die Natur bemühten, visuellen Vorgehen modifiziert. Mehr und mehr verlagerten sich die Schauplätze aus den Innenräumen nach draußen. So findet sich im Sommer 1877 der Briefhinweis, daß man jeden Tag in den Park von Issy gehe, um Studien zu machen, oder – im Jahr darauf in L'Estaque – eine Besserung des Wetters erhoffe, um die Malstudien wieder aufnehmen zu können. Einerseits klagte der Briefschreiber 1879, daß die Natur ihm die größten Schwierigkeiten bei der Anstrengung bereite, seinen Weg zu finden; andererseits berichtete er aus Pontoise, wo er sich 1877, 1880 und 1881 erneut mit Pissarro aufhielt, daß »die Veränderungen, die der Himmel beschert«, erfreuen und »mehrere Studien bei grauem Wetter und bei Sonnenschein in Angriff genommen« würden.[111]

Zum wichtigsten, was Cézanne von Pissarro gelernt hatte, gehörte die Empfehlung, die Bildeinheit vom formgebenden und körperbildenden Farbauftrag her, das heißt ohne Zuhilfenahme betonter Konturlinien im Auge zu behalten und stets aus der Vorstellung des Ganzen, gleichsam simultan, vorzugehen. Von Delacroix' Malerei hatte Cézanne erfahren, zwischen Buntheit und einer Bezüge herstellenden Farbigkeit zu unterscheiden, sowie Farbe in Gegensätzen zu interpretieren. Pissarros Verdienst war es, eine helle, auf den drei Grundfarben Rot, Blau und Gelb basierende Palette und einen dünnen Farbauftrag nahe gebracht zu haben. Auch die Praxis, Modellierungen durch reich differenzierte Farbfolgen vorzunehmen, dürfte auf ihn zurückgehen. Folgerichtig ersetzte Cézanne im Laufe der siebziger Jahre die Massivität der Farbmaterie in ersten Gouachen durch immer heller werdende Farbigkeiten à l'impressionniste. Auch die Anwendung einer den Impressionisten verwandten Pinselführung in schmalen, meist von rechts oben nach links unten gezogenen Strichlagen begann sich durchzusetzen.[112] Allerdings revidierte der Aquarellist die formauflösende Neigung der Impressionisten und eine ihren eigenen Gesetzen folgende Pinselschrift in doppelter Hinsicht. Einmal betonte er die Formgebundenheit der meist kleinteilig rhythmisierten Strichlagen; zum anderen konnten diese auch zu breiten, ausladenden Pinselzügen werden, die, an den Gegenständen orientiert und im Sinne der Gesamtanlage organisiert, übergreifende Bezugnahmen mitvollziehen. Überraschenderweise fanden die zur Kerngruppe der Impressionisten zählenden Maler Pissarro, Monet, Sisley und Renoir nur sporadisch Zugang zur Aquarelltechnik, deren Eigenschaften ihrem schweifenden Blick eigentlich hätten entgegenkommen müssen. Statt dessen blieb es jenem Künstler überlassen, der »aus dem Impressionismus etwas Festes und Beständiges machen wollte, wie die Kunst der Museen«[113], das dem Augenblick verpflichtete Medium derart zu vervollkommnen, daß es zum adäquaten Erweis seiner Anliegen werden konnte. Keiner der Impressionisten bediente sich seiner gleich souverän, um Einfarbiges vielfarbig zu vermitteln und mit den wenigen Farbsubstanzen die Fülle der Naturgegebenheiten umzusetzen.

Abgesehen von Pissarro waren für Cézanne die Impressionisten, mit denen er von 1872 bis 1877 engen Kontakt hielt, nur insoweit vorbildlich, als er ihren

110 Ibid., S. 295.

111 Ibid., S. 145, S. 163, S. 172, S. 185 f.

112 Vgl. Theodore Reff, *Cézanne's constructive stroke*, in: The Art Quarterly, XXV, 3, Herbst 1962, S. 214 ff.

113 *Cézanne Gespräche mit Gasquet* 1980, op. cit., S. 27.

Wirklichkeitsanspruch, ihre Offenheit und Wahrheitsliebe schätzte. Indes blieb ihm die Lebenserfülltheit ihrer Natursicht stets problematisch. Wichtiger als die geistreiche Fähigkeit zur Improvisation war ihm die aus der Strukturierung der Farbformen gewonnene Rhythmik des Bildganzen. In flirrenden Lichtphänomenen sahen die Impressionisten das alles belebende, schwerelose Destillat der Natur, das die Dinge transitorisch zur Geltung bringt. Des Fluidums wegen kam bei ihnen zuweilen die dreidimensionale Form in einer räumlich definierten Umgebung zu kurz. Dagegen wollte Cézanne Formen, Raumintervalle, Linien und Fläche gleichermaßen durch Farbe berücksichtigt und Licht gerade nicht in seiner auflösenden, sondern in der zusammenfassenden Funktion erhalten wissen. Im Unterschied zur Gleich-Gültigkeit der Einzelheiten in impressionistischen Entwürfen spricht aus Cézannes Bildfeststellungen eine Gleich-Gewichtigkeit, die nichts in der Schwebe beläßt. Seine vom Momentanen unangefochtene Gestaltung bestand nicht auf ausgleichender Relativierung, sondern auf dem Ermessen gegenteiliger Bildelemente. Um aus dem oberflächlichen Anschein des Wirklichen Grundlagen zu erzielen, galt es, teilweise mit Hilfe impressionistischer Gestaltmittel die Bildzusammenhänge festzumachen, sie einschneidender, tiefgreifender, schwerwiegender sowie verschlossener als die Impressionisten zu bestimmen. Was deren sublimierter Augenschein im Einverständnis mit dem Beobachteten beschrieb, machte Cézanne zu einem Stück Natur. Das Einvernehmen mit den Errungenschaften der Freilichtmalerei konnte ihn nicht davon abhalten, sie mit einer gleichsam idealen Vorstellung von Formstabilität zu durchdringen.[114] Diese eigentlich unzeitgemäße Sicht bezieht sich auf eine vermutete Naturgültigkeit, deren Dauer von ihm als allein sinngebend erkannt wurde. Den einzig verläßlichen Grund lernte jener paradoxe Mensch, dessen Intensität anfangs auf die Dramatik packender Geschehnisse und handelnder Person konzentriert war, nun im einsamen Umgang mit der Natur kennen. Seine ganze weitere Entwicklung ging dahin, die mit großer Geduld erreichten Einsichten in die sensation forte de la nature zwingend zu manifestieren. Überzeugt davon, daß sich die Methode in der Berührung mit der Natur entwickle, ging er daran, seinen Vorstellungen stets neue Erfahrungen zuzuführen, und auf die Erscheinungen angemessene Entgegnungen der Erkenntnis zu ermitteln. Da der Künstler feinfühlig den Regieanweisungen des Naturbeobachters folgte, konnte er die Diskrepanz zwischen den sur le motif erlebten Sinneseindrücken und dem theoretischen Wissen um dessen Eigenschaften verringern. Naturverständnis wurde ihm Beweggrund, Ausgangspunkt und Zielsetzung zugleich; denn seine Originalität war weniger die des Erfinders als die des mit untrüglichem Gespür für das Wesentliche ausgestatteten Augenzeugen, der selbst banalste Gegenstände auf neue Weise sichtbar machte und zur geistigen Möglichkeit werden ließ. Was er später mit dem komplexen Begriff der Realisation umschrieb, meint die geglückte Ebenbürtigkeit von Naturwirklichkeit und autonomer Bildgestalt.

Die genaueste Kenntnis, ja die Vertrautheit mit den darzustellenden Motiven war Cézanne unerläßlich für die Naturwiedergabe. Und was läge für jemanden näher, der sich kaum für die Landsleute, um so mehr jedoch für die Landschaften

114   Obwohl Zola in Cézanne nicht den »großen kommenden Künstler« sah, »den die Welt erwartet«, äußerte er sich möglicherweise doch in dessen Sinne, als er am 26./27. Juli 1879 in La Revue Politique et Littéraire, beziehungsweise in Le Figaro betonte, daß es in den bildenden Künsten – wie in der Literatur – die Form sei, welche die neuen Ideen und die neuen Verfahren trägt, und daß die Impressionisten zu Unrecht die Solidität lang überlegter Werke verachteten.
   Im Jahre darauf schrieb Zola nochmals vier kritische Artikel im Voltaire über den Impressionismus. Unter anderem zeigte sich der Literat enttäuscht, daß es die »Martyrer ihrer Überzeugung« nicht geschafft hätten, »die neue Formel, die sie alle, aufgeteilt in ihren Werken, mitbringen, kräftig und endgültig zu verwirklichen... Darum ist der Kampf der Impressionisten noch nicht ans Ziel gekommen; sie bleiben hinter dem zurück, was sie beabsichtigten; sie stammeln, ohne das Wort finden zu können.« Monsieur Paul Cézanne, der in der Nähe von Courbet und Delacroix bleibe, wird in einem lakonischen Satz das Temperament eines großen Malers zugestanden, der sich jedoch noch immer mit Problemen der Ausführung herumschlägt; zitiert nach Rewald 1968, op. cit., S. 124 f.

seiner Heimat interessierte, als seine eher Beständiges denn Bestehendes berücksichtigende Natursicht an der kargen Klarheit der Provence auszurichten. Die einfachen Strukturen und die sonnengebleichten Farbigkeiten jener Landstriche sind weniger als die des Nordens von jahreszeitlichen und atmosphärischen Veränderungen tangiert. Darum beanstandeten die Brüder Goncourt auch, daß im Süden alles »auf eine rohe, brutale, materielle Weise schön sei..., daß der Horizont fest umrissen sei, daß die Landschaft ohne Dunst und ohne Traum sei... und das audelà nuageux aller Naturerscheinungen des Nordens hier nicht existiere«.[115] Der Südländer Cézanne stellte gerade darin jedoch schwerwiegende Qualitäten fest. Auch vor den andersgearteten Landschaften an Seine und Oise, an der Marne oder zwischen Melun und Fontainebleau blieb er der Maler der Provence, der »den Kopf voll hatte vom Charakter dieser recht ungewöhnlich erscheinenden Gegend« und noch 1886 voller Bescheidenheit betonte, »daß es aus dieser Gegend, die noch keinen Darsteller gefunden hat, der den von ihr entfalteten Reichtümern gewachsen wäre, wahre Schätze heimzutragen gäbe«. Über drei Jahrzehnte mühte er sich, diese Schätze zu bergen. Niemals waren in ihm »die Empfindungen eingeschlummert, die von der guten Sonne der Provence..., von jenen Horizonten, jenen Landschaften, jenen unglaublichen Linien, die in uns so viele tiefe Eindrücke hinterlassen haben, zurückgestrahlt werden«.[116]

Die mit großer Sorgfalt vorgenommene Entscheidung für bestimmte Landschaftsmotive, die hinsichtlich der Wahl des Standorts, des Blickfeldes und eines speziellen Blickwinkels zu ersten Stellungnahmen auf dem Papier zwangen, war also nicht nur von gestalterischen Erwägungen diktiert. Sie war auch Bekenntnis zu einer seit der Kindheit vertrauten Umgebung, an der sich die Vorstellungskraft in subtilen Umsetzungsprozessen klärte. Bevorzugt wurden einsame, vor neugierigen Blicken geschützte und fern von den Verkehrsadern gelegene Orte, zu denen der Maler immer wieder zurückfand. Das erklärt die zahlreichen Aquarelle, die im Garten des Jas de Bouffan, auf dem Grundstück des Schwagers Conil, in verlassenen Waldstücken oder an den Ufern des Flusses Arc gemalt worden sind. Dagegen wußte Cézanne nichts anzufangen mit Landschaften, die ihm nicht durch langen Umgang geläufig waren. Ironisch schrieb er am 21. Juli 1896 an Joachim Gasquet aus Talloires am herrlich gelegenen See von Annecy, wo er nicht ganz freiwillig mit Frau und Sohn einige Urlaubstage verbrachte: »Hier bin ich also für einige Zeit von unserer Provence entfernt. Nach allerhand Hin und Her hat meine Familie, in deren Händen ich mich zur Zeit befinde, mich dazu bewogen, mich vorübergehend an dem Ort niederzulassen, wo ich jetzt weile. Es ist eine wohltemperierte Gegend. Die Höhe der umliegenden Berge ist recht erheblich. Der See, der an dieser Stelle von zwei Landzungen eingeengt wird, scheint sich sehr für die zeichnerischen Übungen junger Engländerinnen zu eignen. Es ist zwar immer die Natur, sicherlich, aber doch ein wenig so, wie wir gewohnt sind, sie in den Reisealben junger Damen zu sehen... Ich bin zu entfernt von Ihnen, durch mein Alter sowohl als durch die Kenntnisse, die Sie mit jedem neuen Tag erwerben; dennoch empfehle ich mich Ihnen und Ihrem freundlichen Gedenken an, damit die Bande, welche mich mit der so vibrierenden, so herben

115 Tagebucheintragung vom 3. Mai 1867, zitiert nach Karin von Maur, *Französische Künstler des XIX. Jahrhunderts in den Schriften der Brüder Goncourt*, Stuttgart 1966, S. 239. Im Juli 1867 schrieb Marion von Motiven, die den großzügigen und heftigen Charakter der Landschaften des Südens haben, und die für Augen, die ihren Anblick nicht gewohnt sind, so fremd und unständlich seien; siehe Anmerkung 33.

116 *Cézanne Briefe* 1979, op. cit., S. 199, S. 212, S. 254.

56

Erde meiner Heimat verbinden, die das Licht zurückwirft, daß man davon blinzeln muß, und die damit unsere Augenlider bezaubert, in denen sich alle Eindrücke sammeln, nicht zerreißen und mich sozusagen von dem Boden loslösen, wo ich, sogar ohne es zu wissen, so viel empfunden habe.« Melancholisch gestimmt, fügte er kurz darauf an den Jugendfreund Philippe Solari hinzu: »Als ich in Aix war, schien es mir, daß ich mich andernorts besser fühlen würde, und nun, da ich hier bin, sehne ich mich nach Aix. Das Leben beginnt für mich von einer tödlichen Monotonie zu sein... Um mich nicht zu langweilen, male ich, das ist nicht sehr drollig, doch ist der See mit den großen Hügeln rundherum sehr schön; man sagte mir, daß sie zweitausend Meter hoch seien; das wiegt unsere Gegend nicht auf, obwohl es, ohne Übertreibung, schön ist. Doch wenn man dort unten geboren ist, dann ist man erledigt, nichts gefällt einem mehr.«[117]

Im großen und ganzen gab es keine Landschaftsform, die von Cézanne favorisiert worden wäre. Offensichtlich war ihm daran gelegen, die Vielzahl der Erscheinungen zu gestalten. Reizlose Naturausschnitte lagen ihm ebenso nahe wie weite Panoramen oder kompliziert verwinkelte Dachansichten. Ständig alterniert Enges mit Weiträumigem, durch Bäume verstellte Nahsichten wechseln mit offenen Ausblicken auf das Meer oder entlegene Bergmassive. Fernes wird nahe gerückt, und Nähe erscheint fern wie in manchen der grandiosen Mont Sainte-Victoire-Ansichten. Verlockend war der Rundblick auf die Hügelketten um Aix, die Meeresbucht vor L'Estaque, oder auf zerklüftete Formationen des Steinbruchs Bibémus, dessen Fels- und Gesteinslagen starke Auf- beziehungsweise Untersichten erforderten. Parks mit Alleen, steil aufragende Bergstädte und dunkle Waldinterieurs gehörten zum Repertoire, wie auch einzelne Baumgruppen, Wasserläufe und Flüsse mit Baumbestand an den Uferzonen. Lediglich die in den vierziger Jahren des 17. Jahrhunderts in Holland erfundene Flachlandschaft mit durchgezogenem niederen Horizont sowie die zu abnormen Blickfeldweiten aufgerissenen Perspektiven eines van Gogh entzogen sich seiner Kenntnis. Daß auch typische Stadtmotive, etwa Straßenszenen und Industrieanlagen aus Paris, Aix oder Marseille fehlen, hängt damit zusammen, daß sich der Maler durch den Betrieb und die Passanten bei seiner Arbeit gestört gefühlt hätte; zudem waren ihm im Alter alle technischen Errungenschaften Zeugnisse für die Unerbittlichkeit des sogenannten Fortschritts.[118] Wenn Städte oder Dörfer im Bild erscheinen, dann meist als ferne, von »sicherem« Standort aus beobachtete Ansichten, in denen sich die Häuser, Straßen und Wege ausschließlich unbevölkert zeigen.

Konsequenter noch als auf den Gemälden wurden in den Landschaftsaquarellen der Mensch und alles, was auf seine geschäftigen Umtriebe schließen ließe, ausgespart.[119] Die dem Vereinsamten gemäßen, lautlosen Bildräume sind tabu für den Menschen, nichts geht in ihnen vor; sie sind lediglich Blicken geöffnet, die keine Identifikation mit Figurenstaffagen erhalten. Der solchermaßen zur Passivität gezwungene Betrachter erfährt Cézannes von allem Geselligen entleerte Landschaften aus seinem Wissen, nicht aus dem Erleben. Obwohl ein Hell-Dunkel existiert, sind dessen Wirkungen allgemein; kaum sind Lichtquellen und als Beleuchtung wirksame Lichtbahnen auszumachen, auch Tages- und Jahreszeiten sind un-

117 Ibid., S. 233 ff.

118 An seine Nichte, Paule Conil, schrieb Cézanne am 1. September 1902: »Leider ist das, was man den Fortschritt nennt, nichts als die Invasion der Zweifüßler, die nicht ruhen, bis sie alles in scheußliche Quais mit Gaslampen und – was noch schlimmer ist – mit elektrischer Beleuchtung verwandelt haben. In welchen Zeiten leben wir«; zitiert nach *Cézanne Briefe* 1979, op. cit., S. 273.

119 Vgl. Fritz Novotny, *Das Problem des Menschen Cézanne im Verhältnis zu seiner Kunst*, in: Zeitschrift für Ästhetik und allgemeine Kunstwissenschaft, XXVI, 3, 1932, S. 271 ff.

bestimmt, die Fernen ohne Anflug romantischer Verlockung. Lichtdurchflutet, aber blind für den impressionistischen Schimmer sowie für die von einer gleißenden Sonne herrührenden Glanzlichter und harten Schlagschatten, wirken diese prachtvollsten Landschaften, die je gemalt wurden, in ihrer nachmittäglich schweigenden Verlassenheit elegisch und voller Lange-Weile. Selbst die den Impressionisten so sehr am Herzen gelegenen Wolkenbildungen sind, sofern überhaupt von Relevanz, kantig fest; die vielfach entlaubten Bäume gleichen mehr aus Stein gehauenen, denn vegetabilen Texturen. Der Künstler trat mit seinen Gefühlen hinter das Werk zurück. Um es überspitzt zu sagen, verleugnete er sich, um eines Schöpfungsaktes »parallel zur Natur« willen, der Vergängliches in der Natur unvergänglich manifestiert. Rekapituliert man heute die Cézanneschen Motive um Aix-en-Provence an den wenigen Stellen, wo dies noch möglich ist, dann ist man enttäuscht von der Unbestimmtheit der Wirklichkeit; enttäuscht darüber, daß sie trotz auffallend präziser Wiedergabe so wenig der Realität dieser Kunstwerke entspricht. Unwillkürlich ist es die Kunst, die man angesichts der Natur auf Schritt und Tritt im Auge behält.

Ganz im Gegensatz zum bedeutsamen Anspruch der Figurenbilder geben sich die frühen Landschaftsaquarelle anspruchslos, ja bescheiden. Beispielsweise waren die petites sensations einer mit Ziegeln abgedeckten, in Rauten gemusterten Mauer mit Zugangstür zu einem baumbestandenen Garten und Wohnhaus dahinter Anlaß genug, um in schlüssigen Abstimmungen die bildtragenden Komponenten aufzuzeigen (13). Ihre aus Vertikalen, Horizontalen und Diagonalen erstellte Folgerichtigkeit verhilft auch der dem stabilisierenden Maßwerk der Zeichnung eingespannten Farbe zu ihrem Recht. Solche am einfachen Motiv sondierte Einsichten waren von Nutzen bei der Wiedergabe aufwendig strukturierter Landschaften, wie dem von erhöhtem Standpunkt konzipierten Ausblick von L'Estaque auf die Meeresbucht und die ferne Montagne Marseilleveyre (14). Besonders wirkungsvoll sind hier die ungebrochenen Farben im üppigen Grün der Bäume, im Ziegelrot der Dächer und einem tiefen Meeresblau orchestriert. Die Helle des südlichen Lichts fließt auf Grund der unbemalten Oberflächen vielschichtig ins Gegenständliche ein. Eine flüssige Pinselschrift wechselt mit relativ trockenem farbgesättigten Auftrag, der – über das Papier gestrichen – dessen Beschaffenheit hervortreten läßt. Anstatt konstituierend für sie einzutreten, sind Farben den Formen teilweise noch zaghaft aufgesetzt. Nähe und Weite sind in erdigem Braun beziehungsweise in einer zu Deckweiß und Grau vereinfachten, ätherischen Bläue markiert. Der diagonal ins Bild gelagerte Mittelgrund erstreckt sich zwischen einer parallel zum unteren Bildrand verlaufenden Wegführung und der scharfen Horizontale oben. Nach links abfallend, hebt sich die Schräge prägnant ab von der dahinter aufgerichteten Meeres- und Himmelfolie. Sie erzeugt Raumtiefe und verhindert zusammen mit dem hochangesetzten Horizont ein zu starkes Eigengewicht der Himmelsweite, der, wie häufig bei Cézanne, nur wenig Entfaltungsmöglichkeit bleibt. Die von frühbarocken Landschaftsmalern eingeführte Raumvermittlung durch großzügige diagonale Überschneidungen finden sich derart bildbeherrschend lediglich in der Frühzeit sowie in wenigen späten Ansichten nach

1900. Dem Impressionismus noch näher als die vollendeten L'Estaque-Landschaften der achtziger Jahre, dürfte das Aquarell 1878 entstanden sein, als der Maler die zweite Jahreshälfte und die beiden ersten Monate des Jahres '79 in jener Ortschaft verbrachte, wo Georges Braque genau 30 Jahre danach die ersten kubistischen Landschaften schuf.

Eindrucksvoll reflektiert die L'Estaque-Aussicht Beobachtungen, die der Maler 1876 in Zusammenhang mit zwei kleinen, für Victor Chocquet begonnenen Motiven Pissarro mitgeteilt hatte: »Es ist hier wie eine Spielkarte. Rote Dächer vor dem blauen Meer. Wenn das Wetter günstig wird, könnte ich sie vielleicht ganz durchführen. So wie die Sachen jetzt liegen, habe ich noch nichts gemacht. Doch gibt es Motive, die eine drei- bis viermonatige Arbeit verlangen würden, was sich wohl machen ließe, da die Vegetation sich nicht verändert. Es sind Olivenbäume und Pinien, die immer ihr Laubwerk behalten. Die Sonne ist hier so fürchterlich, daß mir scheint, als ob alle Gegenstände sich als Silhouetten abhöben, und zwar nicht nur in Schwarz oder Weiß, sondern in Blau, in Rot, in Braun, in Violett. Ich kann mich täuschen, doch scheint mir, als sei dies das Gegenteil der Modellierung. Wie glücklich wären unsere sanften Landschaftsmaler aus Auvers hier... Sowie ich es kann, werde ich zumindest einen Monat an diesem Ort verbringen, denn man müßte Bilder von mindestens zwei Metern malen.«[120] Ungeachtet dessen, daß der zuletzt genannte Wunsch nicht in Erfüllung ging, ist die Briefstelle in mancher Hinsicht aufschlußreich. Einmal gibt sie Auskunft darüber, daß Cézanne erkannt hatte, wie sehr das Licht seiner Heimat die Dinge zur Fläche hin stabilisiert, und daß die Formmodellierung mittels dunkler Schattierungen gegenüber einer reichen Skala am Gegenstand beobachteter Farbfolgen zurückstehen müsse. Zum anderen sagten ihm die südlichen Vegetationen zu, da sie seiner langwierigen Arbeit am Motiv keinen Strich durch die Rechnung machten. Fehl dürfte er in der Annahme gegangen sein, daß sich die Landschaftsmaler des Nordens hier wohlgefühlt hätten. Der Sinn für die Härte der südlichen Landstriche ging den impressionistischen Malerkollegen ab. Die Versuche, ihr gerecht zu werden, blieben selbst bei Renoir unzulänglich, der 1882 und 1889 in L'Estaque und Aix-en-Provence arbeitete.

Statt eines Kolorits, das auf Komplementärkontraste baut und die jeweiligen Lokalfarben eng den Objekten verbindet, geht es auf einem Blatt, das die baumbestandene Hügellandschaft der Provence wiedergibt, mehr darum, das Naturbild aus farbigen Zusammenhängen hervorzubringen (17). In freizügigen Schwüngen ist die Pinselschrift hier Formen anverwandelt, die von einem Gespinst aus großspurig die Farbflächengrenzen umfassenden Bleistiftstrichen bezeichnet sind. Hatte in der L'Estaque-Landschaft das Gefälle den statischen Horizontalen dynamisch entgegengewirkt, und war der Bildraum im Sinne der Impressionisten zu den Seiten hin geöffnet, so geben nun ausladende Baumkulissen der Komposition links und rechts festen Halt. Tiefenwirkung wird durch die sachte Neigung eines Weges im Vordergrund sowie durch eingeschobene Repoussoirs erreicht, die in Form flächenparallel gestaffelter Bodenwellen zwischen Nähe und Ferne vermitteln. Erstmals tritt eine später oft angewandte Skandierung durch Blautöne auf,

120 *Cézanne Briefe* 1979, op. cit., S. 141 f. Zola gegenüber, dem in L'Estaque die rote Erde zu bluten schien, der auf den Kiefern einen smaragdenen Schimmer entdeckte und den Glanz der Felsen mit dem Weiß frischen Linnens verglich (zitiert nach Rewald 1968, op. cit., S. 92), betonte Cézanne 1878: »Wie Du sagst, es gibt hier einige sehr schöne Ansichten. Es kommt nur darauf an, sie wiederzugeben, was kaum mein Fall ist«; zitiert nach *Cézanne Briefe* 1979, op. cit., S. 165.

die die Logik der Raumabfolge verdeutlichen und Schattenreflexe von Lichtzonen abheben. Man spürt, daß es dem Maler wichtig war, in verschiedenen Helligkeits- und Dichtegraden lebendige Lavier- und Lasurwirkungen zu erzielen. Dabei kümmerte es ihn wenig, daß zu naß aufgetragene Farben beim Trocknen Ränder hinterließen und das Zerfließen einzelner Formen nur durch zusätzliche Farbkonturen verhindert werden konnte. Den ganzen Reichtum der technischen Möglichkeiten galt es auszuschöpfen; nahtlos wurde an eine Kompositionsmanier angeschlossen, die bis zu den Landschaftsaquarellen John Constables zurückreicht, der seit der Präsentation seiner Werke im Salon von 1824 auf die französische Malerei von Delacroix bis zu Theodore Rousseau einen ähnlich nachhaltigen Einfluß genommen hatte wie mit ihm Richard Parkes-Bonington, der späterhin Corot, Boudin und Monet tief beeindruckte. Gewiß gestaltete Cézanne in späteren Aquarellen mit geringerem Aufwand ungleich nuancierter und chromatisch reicher; und gemessen an der danach gewonnenen Sicherheit im Umgang mit der Technik scheint manches noch Ergebnis vager Kompromisse. Doch im Miteinander von farbbedeckten Partien und lichtwirksamem Papiergrund kommt schon das in der Folge so präzis differenzierte Zusammenwirken von volumenhaltigen und flächenkonformen Bildqualitäten zum Tragen.

Den beiden Provence-Landschaften folgen kurze Zeit danach Aquarelle, deren zwingende Gliederung jener einzigartigen Anschauungsdichte den Weg bereitet hat, die die Originalität von Cézannes Werk noch heute ausmacht (18–22). Sie mögen für die Methodik stehen, die sich der zur Formkonzentration entschlossene Maler um 1880 erarbeitet hat. Damals richtete sich sein Interesse sowohl auf eine orthogonale Anordnung der Kompositionselemente, wie auch auf die plane Anpassung der Raumschichten an die Bildfläche. Aus dem Wissen, »zu weit vom allgemein Verständlichen« und »zu weit von dem zu erreichenden Ziel, das heißt von der Wiedergabe der Natur, entfernt« zu sein[121], war er bestrebt, einerseits sein Empfinden mit strengster Bildarchitektonik im Gleichgewicht zu halten, um andererseits durch Farbe die konstruktive Ordnung seiner geistesgegenwärtigen Sicht mit Leben zu erfüllen. Mit großer Sicherheit begann sich Cézanne auf dem schmalen Grad zu bewegen, der das eine mit dem anderen zur Übereinstimmung brachte. Infolge äußerer Daten ist eine Darstellung des Seineufers mit dem Schloß und einigen Häusern der knapp 40 Kilometer von Paris entfernten Ortschaft Médan zeitlich genau einzugrenzen (20). In der typischen Landschaft der Ile-de-France mit ihren schlanken Pappelreihen hatte Zola 1878, nach dem Bestsellererfolg des Romans *L'Assomoire,* ein Landhaus mit Garten erworben, wo er regelmäßig einen Teil des Jahres verbrachte. Hier trafen sich die Freunde verschiedentlich von Herbst 1879 bis Herbst 1882 sowie im Sommer 1885. Ende September 1879 folgte Cézanne Zolas Einladung erstmals, »vor allem für jenen Zeitpunkt, wo die Landschaft wirklich erstaunlich ist. Es scheint, als gäbe es dann mehr Stille«, antwortete er dem Hausherrn, um sofort einzuschränken, »doch das sind Empfindungen, die ich nicht ausdrücken kann; es ist besser, sie zu fühlen«. Daß er mit Vergnügen nach Médan kommen werde, heißt es auch am 19. Juni 1880: »Und wenn Du nicht erschrickst über die lange Zeit, die ich riskiere, daran

121   Ibid., S. 152 f.

zu verwenden, werde ich mir erlauben, eine kleine Leinwand mitzubringen, und dort ein ›Motiv‹ zu malen, doch nur, wenn es Dir nicht ungelegen kommt.«[122] Als Cézanne dann im August bei Zola zu Gast war, malte er unweit von dessen Anwesen das angekündigte Motiv auf Leinwand und, nach rechts weitergeführt, als Aquarell. Um in ganzer Breite das Seineufer in den Blick zu bekommen, hatte er sich als Standort die teilweise zum Zolaschen Besitz gehörende Insel Platais gewählt; dorthin ruderte man mit einem Boot, das »häufig bestiegen«, von Maupassant sinnigerweise den Namen *Nana* erhalten hatte.

Aquarell und Gemälde kombinieren den leicht bewölkten Himmel eines durchsonnten Hochsommertages mit dem dunklen Grünschimmer belaubter Bäume und niederer Hecken an der Uferböschung. Da der Künstler nur 1880 und 1885 während der Sommermonate in Médan war, ansonsten aber für Aufenthalte dort den Oktober vorzog, wird das sommerlich begrünte Motiv im August 1880 gemalt worden sein, als Cézanne die entschiedenste Phase seiner Malerei in Betracht zog. Er verzichtete auf starke perspektivische Wirkungen, wie sie häufig noch in Gemälden der siebziger Jahre, mit schräg in die Bildtiefe reichenden Wegführungen, Häusern, Mauern oder Baumgruppen vorkamen. Dafür entsteht Räumlichkeit aus den sich überkreuzenden Achsendispositionen. Anstelle vereinnehmender Fluchtpunkte entfalten sich Schichten, die die ganze Bildbreite durchmessen, stufenweise zur Horizontlinie. Eine solche Raumanlage im flächenparallelen Nacheinander sogenannter »Plans« ist besonders deutlich an den zahlreichen Uferlandschaften von Seine, Marne oder Oise nachzuweisen, wo durch die Wasserspiegelung eine durchgehende Horizontale vorgegeben ist (18, 19, 38). Aber auch in einer weiteren L'Estaque-Ansicht, die über Bäume und Dächer hinweg Schornsteine und den erratischen Block eines Turms silhouettenhaft abzeichnet (22), sind organische Wachstumsformen und stereometrisch vereinfachte Gebäudekomplexe kontrastreich auf das horizontale Band der Meeresfläche bezogen.[123] Der Gefahr einer Schematisierung durch orthogonale Achsensysteme, die sich mitunter in einseitigen Geometrisierungen zu verselbständigen drohten, wurde durch ein erstaunlich bewegungsreiches Spannungsverhältnis der Farbpartien entgegengewirkt. Orthogonale Gesamtgliederung und in Größe sowie Neigung gleichmäßig geführte Farbstriche im Detail ergeben meist ein eng verzahntes Gefüge, das den Bezug von Fläche und farbiger Gegenstandsbildung definiert. Obwohl jede Formbeschreibung des Malers einen Schritt hin zur farbigen Einbindung des Gegenstandes in harmonikale Zusammenhänge bedeutete, sind seine Ansichten stets von hoher Abbildtreue. Gemessen an den topographischen Gegebenheiten kommt kaum der Eindruck auf, als dominiere Künstliches über Natürliches, oder geometrisch Starres über organisch Gewachsenes.

Die um 1880 geradezu programmatisch auf Elementarkontraste abhebende Bildgestaltung blieb in ihrer konstruktiven Tendenz auch in den folgenden Jahren grundlegend. Doch wandelte sie sich vom Anhaltspunkt formaler Entschiedenheit zum Ausgangspunkt immer freierer Stilisierungen, deren zurückhaltende Farbigkeit ins Auge fällt (25–27). Zunehmende Beachtung des Aquarellisten fand die der Farbe assoziierte Bleistiftzeichnung in locker verteilten, genau die Formbezüge

122 Ibid., S. 173, S. 179; vgl. auch die Briefe S. 156f., S. 205.

123 Vielleicht war Cézanne der Ausblick auf die Meeresbucht zu effektvoll, zu pittoresk, als er am 24. Mai 1883 an Zola schrieb: »Ich habe in L'Estaque ein kleines Haus mit Garten genau oberhalb des Bahnhofs gemietet, am Fuß des Hügels, wo hinter mir die Felsen mit den Pinien beginnen. Ich beschäftige mich noch mit Malerei. Ich habe hier sehr schöne Aussichten, doch bilden sie nicht eigentlich Motive. Nichtsdestoweniger hat man, wenn man bei Sonnenuntergang auf die Höhen steigt, das schöne Panorama der Bucht von Marseille und der Inseln vor sich, das gegen Abend von einer sehr dekorativen Wirkung ist«; zitiert nach *Cézanne Briefe* 1979, op. cit., S. 196.

bezeichnenden Einheiten aus zarten Linienbündeln, nur verhalten in den Raum gestellten Konturhinweisen sowie tonigen Gruppierungen aus Parallel- und Kreuzschraffen. Darum sei hier kurz auf das Verhältnis von Zeichnung und Farbe in Cézannes Aquarellen eingegangen.[124] Von grundsätzlicher Bedeutung ist es deshalb, weil eine meist mit Bleistiften vorgenommene Skizzierung – bis auf einige Ausnahmen (18, 30, 36, 37, 49, 53–55, 59, 60, 64, 98, 102) – wesentliche Vorgabe der farbigen Gestaltung war. Gegenüber den eher beiläufigen Hinweisen, die in Kurvenschwüngen und markanten Linienfrakturen anfangs vorkamen, behauptete sich die Zeichnung im Aquarell – seit der Mitte der achtziger Jahre in verstärktem Maße – als ein in Richtung und Lage disziplinierter Partner der Farbe, der diese auf grundlegender Ebene vorbereitet und reflektiert. Cézannes erster Schritt bei einem Vorgehen, das er über Jahrzehnte beibehielt, war die Feststellung nur weniger Schattenpartien und Umrißspuren mittels dünner Stifte auf dem Papier; auf halbfertig liegengebliebenen Leinwänden sieht man, daß solche ersten Projizierungen dort oft in reichlich mit Terpentinöl gelöstem Ultramarin, Dunkelgrau oder Braun vorgenommen worden waren. Noch unverbindlich, dienten sie einer vorläufigen Orientierung auf dem Weiß der Fläche. Sie zeigten Richtungen an, ohne sie auszuführen. Noch ohne erkennbare Gegenstandbildung definierten sie den Bildorganismus, beschrieben sie knapp den Beziehungsreichtum der Gegenstände und verwiesen auf Proportionsverhältnisse. In ständig ergänzendem Wandel umspannten sie Schritt für Schritt das Motiv. Da nach Cézanne »die Zeichnung nur die äußere Gestalt dessen wiedergibt«, was man sieht[125], reichte sie ihm zur Formbeschreibung nicht aus. Ihre Aufgabe sah er darin, jene von der Wirklichkeit diktierten Ansätze kenntlich zu machen, von denen aus sich das Kolorit dann in ganzer Folgerichtigkeit entfalten konnte. Man könnte derart primäre Strichlagen mit der Erstellung eines auf waagrechten und senkrechten Stützpunkten basierenden Baugerüsts vergleichen, das Prämisse ist für den Aufbau und aus dessen Entstehungsprozeß seine Funktion erhält.

Einmal »gerüstet«, war der Weg frei für die Farben, die sukzessiv, zunächst vereinzelt, scheinbar wahllos in wenigen Tupfen oder in schmalen Lagen an die vorhandene Zeichnung anklingend, hinzukamen. Immer die Ausgewogenheit des Bildganzen im Auge, verteilte der Aquarellist farbige Gewichte und Gegengewichte entlang der Zeichnung, sie teilweise überdeckend oder in schrägen Winkellagen zu ihr angesetzt, über das Blatt.[126] Aus einem lockeren Ansatz wurde so ein immer stimmiger werdendes Gefüge aus farbigen Schatten, die, auf Grenzbereiche bezogen, in erster Linie die Zonen zwischen zwei Körpern verdeutlichen. Denn vor allem an den Objekträndern entstanden Schattenkonzentrationen aus dunklem Blau, Violett oder Purpur, die, begleitet von zarteren Schichten, das Bildkontinuum treffsicher durchsetzen.[127] Tatsächlich einer hinter den Gegenstandkonturen befindlichen Raumebene zugehörend, beinhalten sie Trennendes und Bindendes, Volumenorientierungen und übergreifende, von Gegenstandsformen unabhängige, jedoch keineswegs ungegenständliche Bezugnahmen. Denn es wäre verfehlt, Farbfolgen, die sich gewichtig beim Zusammentreffen von Formgrenzen einschalten, getrennt von ihrem Bleistiftgerüst als gegenstandslos zu

124 Vgl. Fritz Novotny, *Cézanne als Zeichner*, in: Wiener Jahrbuch für Kunstgeschichte, XIV (XVIII), 1950, S. 225 ff., und Badt 1956, op. cit., S. 33 ff.

125 *Cézanne Briefe* 1979, op. cit., S. 288.

126 Im Zusammenhang mit dem Entstehen eines Aquarells des Mont Sainte-Victoire bemerkte Bernard: Seine Arbeitsmethode war einzigartig, vollkommen abweichend von den gebräuchlichen und ungemein kompliziert. Er begann mit dem Schatten und mit einem Flecken, auf den er einen zweiten, größeren setzte, dann einen dritten, bis alle Farbtöne, einander deckend, mit ihrem Kolorit den Gegenstand modellierten«; zitiert nach *Conversations avec Cézanne* 1978, op. cit., S. 59.
Von Rilke wurde dieses Vorgehen folgendermaßen wiedergegeben: »Dabei hatte er seine Arbeit (wenn man dem Berichterstatter bei dieser Tatsachen, glauben darf) auf das eigensinnigste erschwert. Bei Landschaftlichem oder Nature morte gewissenhaft vor dem Gegenstand aushaltend, übernahm er ihn doch nur auf äußerst komplizierten Umwegen. Bei der dunkelsten Farbigkeit einsetzend, deckte er ihre Tiefe mit einer Farbenlage, die er ein wenig über sie hinausführte und immer so weiter, Farbe über Farbe hinaus erweiternd, kam er allmählich an ein anderes kontrastierendes Bildelement, bei dem er, von einem neuen Zentrum aus, dann ähnlich verfuhr. Ich denke mir, daß die beiden Vorgänge, des schauenden und sicheren Übernehmens und des Sich-Aneignens und persönlichen Gebrauches des Übernommenen sich bei ihm, vielleicht infolge einer Bewußtwerdung, gegeneinander stemmten, daß sie sozusagen zugleich zu sprechen anfingen, einander fortwährend ins Wort fielen, sich beständig entzweiten. Und der Alte ertrug ihren Unfrieden«; zitiert nach Rilke 1977, op. cit., S. 21. Vgl. auch Kurt Badt, *Cézanne's Watercolour Technique*, in: The Burlington Magazine, LXXXIII, 1943, S. 246 ff.

Paul Cézanne, *Gebäude in L'Estaque,* 1882–1883. Bleistift auf Papier, 305×237 mm. Privatbesitz
(ehemals Kenneth Clark, Henry Moore, Graham Sutherland)

interpretieren. Vielmehr sind sie wohlüberlegte Stationen in einem immer lücken-loser gewordenen, vorgegenständlichen Geflecht, aus dessen Unterbau fast un-merklich und nur zaghaft Gegenstandsbildungen an die Oberfläche treten. Im schrittweisen Zutun geriet jedes neu hinzukommende Detail sofort in ein sinnfäl-liges Antwortverhältnis zu bereits Vorhandenem. Während die Bildanlage zu-nächst von der Zeichnung und farbigen Schattenlagen bestimmt worden war, gingen die weiterführenden Erwägungen von den am jeweiligen Gegenstand ge-brochenen Lokalfarben aus, die in Abstufungen von Schatten zu Lichtzonen ent-wickelt wurden. An die Stelle einer Farbführung, die sich gelegentlich in rhyth-misch geordneten Lagen an impressionistischen Erkenntnissen orientiert hatte, trat recht bald ein enger an die Objekte gebundenes Farbsystem vermittelnd zwi-schen Naturwirklichkeit und Bildrealität. In seinem Zug um Zug bedachten Fort-schreiten entspricht das Kräftespiel aus Zeichnung und Malerei einem organisch reifenden Wachstumsprozeß, der schließlich die Farbe über die Zeichnung triumphieren läßt. Das heißt freilich nicht, daß die teils freiliegende, teils von Farbe überdeckte – niemals jedoch verdeckte – Zeichnung, als vorläufiges Me-dium aus seiner gerüstgebenden Pflicht entlassen, im Laufe der farbigen Realisie-rung hätte gelöscht werden müssen. Gewiß, ihr graphischer Aussagewert hat an Wirksamkeit verloren, und die Gesamterscheinung eines Aquarells wird selbst in Fällen geringer Farbigkeit von deren Aufbau und Beziehungsreichtum bestimmt. Trotzdem bleibt Zeichnung bis zum Endstadium der Farbe vielfältig eingeschrie-bener Partner.[128] Auch wenn manche ihrer umrißbildenden oder das Verhältnis von Fläche und Raum bezeichnenden Aufgaben ganz von der Farbe übernommen worden sind, hat sich der zeichnerische Beitrag zur Festigung des Bildorganismus und zur Markierung der Farbübergänge keineswegs erübrigt. Als hilfreiches, li-nienführendes Korrelat hat die Zeichnung in den meisten Aquarellen Cézannes ein gewichtiges Wort mitzureden. Darum beharrte der Künstler auch darauf, daß Farbe und Zeichnung eigentlich untrennbar seien, daß »man im selben Grad, wie man malt, auch zeichnet, das heißt, daß die Zeichnung desto präziser ist, je har-monischer die Farbe wird; denn wenn die Farbe ihren höchsten Reichtum zeigt, erreicht auch die Form ihre größte Fülle«.[129] In komplizierten Reflexions- und Realisationsprozessen bewegte Cézanne die der Natur entnommenen Mitteilungen vom Gedankenspiel eines Linienskeletts bis zu den malerisch konkreten, farbig belebten oder durch Farbe generell erst ins Leben gerufenen Erscheinungsbildern.

Farbe und Bleistiftzeichnung, malerische Übergänge und feine Linientexturen organisierte der Maler in des Wortes wahrster Bedeutung in zwei Panoramen des Arctals mit der weitgespannten Montagne Sainte-Victoire als point de vue (28, 29). In der Blickachse vergleichbar, ist der im Osten von Aix-en-Provence gele-gene Kalksteingipfel von verschieden entfernten Blickpunkten wiedergegeben. Um 1885 hatte der Schwager des Malers, Maxime Conil, südwestlich der Stadt den Besitz Montbriant erworben. Dessen hügelige Gegend mit dem benachbarten Ge-höft Bellevue suchte Cézanne bis ins Alter auf, um die Sicht auf das Tal zu genie-ßen, hinter dem das Gebirge der Sainte-Victoire, nach den Worten Rilkes, »sich mit allen seinen tausend Aufgaben unbeschreiblich erhob. Dort saß er dann stun-

127 Zum Blau als »tragende und eigentliche Schattenfarbe« vgl. Badt 1956, op. cit., S. 43 ff.; Rilke dachte gar an eine »Lebensgeschichte« des Blaus: »Es ließe sich denken, daß jemand eine Monographie des Blaus schriebe, von dem dichten wachsi-gen Blau der pompejanischen Wandbilder bis zu Chardin und wei-ter bis zu Cézanne«; zitiert nach Rilke 1977, op. cit., S. 20.

128 Die seit dem 17. Jahrhundert viel diskutierte Gegnerschaft von Li-nie und Farbe, die noch Ingres und Delacroix so unversöhnlich ausge-fochten hatten, verlor für Cézanne an Brisanz. Schon Baudelaire hatte es abgelehnt, »auf Kosten der Linie die Farbe zu preisen« und genauso umgekehrt, da dieses »weder ein sehr umfassender noch ein sehr ge-rechter Blickpunkt sei«; zitiert nach Wolfgang Drost, *Kriterien der Kunstkritik Baudelaires*, in: Beiträge zur Theorie der Künste im 19. Jahr-hundert, I, 1971, S. 257 f.
Eindeutig bekannte sich auch Bal-zac in seiner Novelle *Le Chef d'Œuvre Inconnu* zur engen Kor-respondenz von Malerei und Zeich-nung mit dem Satz: »Die Zeichnung gibt ein Skelett, die Farbe ist das Leben; aber das Leben ohne das Skelett ist etwas noch Unvollkom-meneres als das Skelett ohne das Leben.« Es sei dahingestellt, ob Cé-zanne, der sich mit der tragischen Hauptfigur dieser 1832 geschriebe-nen Erzählung, dem unverstandenen Maler Frenhofer, »der tief über die Farben und über die absolute Wahrheit der Linie nachgedacht hat«, identifizierte, in dessen Aussa-gen nur die Bestätigung seiner eige-nen Ideen oder diese selbst gefunden hat. Auf alle Fälle wandte er sich, wie Frenhofer, gegen den ausschließ-lich dekorativen Gebrauch der Kon-tur. Dem stellte er die konstruktive Verwendung der Linie entgegen, die Strich für Strich das Oben und Un-ten, das Links und Rechts auf der Fläche beschreibt, die Form im Raum lokalisiert und deren Defini-tion den Farbvaleurs überläßt; vgl. dazu Badt 1956, op. cit., S. 37 ff., und Adriani 1978, op. cit., S. 9 ff.

129 Von Bernard ist diese Aussage überliefert, siehe *Conversations avec Cézanne* 1978, op. cit., S. 63.

denlang, damit beschäftigt, die ›plans‹ (von denen er sehr merkwürdigerweise genau mit denselben Worten wie Rodin immer wieder spricht) zu finden und hereinzunehmen.«[130] Ausführlich widmete sich der Künstler erst in der zweiten Hälfte der achtziger Jahre dem sich »gegen Osten entfaltenden, begeisternden Motiv« des Bergmassivs.[131] Zusammen mit den L'Estaque-Ausblicken ist es das einzige großräumige Panorama im Gesamtwerk. Häufig vom Weg zwischen Jas de Bouffan und Montbriant gesehen, wurde der Gebirgszug über den Niederungen der Stadt zunächst vorwiegend in der Westansicht – mit dem allmählich aufsteigenden Nordhang, dem steileren Südabfall, mit den Hängen des Mont du Cengle rechts und dem Eisenbahnviadukt im Tal – zum Bildereignis von nahezu physiognomischer Eindringlichkeit. Das kolossal der Ebene verwurzelte Denkmal seiner selbst, vor dessen sieghaft aufgipfelndem Höhenkamm einst Marius die Teutonen schlug, überragt in plateauförmigen Übergängen gelagerte Territorien. Mit jenem dauernden Inbild seiner Heimat brachte der Maler die innigen Gefühle gesteigert zum Ausdruck, die er für diese Landschaft seit der Kindheit besaß; vielleicht stand es auch für seine Gewißheit, mit seinem Werk letztendlich über alle Entmutigungen hinweg den Sieg davonzutragen.

Die beiden Aquarelle (28, 29), die verschiedene Grade der Vollendung zeigen, zählen in der ausgewogenen Massen- und Raumverflechtung zu den großartigen Erfindungen des zur Reife gelangten Œuvre. Statt der auf dem bildmäßig ausgeführten Blatt mit großer Entdeckerfreude beschriebenen Landschaftsdetails, deren Aufhöhung von der Mitte nach hinten relativ steil erfolgt, finden sich auf der anderen Ansicht nur wenige Hinweise auf Vordergrundskulissen mit grünem Blattwerk, von denen sich fast übergangslos die Ferne absetzt. Cézannes Scheu vor der Raumleere führte im einen Falle dazu, daß ein Stamm mit Piniengeäst, monumental der Linienführung des langgestreckten Bergrückens angeglichen, dem Bildzusammenhang vorangestellt ist. Anklingend an eine seit dem Barock übliche dekorative Kompositionsweise, präludiert das Repoussoir ein von raumvermittelnden Diagonalen beschwichtigtes Landschaftsgerüst aus Horizontalen und wenigen Vertikalen dahinter. Dagegen überwiegt in dem enger gefaßten Bildausschnitt des zweiten Aquarells die Offenheit des Blattgrundes. Freilich steht dessen an ostasiatische Landschaftsdarstellungen gemahnende Illusionskraft in nichts der weiter durchgeführten Wiedergabe nach. Nichts bleibt in den wenigen Bezeichnungen, in die vereinzelt die Zartheit blauer und violetter Schattenlagen eingefügt ist, unausgedrückt. Flächen leergelassenen Papiers bestätigen das vom Lichtglanz getroffene Weiß des dolomitischen Gesteins. Es ist, als wäre von diesen Flächen aus gestaltet worden. Sie vermitteln den Eindruck, als ob sie sich plastisch zu dichter Materie wölben und knappe Strichquantitäten und Farbstellen allein dazu dienten, dem Unbezeichneten eine feste Form zu geben. Daß in beiden Fällen die Bergsilhouette pathetischer als in Wirklichkeit erscheint, hängt damit zusammen, daß sich Cézanne oft über die korrekte Anwendung zentralperspektivischer Gesetzmäßigkeiten hinwegsetzte und Entferntes naheliegender darstellte. Er legte Wert darauf, die Raumweiten derart zu ermessen, daß bis in die entlegensten Winkel Deutlichkeit und Konsistenz ungemindert erhalten blieben. Auch die fernsten Partien soll-

130   Rilke 1977, op. cit., S. 23.
Gasquet erinnert sich an ein Zusammensein mit Cézanne »in der Gegend von Blaque, nicht weit von Mille, drei Viertelstunden von Aix und dem Jas de Bouffan entfernt, unter einer großen Kiefer, am Rande eines grünen und roten Hügels, das Tal des Arc lag unter uns ausgebreitet. Der Himmel war blau und kühl, ein erster Herbstmorgen am Ende des Sommers. Aufsteigender Rauch ließ die Stadt ahnen, die durch eine Falte des Geländes verborgen war. Wir kehrten den Teichen den Rükken. Rechts die Weite von Luynes und der Pilon du Roi, in der Ferne, nur zu erraten, das Meer. Vor uns im Schein der virgilischen Sonne das Sainte-Victoire-Gebirge, ungeheuer groß, zart und blau, die Täler des Montaiguet, der Viadukt des Pont de l'Arc, die Häuser, das Rauschen der Bäume, die viereckigen Feldstreifen, das Land von Aix«; zitiert nach *Cézanne Gespräch mit Gasquet* 1980, op. cit., S. 11; vgl. Germain Bazin, *Cézanne et la Montagne Sainte-Victoire*, in: L'Amour de l'Art, XIX, 1938, S. 377 ff.

131   *Cézanne Briefe* 1979, op. cit., S. 151.

ten dem Auge nachvollziehbar sein. Es gibt bei ihm keine Entfernungen, die durch Nachlassen der Sehschärfe zu einer Abnahme der gegenständlichen Klarheit geführt hätten. Auf einem solchen Gleichmaß der Wiedergabe, die Endgültiges für Endloses setzt, beruht die Stille seiner Landschaftsräume.

Überhaupt fällt die Indifferenz des Aquarellisten in bezug auf die exakten perspektivischen Erfordernisse auf. Die Zentralperspektive hatte für ihn nicht mehr jene ausschlaggebende, die Bildwelt dem Betrachter nahebringende Aufgabe, die ihr seit dem beginnenden 15. Jahrhundert zugekommen war.[132] Die Relativierung der Dinge in einem von außen herangetragenen System schien ihm fragwürdig, da seiner Wirklichkeitsvorstellung unangemessen.[133] Cézanne fühlte sich in der Anschauung durch ein Ordnungsschema beeinträchtigt, das die Impressionisten zwar eingeschränkt hatten, aber als Aufbauprinzip beibehielten und das Degas, Toulouse-Lautrec, van Gogh oder Munch sogar zu immer neuen, auf den Raum als Schauplatz zielenden Sensationen geriet.[134] Er vermied es, sich durch derart erdachte Hilfskonstruktionen auf eine Ansicht der Dinge begrenzen zu lassen. Die linearperspektivischen Verzerrungen wollte er vielmehr zugunsten umsichtiger Anschauungen zurechtrücken und jeder Gegenstandsbildung unter einem ihr gerecht werdenden Blickwinkel gleichsam eine Lokalperspektive einräumen. Der Künstler war sich bewußt, daß der vom Einfühlungsvermögen des Betrachters inspirierte Tiefensog an Gewicht verlieren müsse, um auf diese Weise die Subjektbezogenheit der Wiedergabe zu verringern. Ohne vom Naturbild wesentlich abzuweichen, bewirkte er mit wenigen Eingriffen dahingehende Richtigstellungen. So wurde das perspektivische Kontinuum vielfach durch geringfügige Blickwinkelverschiebungen, durch die Streckung von Fluchtlinienwinkeln oder eine nur zögernd verfolgte Fluchtlinienkonvergenz abgeschwächt und zuweilen auch ganz aufgehoben, wenn es der Festigung der Komposition diente. Durch die Einbeziehung horizontaler Stopstellen in die durchaus vorhandenen Raumerstreckungen und durch die farbige Verflechtung von räumlich weit Getrenntem gelang es, der Nähe das Vertraute zu nehmen und die Fernen als romantische Sehnsuchtsmetaphern abzublocken. Konform mit einer Verengung üblicher Blickfeldöffnungen wurden Farbpläne so aufgebaut, daß möglichst wenig von jener illusionistischen Weitläufigkeit blieb, die nicht zuletzt seit Adam Elsheimers epochemachenden Interpretationen zur Landschaftswiedergabe gehörte.

Raum berücksichtigte Cézanne vorwiegend im Dienste der aus Farben gestalteten Objekte. Der von den Impressionisten unvergleichlich nachempfundene zwischengegenständliche Bereich aus Atmosphäre und Licht hatte zurückzustehen. Eine allzu starke Kontrastierung von Nähe und Ferne, von greifbaren Details und kaum mehr wahrnehmbaren Gegenstandsschemen, hätte die Absicht, den gesamten Bildaufbau gleich intensiv zu behandeln, zunichte gemacht. Darum wählte der Maler eine Sicht, die sich ohne eindeutige Festlegung in der Mitte bewegt, zwischen einer um ihre Eigenschaften gebrachten Nähe und den verlockenden Fernen. Nur dort erschienen ihm Formen und Farben unvermindert in ihrer Aussagekraft. Die Verteilung von Farben unter flächenrhythmischen Gesichtspunkten war für ihn entscheidender als eine getreue Annäherung an luftperspektivische

132 Vgl. Novotny 1938, op. cit.

133 Die Unangemessenheit linearperspektivischer Gesetzmäßigkeiten monierte bereits Delacroix in einer Tagebuchnotiz vom 1. September 1859: »Was soll man erst von dem erschreckenden Anblick sagen, den die wirkliche Perspektive bietet, ein Fehler, der vielleicht bei der Landschaft weniger erschreckt, wo die vorn sich zeigenden Partien vergrößert, selbst übermäßig vergrößert sein können, ohne das Auge des Betrachters so zu beleidigen, als wenn es sich um menschliche Figuren handelt? Der hartnäckige Realist wird also in einem Bild diese unerbittliche Perspektive korrigieren, die das Aussehen der Dinge durch Genauigkeit fälscht«; zitiert nach Delacroix Tagebücher 1979, op. cit., S. 254.

134 Cézanne war viel zu sehr Traditionalist, um die von der Fotografie und vom Japonismus nahegelegten, extremen Raumkonzeptionen und starren Perspektiven für sich zu nutzen. Nur dann, wenn er Hintergrundsformen näher an den eigenen Standort brachte und – Nähe und Ferne überblendend – Abstriche an den eher flächenumrahmend als raumöffnend eingesetzten Vordergrundselementen vornahm, könnte man sich an die vom Blick abweichende Kameraoptik erinnert fühlen.

135 Jean Royère, Paul Cézanne – Erinnerungen, in: Kunst und Künstler, X, 1912, S. 485. Karl Ernst Osthaus, Cézanne, in: Das Feuer, Monatsschrift für Kunst und Künstlerische Kultur, II, 1920/1921, S. 81 ff.; bedenkenswert in diesem Zusammenhang ist auch Osthaus' Erwähnung der in der Aixer Kathedrale ausgehängten Brüsseler Bildteppiche aus dem frühen 16. Jahrhundert: »Wie schön waren sie, noch lebendig in der Kultur, die sie

hervorgebracht hatte! Ihre Farben waren nicht auf Distanz gestimmt; im Gegenteil, sie schienen so ganz in die Fläche verwoben, daß man den Raum, den sie schmückten, als wohlig umschlossen empfand. Und dennoch mahnten sie an die Bilder Cézannes. Was begründete diese Verwandtschaft? Gab es etwas in ihnen, das dem Meister vielleicht unbewußt, über das impressionistische Schauen der Tiefe hinausging? Die neueste Entwicklung der Malerei hat uns darüber belehrt. Mehr als den Raumwert schätzt sie die Verteilung der Farben im Bilde... Seine Bilder sind die ersten unserer Zeit, die nur der Farbe wegen da zu sein scheinen.«

Über »Das neue Kunstprogramm« befragt, antwortet August Macke in der Zeitschrift Kunst und Künstler, XII, 1913/1914, S. 299 ff.: »Das Raumbildende farbiger Kontraste im Gegensatz zum einfachen Hell-dunkel scheint mir von Delacroix und den Impressionisten zuerst in seiner ganzen Bedeutung für die Lebendigkeit des Bildes erkannt worden zu sein. Seitdem wird immer versucht, dieses Mittel zur einheitlichen Gestaltung des Bildraumes zu verwenden. Bei Cézanne sind die Kontrastgruppen zu einem gleichzeitigen Ganzen gebändigt.« An gleicher Stelle gab Max Beckmann zu bedenken: »Rembrandt, Goya und der junge Cézanne haben eminent plastische Wirkungen erzielt, ohne im geringsten der Gefahr des Naturalismus zu verfallen. Es ist eigentlich traurig, dieses besonders betonen zu müssen, doch sind viele durch die heutige Flachheitsmethode schon dahin gelangt, daß sie a priori ein Bild als naturalistisch verwerfen, weil es nicht flach, dünn und dekorativ gemalt ist. Ich will durchaus nicht einer dekorativen Malerei ihre künstlerische Existenzberechtigung absprechen. Das wäre ja lächerlich einseitig. Ich bin nur der Ansicht, daß im ganzen französischen Cézannachwuchs niemand ist, der das Prinzip der Flachheit rechtfertigt, welches aus der genialen Unbehilflichkeit des späteren Cézanne, der heiligen Einfalt des Giotto, den gemeinsamen religiösen Volkskulturen der Ägypter und Byzantiner hervorgegangen ist.«

Phänomene, die bei abnehmender Lichtintensität zunehmend Form- und Farbsubstanzen reduziert hätten. Während die meisten der malenden Zeitgenossen die Bildfläche vergessen ließen, fühlte sich Cézanne sowohl zur Naturtreue verpflichtet als auch an einen Bildträger gebunden, dessen Zweidimensionalität gegenüber der Dreidimensionalität der Raumdarstellung als unabdingbares Faktum akzeptiert wurde. Es war sein Hauptanliegen, Raumdimensionen, Volumenbildungen und Flächengegebenheiten angemessen durch Farben aufeinander zu beziehen. Aus der Erkenntnis, daß man zuerst Farben wahrnimmt und diese dann mit bestimmten, vorgewußten Gegenständen, Eigenschaften und räumlichen Zuordnungen verbindet, modifizierte der Aquarellist den mit Atmosphäre erfüllten Illusions-Raum zu einem aus taches colorées geschichteten, großenteils horizontal motivierten Bild-Raum. In ihm wird das Auge, zurückliegende und überfangene Farbkontraste aufnehmend, von Schicht zu Schicht in die Tiefe geführt. Um die flächenorientierte Dimension der Farben gegenüber ihrer raumerzeugenden im Griff zu behalten, reichen zuweilen vordergrundsspezifische warme Töne bis zu den Hintergründen und umgekehrt kalte bis nach vorn. Das aus der Anschauung gewonnene farbige Ordnungsgefüge, das Räumlichkeit nur insoweit suggeriert, solange die Fläche dadurch nicht in Frage gestellt ist, verdeutlicht allein die Wechselbeziehungen zwischen Tiefenerstreckungen und Flächenzusammenhängen. Es aus seiner jahrhundertealten Koppelung an ein zentralperspektivisches Gerüst gelöst zu haben, gehört zu den wegweisenden Neuerungen Cézannes. Genauso wie er auf Beleuchtungseffekte mit aufdringlichen Schlagschatten oder Gegenlichtern verzichtete, nahm er Abstand von einseitigen perspektivischen Gepflogenheiten. Dabei wurden die Wirklichkeitsdaten keineswegs entwertet, sondern auf Grund des dem Bilde eigenen Flächencharakters umgewertet. Wirkungen, die mit der Linearperspektive, mit Beleuchtung und Umrißgestaltung zusammenhängen, wurden durchaus ernst genommen, jedoch immer den Farbbeziehungen nachgeordnet. Zu seinen »flachen« Perspektiven ohne Konvergenz bekannte sich Cézanne im Hinblick auf den Mont Sainte-Victoire um 1896: »Er ist ein gutes Stück von uns entfernt, er selbst ist massig genug. An der Akademie lehrt man zwar die Gesetze der Perspektive, aber man hat niemals gesehen, daß die Tiefe sich aus einem Aneinandersetzen der vertikalen an die horizontalen Flächen ergibt und das eben ist Perspektive. Ich habe es nach langen Anstrengungen entdeckt, und ich habe in Flächen gemalt, denn ich mache nichts, was ich nicht sehe.« Und anläßlich eines Besuches des Sammlers Karl Ernst Osthaus in Aix am 13. April 1906 betonte der Künstler, daß die Hauptsache in einem Bilde das Treffen der Distanz sei. Die Farbe müsse jeden Sprung ins Tiefe ausdrücken. Daran erkenne man das Können des Malers.[135]

In Cézannes Aquarellen, die nicht nur im Spätwerk lückenlosen Aufbau sowie weitreichende Offenheit in sich vereinen, hat das Papier die Eigenschaft eines Katalysators. Zum einen ist es Bildträger und Projektionsebene der Buntfarben, zum anderen alles hinterfangender Lichtgrund und einfachstes Mittel zur Klarlegung von Freiräumen. In seiner durch die Farben gebrochenen Flächenfunktion behauptet es sich als lichter Resonanzboden der in diaphanen Lagen aufgetragenen

Schichten, um schließlich, weiß gelassen, die Summe aller Farbigkeiten zu besagen. Im vielseitigen Mit- und Gegeneinander von Papierfond und Farbauftrag basiert der Zusammenhalt von Formen, Raum und Fläche. Von Farben umstellt oder ganz nach außen geöffnet, ist das licht- und raumschaffende Weiß des Grundes wichtigstes Kriterium für die schwerelose Qualität der Aquarelle. Es gibt den selbst an dunkelsten Schattenstellen von durchscheinendem Licht erleichterten Buntfarben, die übereinander zu schweben scheinen, ohne sich zu tangieren und stets Rückschlüsse auf den status nascendi der Bildidee zulassen, Gelegenheit, sich frei zu entfalten. Seine Eigenschaften gehen soweit, daß Strecken »leer« gelassenen Papiers sowohl vorderste Höhen, als auch weiteste Tiefen vergegenwärtigen können. Zum Beispiel entsteht in manchen Mont Sainte-Victoire-Ansichten der Eindruck (29–31, 72), als gehöre das nur durch wenige Schattenlagen getrennte Papierweiß des Berges einer anderen, konvex nach vorn gewölbten Bildebene an als das Weiß, das darüber zum Tragen kommt. Es ist faszinierend, wie eine Darstellung voller farbig flankierter »Leerstellen« dennoch endgültig erscheint.

Sicher hatte die eingehende Motivkenntnis den Künstler zu immer weiter gefaßten Auslassungen bewogen, was nach ihm eine junge Künstlergeneration ihrerseits zum Anlaß nahm, fauvistisch oder kubistisch handfest darauf zu reagieren. Daß man mit der Aufzählung dessen, was Cézanne wegließ, Bände füllen könnte[136], hat die Kunstgeschichte des 20. Jahrhunderts zur Genüge bewiesen. Zu Mißverständnissen geführt hat es allerdings, als man dieser Kunst des angemessenen Weglassens unter dem Aspekt des Non-finito einen besonderen Reiz abzugewinnen suchte. Gerade aber die Manifestation des Vollkommenen im skizzenhaft Unvollendeten ging einem Maler gegen den Strich, der es gewissenhaft vermied, die Dinge zu beschneiden, das heißt Fragmentierungen vorzunehmen, die spätestens seit Manet und Degas als Ausdruck des Spontanen, des Ungewollten und Zufälligen einer im Wandel befindlichen Umwelt reklamiert worden waren. Bei aller Offenheit seiner Aquarelle wollte Cézanne das aus farbigen Zentren entwickelte Sujet unversehrt erhalten wissen und letztlich eine Geschlossenheit erreichen, der nichts hinzuzufügen ist.[137] Auch wenn manche Aquarelle im Sinne der Konvention nicht ausgestaltet sind, berührt in ihnen das der Phantasie weite Bereiche öffnende Verhältnis von farbig bedeckten zu unbedeckten Teilen anders als in Gemälden, die ebenfalls farbfreie Stellen aufweisen. Inwieweit es zutrifft, auf Grund solcher Analogien einen Einfluß der Aquarelltechnik auf die Ölmalerei zu konstatieren, sei dahingestellt. Zugegeben, eine beachtliche Anzahl von Gemälden scheint sich den Möglichkeiten der Aquarelltechnik geöffnet zu haben. Ja, man könnte der Ansicht sein, daß die Kompaktheit der mit dem Spachtel bewältigten frühen Bilder auf die Wasserfarbenmalerei einwirkte, während in manchen der späten Gemälde umgekehrt eine der Aquarelltechnik vergleichbare Offenheit der hellen Gründe angestrebt ist. Doch weder diese Offenheit, noch relativ dünn aufgetragene Malsubstanzen sind ausreichender Beweis für derartige Rückschlüsse. Ein Vergleich der Aquarelle mit tatsächlich fertiggestellten Gemälden[138] zeigt nämlich, wie wenig die beiden Verfahren gemein haben. Der Maler ließ keinen Zweifel an ihrem jeweiligen Eigencharakter. Er war erfahren genug, um nicht mit

136 Julius Meier-Graefe, *Cézanne und sein Kreis*, München 1922, S. 8.

137 In einem Schreiben an die Mutter wandte sich Cézanne 1874 gegen eine Vollendung, die »die Bewunderung der Dummen erregt. Denn jene Vollendung, die man im allgemeinen so schätzt, ist nichts als das Ergebnis handwerklichen Könnens und macht jedes Werk, das so entsteht, unkünstlerisch und gewöhnlich. Ich darf nur um der Genugtuung willen, wahrer und künstlerischer zu sein, nach größerer Vollendung streben«; zitiert nach *Cézanne Briefe*, op. cit., S. 138.

In diesem Zusammenhang sei auch an ein Wort Picassos erinnert: »Die Hauptsache in der modernen Malerei ist Folgendes: Ein Maler, wie zum Beispiel Tintoretto, arbeitete Schritt für Schritt auf einer Leinwand, und wenn er schließlich die Leinwand voll bemalt und ausgearbeitet hatte, dann erst war sie vollendet. Nun, wenn man ein Gemälde von Cézanne nimmt (und dies ist noch viel klarer in den Aquarellen zu erkennen), ist das Gemälde schon in jenem Augenblick vorhanden, wenn er zum ersten Pinselstrich ansetzt«; zitiert nach Hélène Parmelin, *Picasso: The Artist and his Model, and other Recent Works*, New York 1965, S. 150.

138 Vgl. Theodore Reff, *Painting and Theory in the Final Decade*, in: Rubin 1977, op. cit., S. 37.

139 *Cézanne Briefe* 1979, op. cit., S. 295. Amüsant berichtet Vollard davon, daß die Vollendung eines Bildes an minimalen Unvollkommenheiten scheitern konnte: »Nur

ganz wenige sahen Cézanne bei der Arbeit; er konnte es nicht ausstehen, wenn man ihm an der Staffelei zuschaute. Für jeden, der ihn nie malen sah, ist es schwer, sich vorzustellen, wie langsam und mühsam seine Arbeit an gewissen Tagen sein konnte. Bei meinem Porträt [1899, Musée du Petit Palais, Paris] gibt es auf der Hand zwei Pünktchen, wo die Leinwand unbedeckt ist. Ich machte Cézanne darauf aufmerksam. ›Wenn meine Sitzung im Louvre heute nachmittag gut ist‹, antwortete er, ›kann ich morgen vielleicht den richtigen Ton finden, um die weißen Punkte zu decken. Wissen Sie, Monsieur Vollard, wenn ich da irgend etwas Zufälliges hinsetzte, wäre ich gezwungen, das ganze Bild von diesem Punkt aus nochmals anzufangen!‹ ... Nach hundertfünfzehn Sitzungen hörte Cézanne mit meinem Porträt auf und kehrte nach Aix zurück. ›Ich bin mit dem Vorderteil des Hemdes nicht unzufrieden‹, sagte er zu mir, als er abreiste. Den Anzug, in dem ich Modell gesessen hatte, wollte er im Atelier aufbewahren, da er nach seiner Rückkehr nach Paris gewisse Stellen nochmals überarbeiten wollte. ›Inzwischen habe ich dann einige Fortschritte gemacht. Verstehen Sie, Monsieur Vollard, der Umriß entschwindet mir!‹ ... Wenn Cézanne mit einer Studie aufhörte, geschah es fast immer in der Hoffnung, sie später zu vervollkommnen‹; zitiert nach Vollard 1960, op. cit., S. 51 f., S. 56.

140 *Conversations avec Cézanne* 1978, op. cit., S. 62.

opaken Mitteln aquarellmäßige Wirkungen erzielen zu wollen. Die offenen Stellen bei den Aquarellen waren von vornherein Bestandteil der Konzeption und bestimmten diese maßgebend mit, wohingegen sie auf der Leinwand als Fehlstellen Durchbildungen vermissen lassen.

An Emile Bernard schrieb Cézanne am 23. Oktober 1905: »Doch da ich nun alt bin – fast siebzig Jahre – sind die Farbeindrücke, die das Licht geben, bei mir die Ursache von Abstraktionen, die mir weder erlauben, meine Leinwand ganz zu bedecken, noch die Abgrenzung der Objekte zu verfolgen, wenn die Berührungsstellen fein und zart sind; daraus ergibt sich, daß mein Abbild oder Gemälde unvollständig ist.«[139] Bernard selbst erinnert sich, daß Cézanne, der seine Tätigkeit abbrach, sobald die Konzentration nachließ, sehr langsam arbeitete, und es deshalb oft geschah, daß ein Bild unvollendet blieb: »Auch sah ich in einem an das Atelier im oberen Stock in der Rue Boulegon [seit 1899 Wohnung mit Atelier in Aix-en-Provence] angrenzenden kleinen Verschlag viele Landschaften, die weder Skizzen noch Studien, sondern einfache Farbenreihen waren, die angefangen, aber der Witterung wegen nicht weitergeführt worden waren. Es waren eine Menge Motive da, bei denen die Leinwand nicht einmal ganz mit Farbe bedeckt war. Man hat den Fehler begangen, Cézanne nach solchen angefangenen Arbeiten, die er selbst aufgegeben, zu beurteilen.«[140] Auf den an der Moderne geschulten Blick mögen die unfertigen Gemälde durch die ungebundene Verteilung der Farbrhythmen und deren Durchsetzung mit grundweißen Stellen überzeugend wirken. Für Cézanne jedoch waren sie Belege seiner Unfähigkeit, Endgültiges zu realisieren. Daß er sich später entschloß, einige von ihnen auszustellen, könnte auf den Rat der Ausstellungsveranstalter hin geschehen sein. Kaum wird es in seinem Sinne gewesen sein, daß Pissarro die Schönheit nicht fertig gemalter Stilleben hervorhob und Denis gar 1907 von der Mystik des Unvollendeten schwärmte. Darum sollte man vermeiden, Gemäldeprovisorien, die einfach deshalb solche blieben, weil der Künstler sich vor unlösbare Probleme gestellt sah und er das mühsame Mosaik immer neuer Entscheidungen in der Schwebe des Unvollendeten beließ, in einem Atem zu nennen mit Aquarellen, bei denen er aufhörte, weiter zu malen, sobald jeder zusätzliche Farbauftrag die Gesamtstruktur verunklärt hätte.

Paul Cézanne, 1904 fotografiert von Emile Bernard am Chemin des Lauves, Aix-en-Provence

IV

Für die Vielzahl der Aquarellerfindungen nach 1895, als Cézanne Landschaften von einer Intensität ohnegleichen schuf und Stilleben, Porträts sowie Figurenbilder erdachte, die alles Vorherige an Farben- und Formenreichtum übertrafen, mögen vorwiegend zwei Gründe stehen. Zum einen beherrschte der Maler souverän die Mittel, die ihm nun ohne weiteres im Gelingen aufgingen. Ebenso wie die Methode, einzig aus den Farben zu gestalten, war ihm das Vermögen der naturanalogen Wiedergabe dessen, was sich als Erkenntnis eingebildet hatte, gänzlich vertraut. Um einer naheliegenden Routine zu entgehen, schien es gelegentlich sogar sinnvoll, der Heftigkeit eines Temperaments freien Lauf zu lassen, das sich über die Jahre erhalten hatte und das Cézanne in die Reihe jener »sehr großen Männer« stellte, von denen Delacroix 1849 notierte, daß sie »in dem Alter, da das geistige Fassungsvermögen seine ganze Kraft hat, einen Teil jenes Ungestüms in den Eindrücken bewahrt haben, welches das Zeichen der Jugend ist«.[141] Eine weitere Ursache für den erstaunlichen Impetus im letzten Lebensjahrzehnt ist gewiß darin zu sehen, daß der rührige Pariser Kunsthändler Ambroise Vollard aus verkaufstaktischen Gründen den Maler motiviert haben dürfte, mehr in der schneller zu bewerkstelligenden Technik des Aquarells zu arbeiten und sorfältiger als bisher mit den Resultaten umzugehen. Denn Vollard erinnerte sich nur allzugut, daß er bei seinem ersten Besuch in Aix 1896 im Atelier eine große Mappe mit Aquarellen achtlos auf dem Boden liegend vorfand. Auch erzählte man sich, Cézanne habe lange Zeit dem Erstbesten Aquarelle geschenkt oder sie im Freien einfach liegen lassen, wie ein Motiv mit *Badenden,* auf das 20 Sitzungen verwandt worden waren, bis es von Renoir zufällig in den Felsen von L'Estaque gefunden wurde. Zu einer für die unberechenbaren Gefühlsausbrüche des Künstlers symptomatischen Begebenheit war es 1896 im Pariser Atelier in der Rue Hégésippe-Moreau gekommen, als Vollard vorschlug, Cézanne solle ein paar seiner Arbeiten an die Wände hängen: »Er hängte ungefähr zehn Aquarelle auf; aber eines Tages, als er mit einem Stilleben nicht fertig wurde, riß er mit Fluchen und Verwünschungen die Aquarelle herunter und warf sie in den Ofen. Ich sah, wie die Flammen auflodereten; der Maler kehrte beschwichtigt zu seiner Palette zurück.«[142]

Vollard kommt das Verdienst zu, von November bis Mitte Dezember 1895, vom 9. Mai bis 10. Juni 1898 sowie Ende des darauffolgenden Jahres in seinen Galerieräumen in der Rue Laffitte die ersten großen Cézanne-Ausstellungen veranstaltet zu haben. Bis dahin war das Werk nur den wenigen Vertrauten, zu denen Pissarro, Renoir, Monet, Dr. Gachet und Victor Chocquet zählten, sowie einigen Kennern und Kritikern ein Begriff. Zudem hatten jüngere Künstler – wie die Studienfreunde van Gogh und Toulouse-Lautrec – über Emile Bernard und Gauguin von dem Eigenbrötler im fernen Aix erfahren. Da von 1863, als ein Stilleben Cézannes im Salon des Refusés Hohn und Spott geerntet hatte, bis 1895 kaum zwei Dutzend Arbeiten in Paris öffentlich ausgestellt waren – davon drei Gemälde 1874 bei der ersten, sowie 14 Gemälde und drei Aquarelle bei der dritten Impressionisten-Ausstellung 1877[143] –, war es kaum möglich, einen Eindruck von der Konsequenz dieses Œuvres zu gewinnen. Lediglich auf dem Montmartre,

141 *Delacroix Tagebücher* 1979, op. cit., S. 55.

142 Vollard 1960, op. cit., S. 40, S. 45, S. 50.

143 Wahrscheinlich handelte es sich um jene beiden Landschaftsaquarelle und das Stilleben, die sich später im Besitz von Victor Chocquet befanden; siehe Anmerkung 21.

im kleinen Laden des Farbenhändlers Tanguy, wo sich Cézanne zuweilen mit Materialien eindeckte, waren Gemälde und Aquarelle zu sehen. Sie hatte der Künstler in Zahlung gegeben, da er bis zum Tod seines Vaters 1886 ausschließlich auf dessen bescheiden bemessene Monatswechsel sowie auf sporadische Zuwendungen Zolas angewiesen war, um mit der jahrelang vor Louis Auguste verheimlichten Hortense und dem Sohn Paul existieren zu können. Man mußte zu Tanguy gehen, erzählt Bernard, »um die wenigen Skizzen des unbekannten Künstlers zu sehen, der, mit seinem Werk und der Welt unzufrieden, in Aix lebte und solche Studien, die hier bewundert werden, selbst vernichtete. Die ausgezeichneten Qualitäten dieses wahrhaften Malers wurden durch seinen legendären Charakter in ihrer Ursprünglichkeit noch mehr betont... Nichts konnte verwirrender sein als diese Bilder, welche die hervorragendsten Fähigkeiten in enger Verknüpfung mit den kindlichsten Naivitäten zeigten. Die Jungen empfanden das Genie, die Alten die Narrheit des Paradoxen, die Eifersüchtigen sahen nur Impotenz. So teilten sich die Meinungen; man schritt von tiefsinnigen Diskussionen zu bitterer Spöttelei, von Beleidigungen zu Übertreibungen. Gauguin brach beim Anblick eines Bildes in die Worte aus: ›Nichts ähnelt einer Sudelei mehr als ein Meisterwerk.‹«[144]

Auch Vollard hatte 1892 die ersten Cézannes bei Tanguy gesehen. Ihm zufolge »ging man selten in die Rue Clauzel, da es damals noch nicht Mode war, die ›Greuelwerke‹ teuer, ja nicht einmal billig zu kaufen. Und wenn sich trotzdem ein Liebhaber für einen Cézanne zeigte, führte ihn Tanguy in des Malers Atelier, zu dem er einen Schlüssel besaß, und man konnte unter den verschiedenen Bilderhaufen zum festen Preis von vierzig Francs für die kleinen und hundert Francs für die großen auswählen. Es gab auch Bilder, auf denen Cézanne kleine Skizzen verschiedener Themen gemalt hatte. Er überließ es Tanguy, sie auseinander zu schneiden. Sie waren für jene Liebhaber bestimmt, die weder vierzig noch hundert Francs zahlen konnten. So konnte man Tanguy sehen, wie er mit der Schere kleine Motive verkaufte, während irgendein Mäzen ihm einen Louis hinstreckte und sich mit *Drei Äpfeln* von Cézanne davonmachte.«[145]

Mit der von Pissarro, Monet und Renoir angeregten Ausstellung bei Vollard trat Cézanne nach fast zwei Jahrzehnten des Vergessens, Ende 1895, plötzlich wieder ins Licht der Öffentlichkeit. Über den kleinen Kreis der Informierten hinaus erfolgte nun eine breitere Diskussion des Werks, das vordem entweder auf völliges Unverständnis gestoßen war, oder aber nur in Verbindung mit den Impressionisten gesehen wurde, wie von Theodore Duret 1878, von Zola 1880 und zunächst auch von Joris Carl Huysmans 1883.[146] Der Kritiker Gustave Geffroy war der erste, der die Ausstellung am 16. November 1895 in Le Journal begeistert rezensierte: »In die Galerie Vollard, Rue Laffitte, können die Passanten eintreten und stehen dann etwa fünfzig Bildern gegenüber [Cézanne beschickte die Ausstellung von Aix aus mit etwa 150 Arbeiten, von denen ein Drittel jeweils gezeigt werden konnte]: Figuren, Landschaften, Früchten, Blumen, angesichts deren man sich endlich ein Urteil über eine der schönsten und größten Persönlichkeiten dieser Zeit bilden kann... Er ist ein großer Wahrheitsfanatiker, feurig und naiv, herb und nuanciert. Er wird in den Louvre kommen. Man findet hier mehr als

144 Zitiert nach Rewald 1968, op. cit., S. 177. Vgl. auch die *Cézanne Briefe 1979*, op. cit., S. 146 f., S. 208 f.

145 Vollard 1960, op. cit., S. 30.

146 Eine Ausnahme machte lediglich die weitschauende Beurteilung von Georges Rivière im zweiten Heft der Zeitschrift L'Impressionniste, die 1877 in fünf Ausgaben erschien. Darin widerfuhr dem »am meisten angegriffenen, seit 15 Jahren durch Presse und Publikum am schlechtesten behandelten Künstler« zum erstenmal Gerechtigkeit, indem man sich nicht scheute, die Ruhe seiner Bildwelt und die heroische Kühnheit mit den Malereien und Terrakotten der Antike zu vergleichen. Es dauerte erneut elf Jahre, bis sich in Huysmans ein weiterer Kritiker fand, der Anfang August 1888 mit einem Artikel in der Zeitschrift La Cravache um ein objektives Cézanne-Bild bemüht war.
Obwohl Emile Bernard von Cézanne vorerst nur aus den Erzählungen Tanguys und Gauguins wußte, veröffentlichte er 1891 in dem wöchentlich erscheinenden Blättchen Les Hommes d'Aujourd'hui (Abb. S. 73), eine höchst zutreffende Charakterisierung des Künstlers und seiner Arbeit. Daß er Cézannes Malerei als Malerei um ihrer selbst willen definierte, gehört zu seinen wichtigsten, bis in die jüngste Zeit nachwirkenden Einsichten. Was bei Huysmans und Bernard angeklungen war, brachte Gustave Geffroy auf einen Nenner, als er 1893 und 1894 Cézannes »originale Natur« von den Impressionisten unterschied und seine wegweisende Rolle betonte. An dieses noch heute gültige Urteil schloß 1895 Thadée Natanson in La Revue Blanche an: »Cézanne wagt es, rauh zu sein, fast wild, und führt Dinge bis zu ihrem Ende durch, alles andere verachtend, mit der Zielstrebigkeit aller Bahnbrecher, die etwas von ursprünglicher Bedeutung schaffen wollen.« Zur Cézanne-Rezeption vgl. Judith Wechsler, *Cézanne in Perspektive*, Englewood Cliffs 1975, und George Heard Hamilton, *Cézanne and His Critics*, in: Rubin 1977, op. cit., S. 139 ff., mit ausführlicher Bibliographie.

8e volume.   No 387 — 10 c.   Un an : 6 fr.

LES HOMMES D'AUJOURD'HUI

Dessin de Camille Pissaro
Texte d'Émile Bernard
Bureaux : Librairie Vanier, 19, quai Saint-Michel, Paris.

PAUL CÉZANNE

Titelblatt der Zeitschrift Les Hommes d'Aujourd'hui, 1891. Das Cézanne-Porträt wurde nach einer 1874 entstandenen Radierung Camille Pissarros gedruckt

ein Bild für die Museen der Zukunft.« Zurückhaltender meldete sich Arsène Alexandre in Le Figaro vom 9. Dezember zu Wort: »Heute spricht man von dieser Ausstellung in den Kunstzeitschriften... und plötzlich macht man die Entdekkung, daß der Freund Zolas, dieser geheimnisumwitterte Provenzale, dieser gleichzeitig unvollkommene und erfindungsreiche, boshafte und scheue Maler ein großer Mensch ist. Großer Mensch? Nicht ganz und gar, wenn man sich vor saisonbedingten Schlagworten hüten will. Aber zweifellos eines der eigenartigsten Temperamente, bei dem die Jungen, bewußt oder unbewußt, manche Anleihe gemacht haben.«

Die beiden engsten Freunde Cézannes, Zola und Pissarro, vertraten auch nach diesem Ausstellungsereignis ihre gegensätzlichen Positionen. Pissarro fühlte sich endlich als Fürsprecher seines einstigen Schützlings bestätigt; in mehreren Briefen an seinen Sohn Lucien kam er auf die Ausstellung zu sprechen: »Ich dachte auch an die Ausstellung Cézannes, wo so erlesene Dinge sind, Stilleben von makelloser Vollkommenheit, daneben welche, die sehr durchgearbeitet und doch nicht fertiggemalt sind, noch schöner als die anderen; Landschaften, Akte, unvollendete Köpfe, die doch wahrhaft grandios und so durch und durch Malerei, so geschmeidig sind... Sonderbar: während ich jene merkwürdige, bestürzende Seite Cézannes bewunderte, die ich seit Jahren fühle, kommt Renoir daher. Aber meine Begeisterung ist gar nichts verglichen mit der Renoirs! Sogar Degas hat den Zauber der Natur dieses raffinierten Wilden an sich erlebt, Monet, alle – ja, irren wir uns denn? Ich glaube nicht. Die einzigen, denen dieser Zauber entgeht, sind gerade jene Künstler und Sammler, die uns eben durch ihre Irrtümer beweisen, daß ihnen ein Sinn fehlt. Übrigens weisen sie alle ganz logisch auf die Fehler hin, die auch wir sehen und die vor der Nase liegen, aber den Zauber, nein, den spüren sie nicht. Wie Renoir mir ganz richtig sagte, besteht hier eine gewisse Analogie zu den so herben, so wundervollen Malereien von Pompeji [darauf hatte bereits Rivière 1877 hingewiesen]... Degas und Monet haben herrliche Dinge (von Cézanne) gekauft; ich habe einige wunderbare kleine *Baigneurs* und ein Porträt Cézannes gegen eine schlechte Skizze von Louveciennes eingetauscht.« Am 4. Dezember 1895 heißt es weiter: »Du kannst Dir nicht vorstellen, wie schwer es mir manchmal wird, gewissen Sammlern, Freunden der Impressionisten, alle großen und seltenen Eigenschaften Cézannes verständlich zu machen. Ich glaube, es werden Jahrhunderte vergehen, bis man sich davon Rechenschaft geben wird. Degas und Renoir sind voller Enthusiasmus für Cézannes Werke. Vollard zeigte mir eine Zeichnung mit einigen Früchten [gemeint war wohl das ehemals Degas gehörende, aquarellierte Stilleben *Trois Poires,* Mrs. Henry Pearlman, New York]; um den glücklichen Besitzer zu bestimmen, zogen sie das Los. Degas so begeistert von Skizzen Cézannes! Was sagst Du dazu? Sah ich 1861 nicht recht, als Oller [ein Freund Pissarros] und ich den sonderbaren Provenzalen im Atelier Suisse besuchten, wo Cézanne Aktzeichnungen machte, die das Gelächter aller Nichtskönner der Schule bildeten.«[147] Zola dagegen, der sich publizistisch nur 1867 und 1880 über Cézanne geäußert hatte, sah in ihm nach wie vor das Genie ohne völlige Verwirklichung. Anläßlich einer am 2. Mai 1896 in Le Figaro erschienenen

147 *Pissarro Briefe* 1953, op. cit., S. 322, S. 325; vgl. auch S. 320.

Salonbesprechung, in der er mit den epigonalen Nutznießern der ehemals Refüsierten abrechnete, erinnerte er sich noch einmal des Jugendfreundes, zu dem die Beziehung seit 1886 abgebrochen war: »Ich war fast in derselben Wiege groß geworden mit meinem brüderlichen Freunde Paul Cézanne, bei dem man erst heute daran geht, die genialen Teile eines großen, nicht gereiften Malers zu entdecken.«[148]

Vollard war Geschäftsmann genug, um sich durch das überwiegend positive Echo, das die Ausstellung erfahren hatte, ermutigt zu fühlen. Es drängte ihn im Frühjahr 1896, Cézanne in Aix aufzusuchen, um mit ihm weitere Projekte zu besprechen. Dabei dürfte es gelungen sein, den für das ungewohnte Engagement dankbaren Künstler zu bewegen, sich in einem ihm wesensfremden Metier, der Lithographie, zu versuchen. Nach dem hauptsächlich durch Toulouse-Lautrec herbeigeführten Boom der Farblithographie versprach sich Vollard von der Veröffentlichung farbiger Druckgraphik eine beträchtliche Umsatzsteigerung. Im Juni 1896 startete er nach dem Vorbild von *L'Estampe Originale*, einer richtungsweisenden Publikation, die von März 1893 bis 1895 vierteljährlich zehn Originalgraphiken herausbrachte, unter dem Titel *Les Peintres Graveurs* eine ähnlich konzipierte Reihe. So gering Cézannes Interesse dafür auch war, so sehr hoffte er durch seine Beteiligung bekannt zu werden. Schließlich sagte er zu, für das Vorhaben drei Lithographien zu liefern: die sogenannten *Kleinen Badenden*, ein *Selbstbildnis* sowie die auf ein frühes Hauptwerk (Abb. S. 285) zurückgehenden *Großen Badenden* (111).[149] Als er von Herbst 1896 bis April 1897 in Paris war, wurden die Vorarbeiten für die Herstellung der Graphiken unter Anleitung des Druckers Auguste Clot, einer Koryphäe auf dem Gebiet der Farblithographie, ausgeführt. Während der Künstler das *Selbstbildnis* und die *Großen Badenden* auf Umdruckpapier zeichnete, so daß sie vom Drucker auf den Stein übertragen werden konnten, brachte er allenfalls die Zeichnung der *Kleinen Badenden* selbst auf den Stein. Letztere erschienen in Vollards zweitem Album Ende 1897 – nach einer geringen Auflage in Schwarz – als Farblithographie in wenigstens 100 Exemplaren. Etwa gleichzeitig dürften die *Großen Badenden* in einer schwarzen und einer farbigen Auflage gedruckt worden sein. Zusammen mit dem *Selbstbildnis* waren sie vermutlich für ein drittes Album bestimmt, zu dem es jedoch wegen des Mißerfolgs der beiden ersten nicht kam. Daß sich die von hochwertigen Editionen verwöhnten Sammler mit dem Kauf der Vollard-Mappen zurückhielten, lag daran, daß der Händler von Künstlern, die wie Cézanne wenig Neigung verspürten, sich mit dem druckgraphischen Medium einzulassen, Vorlagen angefordert hatte – Zeichnungen, Aquarelle, Pastelle –, die dann durch Clot in Gestalt von Farblithos neu erstanden. Im strengen Sinne sind deshalb auch die beiden Motive mit *Badenden* keine originalen Farbdrucke. Denn ihr farbiger Zustand wurde ohne Zutun des Künstlers nach von ihm aquarellierten, schwarz-weißen Lithographien (111) von Clot angefertigt. Kein Wunder, daß sich gegen solche Machenschaften kritische Stimmen erhoben, die sich über die »im Album hinter den Kulissen wirkende Persönlichkeit, Clot, den Drucker« verärgert zeigten.[150]

Nach dieser wenig ermutigenden Resonanz auf seine ersten editorischen Unternehmungen wird der vor allem an farbigen Blättern interessierte Händler sein

148 Zola 1903, op. cit., S. 159.

149 Vgl. Douglas Druick, *Cézanne's Lithographs*, in: Rubin 1977, op. cit., S. 119 ff.

150 André Mellerio, *Exposition de la deuxième année de L'Album d'estampes originales, Galerie Vollard, 6 rue Lafitte*, in: L'Estampe et l'affiche, II, 10, 1898, S. 11.

Augenmerk verstärkt auf die Aquarelle Cézannes gelenkt haben. Läßt man die wenigen Beispiele außer acht, die 1877 und 1895 ausgestellt waren[151], dann hat Vollard Cézanne 1896 erstmals und in erster Linie als Aquarellisten vorgestellt. Gelegentlich der Herausgabe des ersten Vollard-Albums fand vom 15. Juni bis 20. Juli des Jahres in den Galerieräumen eine Ausstellung statt, in der neben den 22 Graphiken der Edition 180 zusätzliche Arbeiten von beteiligten und künftig zu beteiligenden Künstlern gezeigt wurden, darunter Toulouse-Lautrecs *Elles*-Folge und acht Werke Cézannes. Im Katalog zur Ausstellung sind von ihm eine Landschaftsradierung, eine Zeichnung mit weiblichen *Badenden* sowie sechs Aquarelle verzeichnet: No. 42 *Maisons sur un coteau*; No. 43 *Bords de rivière*; No. 44 *Fleur dans un vase*; No. 45 *Paysage*; No. 46 *Pêches dans une assiette*; No. 47 *Le jardin*.[152] Sowohl Vollard als auch Cézannes geschäftstüchtiger Sohn Paul[153] werden davon ausgegangen sein, daß die Aquarelle, im Gegensatz zu den farblosen Zeichnungen, für die sich erst in den dreißiger Jahren Interessenten fanden, als Angebot für weniger betuchte Sammler zum gefragten Objekt werden könnten. Wie recht sie damit hatten, beweist der erfolgreiche Verlauf einer 1905 von Vollard organisierten Ausstellung vorwiegend jüngster Aquarellproduktionen, der 1907 mit 79 Exponaten die umfangreiche Präsentation in der Galerie Bernheim-Jeune folgte. Daß Cézannes Aquarelle schließlich zum begehrtesten gehörten und gehören, was der Kunstmarkt zu bieten hat – im Sommer 1980 wurde mit weit über zwei Millionen DM ein Höchstpreis für ein spätes Stillebenaquarell erzielt[154] –, ist gewiß nicht zuletzt Vollards Initiativen zuzuschreiben.

Ungeachtet der im ganzen günstigen Bilanz, die sich seit der Mitte der neunziger Jahre abzuzeichnen begann, und den auf dem väterlichen Erbe begründeten, wohlsituierten Vermögensverhältnissen, die einen aufwendigeren Lebensstil mit ausgiebigen Studienreisen erlaubt hätten, blieb Cézanne seinem bedürfnislosen Arbeitsrhythmus sowie den bislang bevorzugten Motiven seiner Heimat verpflichtet.[155] Das in der unmittelbaren Reichweite Liegende, die Wege, die Wälder, der Fluß, die Hügel und Bergketten in der Bannmeile um Aix, waren ihm sehenswert genug. Die attraktiven Ausblicke auf L'Estaque oder auf das Bergdorf Gardanne, wo sich der Künstler 1885/1886 mehrmals aufhielt, hatten an Anziehungskraft verloren. Die hauptsächlich frequentierten Standorte lagen nun in östlicher Richtung vor den Toren der Stadt, auf halbem Wege nach dem Weiler Le Tholonet. In dem damals unberührten Gebiet mit seinen herrlichen Ansichten der Sainte-Victoire befinden sich La Maison Maria, und oberhalb davon Le Château Noir (40). Dieser im Auftrag eines reichen Kohlehändlers errichtete, neugotische Gebäudekomplex mit spitzbogigen Fensteröffnungen verleiht der verlassenen Gegend einen romantisch geheimnisvollen Anstrich. In dessen Hof hatte Cézanne, um sein Malgerät unterzubringen, von 1887 bis 1902 einen kleinen Anbau gemietet, von dem aus man auf jenen knorrigen Pistazienbaum mit ummauertem Wurzelwerk blickte, der zweimal als Aquarellvorwurf diente (67). Die meisten Wiedergaben des unvollendet gebliebenen Baus selbst sowie der überwucherten Felspartien im Park des Anwesens und in dessen Nachbarschaft entstanden zwischen 1895 und 1906 (64, 65). Unweit des Château Noir und einer von Zolas Vater geplanten

151 Darunter 1895 die Aquarelle *Les pots de fleurs* (Venturi Nr. 952), *Le cruchon vert* (Venturi Nr. 1138) und *Les rideaux* (Venturi Nr. 1123); siehe die Anmerkungen 21 und 143.

152 Druick 1977, op. cit., S. 120, S. 135, Anm. 21; Druick hat erstmals auf diese Ausstellung hingewiesen.

153 An Charles Camoin schrieb Cézanne am 11. März 1902: »Seit Ihrer Abreise sind die Bernheims [die Kunsthändler Josse und Gaston Bernheim-Jeune] und noch ein anderer Händler gekommen, um mich zu besuchen; mein Sohn hat ein paar Geschäfte mit ihnen gemacht. Doch ich bleibe Vollard treu und bedaure lediglich, daß mein Sohn nun den Eindruck bei ihm erweckt, ich könnte meine Bilder jemand anderem geben. Ich lasse ein Atelier auf einem Grundstück bauen, das ich zu diesem Zweck erworben habe. Vollard – daran zweifle ich nicht – wird auch weiterhin der Vermittler zwischen mir und dem Publikum bleiben. Er ist ein Mann, der sehr viel Flair und Haltung besitzt und sich zu benehmen weiß«; und am 3. August 1906 an den Sohn: »Ich bin glücklich zu erfahren, daß Du so gute Beziehungen unterhältst zu denen, die zwischen dem Künstler und dem Publikum vermitteln, und ich wünsche, daß dieselben mir auch weiterhin so gewogen bleiben mögen«; zitiert nach *Cézanne Briefe* 1979, op. cit., S. 267 f., S. 299; vgl. auch S. 275, S. 305.

154 Venturi Nr. 1147, versteigert am 1. Juli 1980 bei Sotheby's London, Katalog *Impressionist and Modern Paintings*, Nr. 5, Abb.

155 Vgl. John Rewald, *The Last Motifs at Aix*, in: Rubin 1977, op. cit., S. 83 ff. Als erster fotografierte Erle Loran (Johnson) Landschaftsmotive Cézannes, die er in dem Aufsatz *Cézanne's Country*, in: The Arts, XVI, April 1930, veröffentlichte; kurz darauf folgten Léo Marchutz und John Rewald mit ähnlichen Veröffentlichungen: *Cézanne et le Château Noir*, in: L'Amour de l'Art, Januar 1935; *Cézanne und der*

Jas de Bouffan, in: Forum, IX, 1935; *Cézanne et la Provence*, in: Le Point, IV, 1936; vgl. auch Novotny 1938, op. cit., S. 193 ff.

156 Vgl. Theodore Reff, *Painting and Theory in the Final Decade*, in: Rubin 1977, op. cit., S. 32 f., und Donald E. Gordon, *The expressionist Cézanne*, in: Artforum, März 1978, S. 34 ff.

157 »Ich habe ein Atelier auf einem kleinen Grundstück errichten lassen, das ich zu diesem Zweck erworben habe. Ich setze also meine Versuche fort und werde Ihnen über das erreichte Resultat berichten, sobald das Studium mir ein wenig Befriedigung verschafft haben wird«, heißt es am 2. April 1902 an Vollard; zitiert nach *Cézanne Briefe* 1979, op. cit., S. 269. Nur dank der privaten Initiative amerikanischer Geldgeber war es 1954 möglich, das Anwesen mit dem Atelierbau vor der Zerstörung zu bewahren.

Albrecht Dürer, *Steinbruch*, um 1495. Aquarell, 292×224 mm. Ehemals Kunsthalle Bremen (verschollen)

Talsperre, der Barrage Zola, liegt der Steinbruch Bibémus, wo seit der Römerzeit der ockerfarbene Muschelkalk gebrochen worden war, der den barocken Palais von Aix ihr distinguiertes Aussehen gibt. Auch dort hatte sich der Maler im November 1895 eine Hütte zum Unterstellen gemietet; die Mietdauer bis September 1899 gibt einen Anhaltspunkt für die Datierung vieler der Bibémus-Ansichten (62, 63). Cézanne, dem vermehrt wieder Gefühlswerte Anlaß zur Bildgestaltung boten[156], zog sich häufig in die unwirtliche Verborgenheit der Gegend zurück. In den kaum von Licht durchfluteten Tiefen der Wälder, an den felsigen Hängen und im Steinbruch fand er die Einsamkeit, die seiner oft manisch-depressiven Stimmungslage entgegenkam. Der Natur anheimgestellt, hatten Wind und Wetter zur bizarren Schönheit der in den Aquarellwiedergaben oft schwer zu entschlüsselnden Felsformationen oberhalb des Château Noir beigetragen, wohingegen die kubisch flach geschnittenen, in leuchtendes Orange-Ocker getauchten Partien von Bibémus – an ähnliche Aquarellmotive Dürers gemahnend – die Spuren menschlicher Tätigkeit bewahrten. Dort schuf sich der Maler statt der heroisierten Baumformen, die manchesmal die Kompositionen dominiert hatten, in eher bescheidenen, anonymen Nahsichten Abkürzungsformen für Vegetation, Geäst und Blattwerk. Verwitterte, mit Gesträuch verwurzelte Gesteinslagen und brüchig gewordene, ausgehöhlte Schichten setzte er um in ein Netzwerk zarten Linienfiligrans, das in durchschwingenden Adern ein sensibel reagierendes Nervensystem für den Farborganismus abgibt.

Einen tiefgreifenden Einschnitt in die Verhältnisse des am Gewohnten festhaltenden Künstlers brachte Ende 1899 der Verkauf des Jas de Bouffan. Als die Mutter 1897 gestorben war, sah sich Cézanne zu diesem Schritt wegen der Erbauseinandersetzung mit den beiden Schwestern veranlaßt. Wie schwer es fiel, das stattliche Domizil voller Erinnerungen, das 40 Jahre Refugium war, aufzugeben, kann man sich vorstellen. Doch für ihn allein – Hortense wohnte mit Paul meist in Paris – wäre der Unterhalt des ausgedehnten Areals, dessen Baulichkeiten und Gartenanlagen mit der imposanten Kastanienallee in zahlreichen Bildvarianten überliefert sind, zu aufwendig gewesen. Nachdem Cézanne sich vergebens um den Erwerb des Château Noir bemüht hatte und ansonsten kein Objekt zum Verkauf stand, das die ersehnte Abgelegenheit garantiert hätte, mußte er mit einer Wohnung mit behelfsmäßigem Atelier im Stadtzentrum, in der Rue Boulegon 23, vorlieb nehmen. Sein Wunsch nach einem geräumigen Atelier, das insbesondere zur Arbeit an den um 1895 begonnenen, großformatigen Kompositionen der *Badenden* geeignet war, führte dann im November 1901 zum Kauf eines Grundstücks am Chemin des Lauves, auf den Hügeln nördlich von Aix. Nach Anweisungen des Künstlers, der die Bedeutung des Ateliers als Schauplatz für große Figurenkompositionen und Stillebenarrangements niemals nach Art der Impressionisten in Frage stellte, wurde dort im darauffolgenden Jahr ein zweistöckiger Bau errichtet.[157] Dessen Obergeschoß ist fast ganz dem Atelierraum mit einer nach Norden geöffneten Fensterfront vorbehalten. Da das Tageslicht auch bei eigentlichen Atelierkompositionen Voraussetzung der Farbgestaltung darstellte, wurde eigens auf der Nordseite des Raums eine hohe Maueröffnung freigelassen, durch die

auch überdimensionierte Leinwände problemlos ins Freie geschoben werden
konnten. Der Raum selbst war nur mit wenigen, aus dem Jas de Bouffan übernommenen Utensilien ausgestattet: der Staffelei, einer Kommode, einem niederen
Tisch, sowie verschiedenen für die Stilleben benötigten Requisiten; zu ihnen gehörten zwei kleine Gipsabgüsse, Gläser, alte Flaschen, einige Totenschädel, ein
blauer Ingwertopf, Keramikgeschirr, ein Gefäß für Oliven und ein braun, tiefgrün
und rot gemusterter Teppich; Reproduktionen nach besonders geschätzten Werken von Rubens, Delacroix, Signorelli, Couture und Forain schmückten die Wände. Mit der Entscheidung für dieses Bauprojekt in einer bislang kaum aufgesuch-
ten Gegend öffneten sich neue Ausblicke auf die Stadt mit der fernen Hügelkette
der Chaîne de l'Etoile sowie auf die immer wieder faszinierende Montagne Sainte-
Victoire, deren wiederholte Wiedergabe von der gestalterischen Unerschöpf-
lichkeit des ingeniösen Erfinders zeugt. Während in den meisten früheren Ansichten eine ausgeglichene Wiedergabe des Massivs im Profil mit der Großräumigkeit
des Arctals (28–31) oder en face mit der das Bildrechteck in ganzer Breite durch-
ziehenden Südseite überwog, wurde in den neunziger Jahren die vor allem vom
Weg nach Le Tholonet, vom Bibémus-Steinbruch oder von der Ortschaft Saint-
Marc gesehene Bergform ohne rahmendes Beiwerk näher und monumentaler,
vielfach bis zum oberen Rand ins Bild gerückt (72, 73). Niemals begehrte das
scharf zerklüftete Profil der Montagne allerdings derart unvermittelt gegen die in
verschwenderischer Weite ausgebreiteten Gefilde auf wie in den letzten, vom
Chemin des Lauves oder vom Plateau d'Entremont betrachteten Fernsichten der
Jahre 1902 bis 1906 (74–77). Auf gigantischem Sockel stößt die Bergsilhouette,
von der die horizontal gelagerte Landschaft bekrönt wird, gegen den Himmel
vor; tiefe Blickpunkte ergeben ein Höchstmaß konstruktiver Vereinfachung aus
Ebene, Bergform und Himmel. Ähnlich singulär wie der Vollender der Aquarelltechnik erhob lediglich deren Entdecker, Dürer, um 1495 auf seinem im Louvre
befindlichen »Wasserfärblein« von Stadt und Burg Arco das Gewicht des Berges
über die Landschaft.

Es mögen die Erinnerungen an die Kindheit mitgespielt haben – als sich die unzertrennlichen Freunde Zola, Baille und Cézanne am Gestade des Flusses Arc,
badend oder in der Sonne liegend, vergnügt hatten[158] –, daß der Maler während
des ungewöhnlich heißen Sommers 1906 häufig die schützenden Ufer am Pont
des Trois Sautets oder an der unweit vom Jas de Bouffan gelegenen Flußbiegung
Gour de Martelly aufsuchte. »Es ist fast vier Uhr«, berichtete er dem Sohn am
2. September, »nicht der geringste Luftzug. Das Wetter ist noch immer erstickend,
ich warte auf den Augenblick, da der Wagen mich an den Fluß fahren wird. Dort
verbringe ich einige angenehme Stunden. Es gibt dort große Bäume, die ein Ge-
wölbe über dem Wasser bilden. Ich gehe an den Ort, der Gour de Martelly genannt wird; er liegt auf dem kleinen Weg von Milles, der nach Montbriant
führt... Es gibt dort genug Anregungen, um zu studieren und endlos viele Bilder
zu machen«; und sechs Tage später: »Schließlich will ich Dir sagen, daß ich als
Maler vor der Natur hellsichtiger werde, doch daß bei mir die Realisierung meiner Empfindungen immer sehr mühselig ist. Ich kann nicht die Intensität errei-

Albrecht Dürer, *Stadt und Burg
Arco*, 1495. Aquarell und Deck-
farben, 221×221 mm. Musée du
Louvre, Paris

chen, die sich vor meinen Sinnen entwickelt, ich besitze nicht jenen wundervollen Farbenreichtum, der die Natur belebt. Hier, am Ufer des Flusses, vervielfachen sich die Motive; dasselbe Sujet, unter einem anderen Blickwinkel gesehen, bietet ein Studienobjekt von äußerstem Interesse und von solcher Mannigfaltigkeit, daß ich glaube, ich könnte mich während einiger Monate beschäftigen, ohne den Platz zu wechseln, indem ich mich bald mehr nach rechts, bald mehr nach links wende.«[159] Es blieb freilich keine Zeit mehr, diesem Vorhaben nachzugehen. Denn als im Oktober die Hitze nachließ und es am Fluß bereits kühl wurde, stieg der Maler nach Beauregard hinauf, wo das wahrscheinlich letzte Landschaftsaquarell mit der dem Grundbesitzer Jourdan gehörenden Steinhütte entstand (81). Damit schloß sich das Rund jener trabantenartig um die Stadt gelegten Standorte, die von Cézanne ein Leben lang aufgesucht worden waren. Begonnen hatte es mit dem Jas de Bouffan, mit Bellevue und Montbriant im Südwesten, während nach Süden und Südosten hin sich der Kreis mit den verschiedenen Plätzen an den Ufern des Arc sowie in der Umgebung der Ortschaften Meyreuil und Gardanne erweitert hatte. In Richtung Osten folgte der Maler der Route du Tholonet oder der alten Straße zum Bibémus-Steinbruch und zum Barrage Zola, um endlich in den letzten vier oder fünf Jahren Orte im Norden und Nordosten, halbwegs nach Vauvenargues, zu favorisieren.

Am 22. Oktober 1906 starb Cézanne, wie er gelebt hatte: sur le motif. Bei der Arbeit – wahrscheinlich in der Gegend von Beauregard – erlitt er am 15. des Monats während eines heftigen Gewitters einen Schwächeanfall. Darüber setzte die Schwester Marie ihren Neffen in Paris fünf Tage später in Kenntnis: »Dein Vater ist seit Montag krank… Er ist während mehrerer Stunden dem Regen ausgesetzt geblieben, man hat ihn auf einem Wäschereikarren nach Hause gebracht, und zwei Männer mußten ihn in sein Bett hinauftragen. Am nächsten Tag ist er schon am frühen Morgen in den Garten gegangen, um unter der Linde an einem Porträt von Vallier [Gärtner, der das Anwesen betreute] zu arbeiten; er ist sterbend heimgekommen.«[160]

Gerade in den letzten Lebensjahren wurde der von einem Kreis junger, theoretisch interessierter Bewunderer angeregte Cézanne nicht müde, in Briefen und Gesprächen ständig auf die Notwendigkeit des Naturstudiums hinzuweisen.[161] »Ich habe Ihnen nur wenig zu sagen«, eröffnete er dem angehenden Maler Charles Camoin, der 1902 in Aix seinen Militärdienst absolvierte, »man spricht in der Tat mehr und wohl auch besser über Malerei, wenn man sich vor dem Motiv befindet, als wenn man sich in rein spekulativen Theorien ergeht, in denen man sich recht häufig verirrt.« Nach der Empfehlung, Studien nach den großen dekorativen Meistern Veronese und Rubens zu machen, »doch so, als wenn Sie nach der Natur arbeiteten«, faßte der Künstler sein ausdrücklich als solches bezeichnetes Credo 1903 in dem Satz zusammen: »Alles ist, besonders in der Kunst, im Kontakt mit der Natur entwickelte und angewandte Theorie.«[162] Auch in den besonders aufschlußreichen neun Briefen an Emile Bernard kam Cézanne, der sich der schmerzlichen Tatsache bewußt wurde, »daß der Fortschritt, der sich im Ver-

158 Vgl. Adriani 1978, op. cit., S. 16ff.

159 *Cézanne Briefe* 1979, op. cit., S. 303ff.

160 Ibid., S. 313.

161 Siehe Anmerkung 5; leider fanden die Überlegungen, die sich aus früheren Gesprächen, etwa mit Zola, mit Pissarro, Chocquet und anderen ergeben hatten, in den erhaltenen Briefen kaum Erwähnung.

162 *Cézanne Briefe* 1979, op. cit., S. 262f., S. 275; vgl. auch S. 277ff.

ständnis der Natur hinsichtlich der Gestaltung eines Bildes und der Entwicklung der Ausdrucksmittel vollzieht, vom Alter und von der Abnahme der Körperkräfte begleitet ist«, wiederholt auf sein Hauptanliegen zu sprechen: »Der Künstler sollte jede Ansicht verwerfen, die nicht auf der verständnisvollen Beobachtung des Charakteristischen beruht. Er soll sich vor der literarischen Einstellung hüten, die den Maler so oft veranlaßt, sich vom wahren Weg, das heißt vom konkreten Naturstudium, zu entfernen, um sich allzulange in ungreifbaren Spekulationen zu verlieren. Der Louvre ist ein gutes Lehrbuch, doch darf er immer nur ein Vermittler sein. Das wahre und großartige Studium, das es zu unternehmen gilt, ist das der Mannigfaltigkeit des Naturbildes.« Dezent wurde Bernard zu verstehen gegeben, daß »Plaudereien über Kunst fast zwecklos« seien; »der Literat drückt sich durch Abstraktionen aus, während der Maler mit Hilfe der Zeichnung und der Farbe seine Empfindungen und Wahrnehmungen konkretisiert«.[163] Vor dem Motiv, wohin ihn manch junger Kollege begleitete, vermochte Cézanne seinen keineswegs schlüssig durchdachten, gedanklichen Erwägungen überzeugend Ausdruck zu verleihen. Aus den Sinneseindrücken war es ihm möglich, sich und den anderen Rechenschaft über seine Arbeit zu geben, die er abhängig machte von der »Gewissenhaftigkeit, der Aufrichtigkeit vor sich selbst und der Unterordnung unter den Gegenstand«.[164] Es bedurfte der Erfahrung eines Lebens, um die künstlerische Praxis theoretisch zu untermauern. Noch 1889 hatte der von der belgischen Künstlergruppe Les Vingt zu einer Ausstellungsteilnahme nach Brüssel Eingeladene geantwortet: »Ich will Ihnen diesbezüglich sagen, daß ich, weil die zahlreichen Studien, denen ich mich gewidmet habe, nur negative Resultate eingebracht haben, und aus Furcht vor nur zu berechtigten Kritiken beschlossen hatte, bis zu jenem Tage in der Stille zu arbeiten, da ich mich fähig fühlen würde, die Ergebnisse meiner Versuche theoretisch zu verteidigen.«[165] In seinen späten Briefen, die zur Klärung seiner Absichten beitragen sollten, ließ er dann keinen Zweifel, daß der Pinsel das Ausdrucksmittel ist, welches der Himmel ihm in die Hände gelegt habe, und daß es dementsprechend nicht seine Angelegenheit sei, Ideen zu haben und sie zu entfalten. Die Kunst war ihm »der intimste Ausdruck« seiner selbst und die Arbeit einzige Rechtfertigung vor der Öffentlichkeit und der Geschichte. »Ich bin vielleicht zu früh gekommen«, heißt es an einen Freund Joachim Gasquets, »ich war mehr der Maler Ihrer Generation als der meinigen… Ich werde nicht die Zeit haben, mich auszudrücken… Arbeiten wir!… Die Erfassung des Modells und seine Realisation stellen sich zuweilen nur sehr langsam ein.«[166]

Die »Realisierung in der Kunst«, die Wahrnehmung, Verwirklichung und Vollendung beinhaltet, wurde zum Schlüsselbegriff von Cézannes Denken und Handeln. »Ich glaube, ich komme ihr jeden Tag näher, wenngleich ein wenig mühsam. Denn wenn auch ein starkes Empfinden für die Natur – und das meine ist gewiß sehr lebhaft – die notwendige Grundlage aller künstlerischen Gestaltung ist und auf ihr die Größe und die Schönheit des künftigen Werkes beruht, so ist doch auch die Kenntnis der Mittel, unsere künstlerische Empfindung zum Ausdruck zu bringen, nicht weniger wesentlich und läßt sich nur durch sehr lange Er-

163 Ibid., S. 294, S. 282 f. Was Cézanne von Bernard hielt, geht aus einigen Briefen an den Sohn hervor: »Ich habe Emile Bernard in einem langen Brief geantwortet, einem Brief, dem man anmerkt, was mich innerlich beschäftigt. Ich habe es ihm gesagt, doch da ich ein wenig weiter sehe als er und da die Art, ihm meine Gedanken mitzuteilen, ihn in keiner Weise verletzen kann, obwohl ich nicht dasselbe Temperament noch seine Art zu empfinden besitze, glaube ich schließlich doch, daß man den andern nicht nützen kann. Es ist wahr, daß man mit Bernard bis ins Endlose Theorien entwickeln kann, denn er hat ein Vernünftler-Temperament. Ich gehe täglich in die Landschaft, die Motive sind schön, und ich verbringe auf diese Art meine Tage viel angenehmer als anderswo«; ibid., S. 308; vgl. auch S. 305 f., S. 309.

164 *Cézanne Gespräche mit Gasquet* 1980, op. cit., S. 65.

165 *Cézanne Briefe* 1979, op. cit., S. 215 ff.

166 Ibid., S. 258, S. 265, S. 237.

fahrung erwerben.« Allein ein starkes Empfinden für die Natur führt, in Verbindung mit der »vor der Natur erfühlten« Kenntnis der Ausdrucksmittel, zur »Realisierung jenes Teiles der Natur..., der vor unseren Augen liegend das Bild ergibt«. Die zu lösende Aufgabe sah Cézanne darin, »das Abbild dessen zu geben, was wir sehen, und dabei alles zu vergessen, was vor uns dagewesen ist. Das, glaube ich, muß dem Künstler ermöglichen, seine ganze Persönlichkeit auszudrücken, sei sie nun groß oder klein.«[167] Ein Resümee dessen, was der Maler theoretisch erst spät umschrieb, was er jedoch praktisch Jahrzehnte lang verwirklicht hatte, als er sich stets aufs neue Gewißheit über das Wesen der Natur verschaffte und die Angemessenheit der künstlerischen Aussage vor dem Naturbild überprüfte, beinhaltet der Brief an Bernard vom 21. September 1906: »Jetzt scheint es mir, daß ich besser sehe und daß ich hinsichtlich der Orientierung meiner Studien richtiger denke. Werde ich das so sehr gesuchte und so lange verfolgte Ziel erreichen? Ich wünsche es, aber solange es nicht erreicht ist, bleibt ein gewisser Zustand von Unbehagen bestehen, der erst verschwinden wird, wenn ich den Hafen erreicht haben werde, das heißt, wenn ich etwas realisiert haben werde, das sich besser als bisher entwickelt, und eben dadurch die Theorien beweisen kann, die als solche ja immer leicht sind. Was ernsthafte Schwierigkeiten bereitet, ist nur, den Beweis für das, was man denkt, zu erbringen. Ich setze also meine Studien fort... Ich glaube an die logische Entwicklung dessen, was wir beim Studium der Natur sehen und empfinden, und beschäftige mich erst später mit den technischen Verfahren; denn die technischen Verfahren sind für uns nichts als einfache Mittel, um dem Publikum zu veranschaulichen, was wir selbst empfinden, und um uns verständlich zu machen. Die Großen, die wir bewundern, dürften nichts anderes getan haben.«[168]

Insgesamt geht aus diesen Äußerungen hervor, daß für Cézanne der »Kontakt mit der Natur« im Mittelpunkt der Bildgestaltung stand. Auch wenn manche der späten Aquarelle den Eindruck erwecken, als habe die Autonomie der malerischen Mittel Vorrang vor dem Wissen um das Motiv, hören doch die Farbformen niemals auf, sehr präzise auf gegenständliche Vorgaben einzugehen. Cézannes Methodik, die er beherrschte, ohne daß sie notwendigerweise im Vordergrund stand, bot eine genau qualifizierbare Handhabe zur Durchforschung der optischen Eindrücke.[169] Von manchen Interpreten wurde sie hochgemut zum Selbstzweck erklärt, insbesondere wenn die Rede ist von zunehmenden Abstraktionen, in denen die vorbildlichen Naturgegebenheiten aufgingen. Indem man, gewiß mit Erfolg, die Bildzusammenhänge nach abstrakten Partien durchsieht, drängt man den Künstler allerdings rückblickend in eine Vorläuferposition, die nichts mit seiner effektiven Wegbereiterfunktion zu tun hat. Denn Cézanne setzte Maßstäbe für die Malerei des 20. Jahrhunderts nicht durch Abstrahierungstendenzen, sondern allein durch die Konsequenz, mit der die unzähligen, zum Bild führenden Entscheidungen getroffen wurden, sowie durch die Zweifel an der Richtigkeit dieser Entscheidungen. Sämtliche von ihm eingeführten Abstraktionen entfernen sich nicht vom Gegenstand, sondern suchen diesen im Gegenteil faßbarer auf der Bildfläche zu realisieren und ohne Vernachlässigung natürlicher Tatsachen einer har-

167 Ibid., S. 279, S. 288, S. 295; vgl. Lawrence Gowing, *The Logic of Organized Sensations*, in: Rubin 1977, op. cit., S. 62 f.

168 *Cézanne Briefe* 1979, op. cit., S. 307 f.

169 Picasso beschrieb diese Methodik sehr einleuchtend: »Daß Cézanne Cézanne ist, hat folgenden Grund: wenn er vor einem Baum steht, betrachtet er aufmerksam das, was er vor Augen hat; er fixiert es wie ein Jäger, der das Tier, das er töten will, im Visier hat. Wenn er ein Blatt erfaßt hat, läßt er es nicht aus dem Blick. Hat er das Blatt, hat er den Zweig; und der Baum wird ihm nicht entkommen. Auch wenn er nur das Blatt hat, ist das schon etwas. Ein Bild ist oft nichts als das ... man muß ihm alle Aufmerksamkeit auf einmal schenken«; zitiert nach Jaime Sabartes, *Picasso, documents iconographiques*, Genf 1954, S. 72.

monikalen Ordnung einzubinden. Beim Vergleich seiner Motive mit den wenigen noch erhaltenen Originalschauplätzen stellt man dann auch fest, daß auf den ersten Blick ungegenständliche Formbildungen oder Strichkonstellationen, die restlos in immer freier gesetzten Farbfolgen aufzugehen scheinen, rasch an konkreter Aussage gewinnen, sobald man sich die Mühe macht, die frappierende Übereinstimmung von Naturerlebnis und Bildergebnis nachzuvollziehen. Die Attraktivität der Aquarelle beruht mit auf der Assoziation von Wirklichkeitsnähe und einer »parallel zur Natur« verlaufenden Wirklichkeitsferne[170]; sie beruht auf einem Einklang mit der Natur, der nichts mit naturalistischer Richtigkeit zu tun hat; diese lehnte der alte Maler genauso ab wie einst der junge. Daß die von der trägen Eindeutigkeit des Materiellen befreite Materie nichts von ihrer Substanz verliert und sich weder Farbformen noch Linien ornamental verselbständigen, dafür sorgten stets greifbare gegenständliche Orientierungspunkte; das enge aufeinander Angewiesensein von Farbe einerseits sowie Fläche, Volumen und Raum andererseits vereitelte allzu eigensinnige Abstrahierungen.

Die teilweise mit geringsten Quantitäten zu höchster Qualität gelangten späten Aquarelle zeigen auf Grund eines immens geschärften Blicks eine Art Synthese aus den leidenschaftlich existentiellen Behauptungen der Frühzeit und den Objektivierungsabsichten, die danach zum Tragen kamen, um das Persönliche aus dem Werk herauszuhalten. Denn im Alter erreichte der Wille zur Objektivierung erneut ein hohes Maß an Subjektivität, die sich in einer verinnerlichten Ergriffenheit vor der Natur mächtig offenbarte. Auch in gefühlsmäßiger Hinsicht vielschichtiger als das Bisherige, gewann das Spätwerk jene Selbstverständlichkeit der Erscheinung, die am ehesten dem Natürlichen gleichkommt. Die Aquarelle dieses verdichteten Schaffensjahrzehnts tragen insoweit barocke Züge, als sich in ihnen spannungsreich Emotion und Kunstverstand, Erfahrung der Mittel und Ausdruckswollen, Empfindung und Logik in unsagbar schönen Farbinstrumentierungen verbinden. Cézanne vermochte an einfachsten Bildgegenständen eine in prachtvollem Kolorit angelegte Formenvielfalt zu erörtern. Der Aquarellist, der die »Sinneseindrücke zur Grundlage seiner Sache« machte[171], konnte es sich leisten, die Sicht auf die Dinge offener zu halten als je zuvor. Der Pinselduktus wurde derart selbstsicher eingesetzt, daß die Farben ihrer eigenen Logik zu folgen scheinen. Ohne im geringsten den Zusammenhalt zu gefährden, ist das stabilisierende Gefüge von einer unvergleichlichen Lebhaftigkeit der Farben und Pinselzüge aufgewogen. Als ob lichtdurchlässige Farbsplitter übereinander lägen, entstanden kaleidoskopisch ineinander verkeilte Facetten, deren ganz dem malerischen Impetus hingegebener Zuschnitt durch den mehr oder weniger zarten Druck des Pinsels auf das Papier erzeugt ist. Aus unterschiedlichsten Farbindividualitäten, die entweder mit breitem Pinsel großflächig aufgesetzt sind, um andererseits in einem Gespinst schmaler, meist dunkelblauer Farbstränge und kleiner Tupfer zu bestehen, sind Farbpolyphonien von äußerster Feinheit erwachsen. Innerhalb einer an sich beschränkten Farbigkeit ist der Reichtum der Farbwirkungen, ihre Orchestrierung in zartesten Harmonien und volltönenden Akkorden einzigartig. Es erstaunt immer von neuem, wie aus nur wenigen am Objekt ausgemachten Farben

170 »Die Kunst ist eine Harmonie, die parallel zur Natur verläuft; was soll man von den Dummköpfen halten, die behaupten, daß der Künstler immer der Natur unterlegen ist«; zitiert nach *Cézanne Briefe* 1979, op. cit., S. 243.

171 Ibid., S. 312.

und deren Derivaten ein Bild organisiert ist. Daß die Nutzung der entscheidenden Komponenten der Aquarellkunst – nämlich der Transparenz der Farben, der Mitwirkung des hellen Papiergrundes sowie der formkonstituierenden Setzung der taches colorées – nach 1900 vereinzelt bis an die Grenze der Routine reichte und sich Farbharmonien wiederholten, tut der Anschauungsdichte dieser Schöpfungen keinen Abbruch.[172]

Vom eher lichten Kolorit der achtziger Jahre abweichend, bevorzugte Cézanne in der Spätzeit eine Chromatik, deren Leuchtkraft wieder mehr an Delacroix als an die Impressionisten erinnert. Die komplementären Kontraste aus stärksten und geringsten Buntfarben gewannen abermals an Bedeutung. Ausgehend von Blau und Gelb, beziehungsweise Orangeocker und tiefem Violett[173], wurden farbige Folgen aufgestellt, die sich zum mächtigen Gegensatz aus Rot und Blau steigern konnten, oder im Gegenüber von Purpur und Smaragdgrün zur Ruhe kamen. Polaren Auseinandersetzungen wirkte der Maler in vielfältiger Weise durch Ineinander- und Übereinanderlagerungen entgegen. So konnte, um die konträren Eigenschaften der passiv verharrenden, kühlen Fernfarbe Blau und der warmen, aktiv leuchtenden Nahfarbe Rot einander anzupassen, dem Blau ein zartes Purpur aufgetragen werden, während das Rot durch bläuliche Schatten zum auffallend oft wiederkehrenden Rosa hin tendierte. Auch machte sich der Aquarellist die Tatsache zunutze, daß die drei Grundfarben Rot, Gelb und Blau in der Nachbarschaft ihrer Mischfarben eine besondere Intensivierung erfahren – und zwar Rot durch Orange und Violett, Gelb durch Orange und Grün sowie Blau durch Violett und Grün. Über die lichtdurchwirkte Offenheit der Formanlage hinaus dominiert stets ein in sich geschlossenes, komplexes Bezugssystem der Farbformen, der Farbmengen, der Farbzusammenstellungen und Farborte. In ihm sind Farbauftrag und Pinselführung sowohl malerisches Äquivalent der Gegenstandsformen, als auch Teil eines übergreifenden Prinzips, das die Bildeinheit absichert und dem Bildereignis in allen Stadien der Farbigkeit seine Intensität verleiht. Jede Farbeinheit tritt gleichgewichtig innerhalb dieser sorgfältig ausgewogenen Kontexte auf. Jeder Farbton ist auf eine zum Maß aller Dinge gewordene Chromatik abgestimmt und reagiert in verschiedensten Nuancierungen, Größen und Intervallen darauf. Es ist, als wisse das kleinste Partikel um die innere Notwendigkeit des Ganzen. Keiner Farbe gelingt es, sich auf Kosten anderer hervorzutun und das wohldurchdachte Gewirk zu sprengen. Von einzelnen Farbkombinationen können Rückschlüsse auf die farbige Organisationsform des Ganzen und umgekehrt gezogen werden, wobei immer eine Vorstellung des Ganzen den Einzelteilen voraus ist. »Niemals ist es noch so aufgezeigt worden«, beobachtete Rilke 1907, »wie sehr das Malen unter den Farben vor sich geht, wie man sie ganz allein lassen muß, damit sie sich gegenseitig auseinandersetzen. Ihr Verkehr untereinander: das ist die ganze Malerei. Wer dazwischenspricht, wer anordnet, wer seine menschliche Überlegung, seinen Witz, seine Anwaltschaft, seine geistige Gelenkigkeit irgend mit agieren läßt, der stört und trübt schon ihre Handlung.«[174]

Mit welcher Entschiedenheit Cézanne bei aller Freizügigkeit im ganzen die von ihm verfolgte Gestaltfähigkeit der Farben auch im einzelnen vorantrieb, läßt sich

172 Erst jüngst hat Ernst Strauss im Zusammenhang mit seinen eingehenden *Nachbetrachtungen zur Pariser Cézanne-Retrospektive 1978*, in: Kunstchronik, XXXIII, 7/8, Juli/August 1980, S. 246 ff., S. 281 ff., u. a. die Qualitäten der späten Aquarelle analysiert.

173 »Besonders Violett (eine Farbe, die noch nie so ausführlich und abgewandelt aufgeschlagen worden ist) erkennt er gerne dort, wo wir nur Grau erwarten und uns damit befriedigen würden; da läßt er nicht nach und holt die gleichsam eingeschlagenen Violetts heraus, ganz wie manche Abende es tun, Herbstabende vor allem, die das Eingrauende der Façaden gerade als Violett ansprechen, so daß es ihnen in allen Tönen antwortet, von leichtem schwebenden Lila bis zu dem schweren Violett des finnländischen Granits«; zitiert nach Rilke 1977, op. cit., S. 41.

174 Ibid., S. 37.

an seinen Stillebenaquarellen am deutlichsten exemplifizieren. In ihnen vermischte sich das Interesse an der Wiedergabe plastischer Formelemente mit der Absicht, diese ausschließlich aus der Farbe zu definieren. Zudem boten sie seinem nachdenklichen Geist die Möglichkeit, den seit alters darin verborgenen, auf die Vergänglichkeit verweisenden Sinn der Früchte und Blütenzweige, der zerbrechlichen Gläser und Porzellane, der rasch vergehenden Kerzen, der Uhren und Totenschädel zu reflektieren. Ungeachtet dessen, daß der Künstler wie kein anderer, es sei denn er wäre Spezialist gewesen, dem Stilleben in seinen Gemälden von Anfang an breiten Raum ließ – nicht von ungefähr richteten die Kubisten ihre Aufmerksamkeit darauf –, wurden die schönsten der zwischen euphorischer Lebensbejahung (91, 93–95), und tragischem Todesbewußtsein (90) angesiedelten Aquarelllösungen erst nach der Jahrhundertwende gemalt, als auf die ganze Bandbreite der Erfahrungen zurückgegriffen werden konnte. Was bis dahin entstanden war, beschränkte sich größtenteils auf die lapidare Prüfung bestimmter Einzelaspekte; an einfachsten Zusammenstellungen wurden der Eigensinn der Dinge sowie das malerische Vorgehen sondiert (82–87). Vielleicht bedurfte es der zwischen 1896 und 1899 ausgeführten Stillebengemälde, die an Größe, räumlichem Aufwand und Gegenstandsfülle alles Dagewesene übertrafen, um danach auch Aquarelle mit sämtlichen Vorzügen einer »ins Unzerstörbare hinein gesteigerten Wirklichkeit« (Rilke)[175] zustande zu bringen.

Sicher aber bedurfte es des unfehlbaren Wissens um die Formgestaltung durch Farbmodulationen. Was Cézanne darunter verstand, ist an den bevorzugten Rundformen der Stillebenobjekte, an den Früchten und Schalen, den Dosen, Karaffen, Gläsern und Krügen zum Ereignis geworden. Der vom lateinischen ›modus‹ abgeleitete Begriff gibt in der Musik die Überführung von einer zur anderen Tonart an[176]; außerdem hat er mit dem Modul genannten Grundmaß verschiedener Bauteile zu tun. Der Künstler charakterisierte damit ein Vorgehen, das die modellierende Volumenbildung in graduellen Grauabstufungen vom Weiß zum Schwarz der Schatten durch die Verwendung meist konzentrisch angelegter Buntfarben modifizierte. Dem Spektrum ähnlich, reichen sie mit Violett, Blau, Grün, Gelb, Orange und Rot, von fernen dunklen, kalten Farben zu lichten warmen, nahen Tönen. Mit dieser in der zweiten Hälfte der achtziger Jahre ausgearbeiteten »Logik der Farbsetzungen« wollte Cézanne einer ständigen Veränderungen durch Licht und Reflexe ausgelieferten Wirklichkeit, aber auch dem farbigen Zusammenhalt der Komposition in höherem Maße gerecht werden, als es durch Modellierungen möglich gewesen wäre. In zwei bezeichnenderweise an Pissarro gerichteten Briefen, ist schon 1874 die Rede davon, daß an Hand der Natur »die Modellierung durch das Studium der Töne« ersetzt werden müsse; und 1876 schrieb Cézanne aus L'Estaque von der Sonne, die »hier so fürchterlich ist, daß mir scheint, als ob alle Gegenstände sich als Silhouetten abhöben, und zwar nicht nur in Schwarz und Weiß, sondern in Blau, in Rot, in Braun, in Violett. Ich kann mich täuschen, doch scheint mir, als sei dies das Gegenteil der Modellierung.«[177]

Delacroix und Pissarro hatten verschiedentlich darauf aufmerksam gemacht, daß Gegenstände nicht von ihren zu Linien reduzierten Umrissen her zu verstehen

175 Ibid., S. 21.

176 Vgl. Kurt Badt, *Das Spätwerk Cézannes*, Konstanz 1971, S. 20 ff.

177 *Cézanne Briefe* 1979, op. cit., S. 137, S. 142.

seien, sondern als farbig aus dem Dunkel ins Licht herausgewölbte Massen. Ausschlaggebend für die Formgebung waren demnach die dem Auge naheliegenden »Kulminationspunkte« und nicht die vom Betrachter eigentlich am weitesten entfernten Konturen, die bei korrekter Umrißzeichnung folgewidrig, da scharf sowie nahestehend auf dem Bildträger erkennbar sind und die tatsächliche Erscheinungsweise von Körpern unberücksichtigt lassen. Sein dahingehendes Verständnis formulierte Cézanne 1904: »Um Fortschritte zu machen, gibt es nur eins: die Natur; im Kontakt mit ihr wird das Auge erzogen. Es wird konzentrisch infolge des vielen Schauens und Arbeitens. Ich will damit sagen, daß es in einer Orange, einem Apfel, einer Kugel, einem Kopf einen kulminierenden Punkt gibt, und dieser Punkt ist – trotz der gewaltigen Wirkung von Licht, Schatten und Farbeindrücken – stets unserem Auge am nächsten. Die Ränder der Gegenstände fliehen in der Richtung eines Punktes, der auf unserem Horizont liegt.«[178] In anderen Worten heißt das, daß bei jeder intensiv betrachteten Form, sei sie rund, gebogen oder flach, jener Punkt dem Auge am klarsten entgegentritt, auf den sich die Anschauung konzentriert; in solchen Höhepunkten kulminiert das Licht und von ihnen aus wölbt sich die Oberfläche in den Raum zurück.

Die Empfehlung, die Balzac in der von Cézanne so sehr geschätzten Novelle *Le Chef d'OEuvre Inconnu* gegeben hatte, die Formen von den hellen Mittelpunkten her in Angriff zu nehmen und danach – dem Licht folgend, das am Widerstand der Objekte zusehends erlöscht – zu den dunklen Farben überzugehen, befolgte Cézanne allerdings nicht. Wie die Venezianer, wie Rubens und Delacroix ging er umgekehrt vor, um Formen aus Farben zu bilden, sie der Gesamtanlage zu integrieren und auf die Papierfläche zu beziehen. In chromatisch gereihten Schichten baute er sie vom Grund her sukzessiv auf, und zwar so, daß die farbig und räumlich tiefsten Lagen von gleicher Präsenz sind wie die nach vorn tendierenden hell herausgehobenen Höhen. Die teilweise mit den Objekträndern übereinstimmenden Schattenkonzentrationen kamen meist aus schmalen, tiefblauen Lineamenten zustande. Von solchen Grenzzonen wurde, über feinste Grünabstufungen hinweg, bis zu immer lichter werdenden roten, orangen und gelben Partien fortgeschritten. Schließlich kulminiert die Farbigkeit dort, wo das in den Aquarellen gewöhnlich unbedeckte Papierweiß den alles Licht reflektierenden pointe culminante darstellt. Im Zwischenbereich von lichtabgewandten Schattenseiten, wo oft kleinere Farbquantitäten eingesetzt sind, und den aus größeren Zusammenhängen gebildeten lichtbeschienenen Stellen ist die jeweilige Gegenstandsfarbe lokalisiert. Mit ihr korrespondieren lichtferne sowie leuchtende Farben in zahlreichen Reflexen. Das Zusammenwirken der sich dem Licht weitgehend verschließenden Schattenlagen, der Lokalfarben und jener Bereiche, wo das Licht dem Gegenstand seine Eigenfarbe genommen hat, erforderte ein ständiges Abwägen der Gewichtungen, damit aus der Sorgfalt der Farbsetzungen die Präzision der Form resultiert. Abweichend von einer Praxis, die Nähe mit Dunkelheit sowie Dichte gleichsetzt und mit der Abnahme dieser Dichte Ferne meint, entfaltete Cézanne die am Gegenstand gebrochenen Farben vom Dunklen zum Hellen, vom Fernen zum Nahen, von hinten nach vorne, von außen nach innen, vom Kalten zum Warmen. Ihrer verschiede-

178   Ibid., S. 285.

85

nen energetischen Zustände voll bewußt, behandelte er die farbigen Schwingungen ebenso zur Kennzeichnung von Lichtenergiestufen. Denn der Ablauf von der strahlenden Triebkraft des Rot, das durch Gelb erhöht Orange ergibt, über ein lichttrunkenes Gelb, das sich verflüchtigt, um in Ockertönen durch Rot gebunden wieder aufzutauchen, bis zur absoluten Lichtausweitung im Weiß, verdeutlicht sowohl die aktiv hervortretende Lichtkraft, als auch jene intensiver werdende Energiestrahlung, die im Wechsel von der Rot- zur Gelb- und Weißglut eines Metalls ins Auge springt. Abgebaut wird die nach außen wirkende Energiespannung, die im Gegensatz von Rot und Blau aufzubrechen droht, durch das ausgleichende Grün, indes eine eher introvertierte, der Tiefe zugehörende Richtung zum lichtloseren, in sich ruhenden Blau und dem ins Rot hineingesteigerten Violett führt.

Daß »höchsten« und »tiefsten« Helligkeiten, daß Lichtweiß und offensichtlichem Grundweiß im Aquarell bei gleichem Aussehen entgegengesetzte Aufgaben zukommen, sei nochmals betont. Die Form eines Apfels etwa ist durch wenige dunkle Farblagen vom neutralen Papierweiß des Grundes abgehoben. Gleichzeitig beschreibt das Papierweiß jedoch auch die von Buntfarben freigestellte Binnenform der am stärksten herausgewölbten Apfelmitte. Das eine Weiß ist also tiefgreifender Fond, während das andere, in entgegengesetzter Richtung, stufenweise zur höchsten Helligkeit entwickelt wurde. Der harte Kontrast zwischen den dunklen Schattentönen und dem dadurch »kalten« Grundweiß, weist dieses unwillkürlich einer weiter zurückliegenden Ebene zu, im Vergleich zu dem allmählich aus immer heller werdenden Farblagen erwachsenen, »warmen« Lichtweiß. Zwischen beide Weißqualitäten sind die Buntfarben als auf- und abklingende Energieformen des Lichts eingetragen. Um Vorder- und Hintergründe stärker zu verklammern, hat Cézanne vielfach weiträumige Übergänge vom Licht zum Grund geschaffen, die nur bei genauerer Analyse auf ihre ursprüngliche Weißkomponenten zurückgeführt werden können. Die allein durch die trennend dazwischen gesetzten Farben verschieden wirksamen Weißwertigkeiten verlieren dort ihre Eindeutigkeit, wo kaum eine Unterscheidung ihrer Funktionen mehr möglich ist. Dort wo das Licht unbehelligt in den Grund einfließt und sich auseinanderliegende Bildebenen durchdringen, ist die gestaltpsychologische Tatsache, daß das von Farbkurven umschlossene Binnenweiß heller und plastischer auftaucht als die den Blicken weiter entfernt erscheinenden, weiß gelassenen Außenbereiche, gegenstandslos. Der Beziehungsreichtum von Papierweiß und jenen chromatischen Anordnungen, die zu einer Kongruenz von Farbe und Form führen, so daß die »Form ihre größte Fülle dann gewinnt, wenn die Farbe den höchsten Reichtum zeigt«[179], gehört zu den großen schöpferischen Leistungen des Koloristen Cézanne.

Der Maler Louis Le Baile, der auf Anraten Pissarros 1898 Cézanne besucht hatte, erinnerte sich, wie dieser auf einem weißen Tischtuch mit Pfirsichen und einem Rotweinglas ein Stilleben zusammenstellte: »Das Tuch wurde geschmackvoll auf dem Tisch drapiert. Dann legte Cézanne die Früchte zurecht, wog die Töne gegeneinander ab, brachte die Komplementärfarben zum Schwingen, die grünen Töne mit den roten, die gelben mit den blauen, drehte, neigte die Früchte und brachte sie in die von ihm gewünschte Lage, wobei er sie mit Ein- und Zwei-

179 *Conversations avec Cézanne* 1978, op. cit., S. 36.

sousstücken stützte. Er tat es mit großer Sorgfalt und Behutsamkeit; man spürte, daß es für ihn ein Augenschmaus war; ...dann erklärte er, ›die Hauptsache ist die Modellierung; doch sollte man nicht modellieren, sondern modulieren sagen‹.«[180] Man erfährt aus diesem Bericht, wie der alte Maler seine Stilleben im Atelier arrangierte, wie er Gestalt und Gehalt der behandelten Objekte aufspürte, um schließlich die Anpassung der Farbformen vornehmen zu können. Indem er die Dinge dem diffusen Atelierlicht aussetzte, das die Volumina kräftiger hervortreten läßt als pralles Tageslicht, indem er sie in die von ihm gewünschte Lage brachte, sie aufschichtete und gegeneinander abstützte, entrückte er sie ihren eigentlichen Aufgaben. Gewiß, es sind die alltäglich benutzten Gegenstände präsentiert, doch ihr Vorhandensein dient keinem bestimmten Vorhaben, es existiert sozusagen außerhalb der Bedürfnisse. Cézannes Stilleben sind auf Biegen und Brechen errichtet. Ihnen ist die Schwierigkeit des Entstehens sowie die Absicht anzumerken, die gegenständliche Bestimmtheit nicht von den Oberflächen fühlbar, sondern in unbeschreiblicher Farbfülle greifbar darzustellen. Einer möglichst authentischen Wiedergabe wegen wurden die Blickpunkte vervielfacht. Im Wechsel der Augenhöhe von unten zu starken Draufsichten oder von einer Seite zur anderen wurden die Gegenstände förmlich umfaßt und leibhaftig begriffen. Die Einbeziehung der Blickbewegung in den Gestaltungsvorgang garantierte dem Maler bis zu einem gewissen Grad die Vollständigkeit des Dargestellten. Kubisten und Futuristen sezierten diesen Kunst-Griff des gleichsam simultan Wahrgenommenen, ließen jedoch außer acht, daß Cézanne nicht kubisch starre Formeinheiten meinte, sondern sphärisch abgerundete, als er davon sprach »die Natur gemäß Zylinder, Kugel und Kegel zu behandeln«.[181] Sein unverbildetes Sehen überließ er ganz den optischen Eindrücken; im Sondieren der Farbformen hob er auf ein logisches Zusammenwirken des Bildkontextes ab. Dabei konnte es auch geschehen, daß der Beobachter – minimaler Unstimmigkeiten wegen – Sehgewohnheiten in ihr Gegenteil verkehrte, daß er Geraden bog oder Kanten scheinbar willkürlich unterbrach, um sie, geologischen Verwerfungen vergleichbar, von anderem Blickwinkel aus fortzuführen. Wenn zum Beispiel je nach Lichteinfall die eine Seite eines Gefäßes von anderer Beschaffenheit erschien als die Gegenseite, zögerte er nicht, die eine weiter als die andere auszuführen. Der tiefschürfende Realist, der darauf bestand, »das, was man vor sich hat, zu durchdringen und beharrlich fortzufahren, sich so logisch wie nur möglich auszudrücken«[182], nutzte also nicht seine Kenntnis von der Symmetrie eines Objekts, sondern gab diejenige visuelle Erfahrung wieder, die sich ihm darbot. Die objektive Seite eines Gegenstandes wurde so mit der subjektiven Anschauung zur Einheit gebracht und mit allen Verzeichnungen bezeichnet. Es bleibt dem mit der Wirklichkeitssicht nur bedingt übereinstimmenden Wissen des Betrachters um das Rund eines Tellers, die Senkrechte eines Flaschenhalses oder die um ihre korrekte Fortsetzung gebrachte Gerade einer Tischplatte überlassen, die Verzerrungen und Ver-rücktheiten zu entzerren und zurechtzurücken. Das von Cézanne Präsentierte ist deswegen glaubhaft, ja durch und durch glaubwürdig, weil es gerade in den exakt gesehenen Abwandlungen der Gegenstandsformen deren unwandelbaren Wesenskern sinnfällig macht.

180 Rewald 1968, op. cit., S. 201 f.

181 *Cézanne Briefe* 1979, op. cit., S. 281; vgl. Theodore Reff, *Cézanne on solids and spaces*, in: Artforum, Oktober 1977, S. 34 ff.

182 *Cézanne Briefe* 1979, op. cit., S. 283.

Mit zwei Ausnahmen (96, 97) sind auch die wenigen, doch exemplarischen Aquarellbildnisse – Venturi nennt lediglich 20 – erst spät gemalt worden. In den physiognomischen Details nur vage gekennzeichnet, ist Cézannes Scheu, ein Gesicht auszuprägen, in ihnen eklatant. Seine Aufmerksamkeit war gleichermaßen auf eine Jacke und ein Hemd, wie auf die Gesichtszüge gerichtet, für deren akurate Wiedergabe Zeichnung oder Ölmalerei unbestritten geeignetere Prämissen boten als der Aquarellpinsel. Stets das Bildganze im Blick, schien es ihm wohl unlogisch, den Augen und Mundpartien mehr Interesse entgegenzubringen als einem Arm oder einem Hocker, der von ähnlicher Aussagekraft sein konnte wie der darauf ruhende Körper. Die Geltung der Porträtierten teilt sich übereinstimmend in der Verhaltenheit der Haltungen, im Umraum, in den Proportionen oder der Kleidung mit. Jede psychologische Regung hätte den Physiognomien ein Zuviel an Bewegung mitgeteilt, hätte enthüllt statt verhüllt, und einen Kopf zu Unrecht weniger hermetisch erscheinen lassen als andere Gegenstandsformen. Um die Beklommenheit des eigenen Ich auf sie zu projizieren, beschränkte Cézanne die Individualität der von ihm enorm geforderten Modelle, denen die Geduld zum oft mühsamen Erdulden einmal eingenommener Positionen wurde.[183] In der Tat gibt es bei aller Offenheit der Gestaltungen keine verschlosseneren Bildnisse, bei aller Blicklosigkeit keine geistesgegenwärtigeren Geschöpfe. Jede Aktivität im Sinne eines entgrenzten, neugierigen Schauens ist ihnen von der Einsicht in die Relativität derartigen Tuns genommen. Einziger Beweggrund der auf sich verwiesenen, unnahbaren Individuen ist ein in sich gekehrtes Dasein. Rilke nannte es die »unbegrenzte, alle Einmischung in eine fremde Einheit ablehnende Sachlichkeit, die den Leuten die Porträts Cézannes so anstößig und komisch macht«.[184]

Es kann kein Zufall sein, daß das einzige Selbstbildnis unter den Aquarellen auch hinsichtlich des Ausdrucksgehalts besonders sorgsam ausgearbeitet ist (100). Grund für diese Sonderstellung mag gewesen sein, daß Cézanne in Zeichnungen und Gemälden das Auge in Auge mit sich selbst zur wesentlichen Aufgabe geworden war und der Aquarellist dem nicht nachstehen wollte. Das schwere Haupt ist von ausladenden Schulteransätzen abgesichert. Allein die lockigen Restbestände des Haupthaares sind kantig nach außen gestellt. In dem Augenpaar, dem kein Lidschlag in die Quere kommt, ist die Komplexität einer Persönlichkeit verborgen, der niemals die platte Gewißheit des Selbstbewußtseins zu Gebote stand; ihre Selbstbeherrschtheit war vielmehr aus Selbstbescheidung und ihre Schaffenskraft aus den Zweifeln daran erwachsen. In das massige Rund des Schädels gelagert, ist das rechte Auge des Dargestellten aufmerksamer dem Betrachter zugewandt als das sich leerer und stumpfer mitteilende linke. Die Behauptung nach außen hat auf der einen, die Zurücknahme nach innen auf der anderen Seite ihren Platz gefunden. Hier der durchdringende Blick auf das Gegenüber, dort die Verschlossenheit eines Vereinsamten, der sich mit den Mißerfolgen abgefunden und gelernt hat, mit dem wenigen ihm Erreichbaren vorlieb zu nehmen.

Cézanne, der so gar nichts vom Porträtisten hatte, wie ihn sich das 19. Jahrhundert wünschte, mußte ohne Auftraggeber auskommen; sogar die wenigen repräsentativen Bildnisse der Freunde Emperaire (1868–1870, Musée du Louvre,

183 Über die Arbeit am großformatigen Porträt des Kritikers Gustave Geffroy (1895, Musée du Louvre, Paris) berichtete Cézanne am 6. Juli 1895 an Monet: »Ich mußte vorübergehend die Studie aufgeben, die ich bei Geffroy begonnen hatte, der sich mir so freigebig zur Verfügung stellte, und ich bin ein wenig beschämt über das bescheidene Resultat, das ich erzielte, besonders nach so vielen Sitzungen und nach abwechselnden Anfällen von Begeisterung und Entmutigung. So bin ich also wieder in den Süden zurückgeraten, aus dem ich mich vielleicht niemals hätte entfernen sollen, um die chimärische Verfolgung der Kunst aufzunehmen«; zitiert nach *Cézanne Briefe* 1979, op. cit., S. 225.

184 Rilke 1977, op. cit., S. 33.

Paris), sowie Zola und Alexis (um 1869, Museu de Arte, Sao Paulo), des Sammlers Chocquet (um 1877, Museum of Art, Columbus), von Vollard (1899, Musée du Petit Palais, Paris) und dem Kritiker Gustave Geffroy (1895, Musée du Louvre, Paris) wurden nicht in deren Auftrag, sondern aus Dankbarkeit für deren Freundschaft und Förderung gemalt. Das gab jedoch die Freiheit, ganz den eigenen Ideen nachzugehen und sich mit Personenmotiven zu begnügen, die im eigensten Sinne motivierten, da sie aus Liebe, Freundschaft oder Zuneigung nahestanden. Da Hortense und der Sohn Paul nicht mehr wie ehedem für zahlreiche Zeichnungen und Gemälde als Modelle in Frage kamen, hielt sich der Aquarellist in Aix vorzugsweise an Landarbeiter und Bauern, die er als Nachbarn und Mitbürger zu schätzen gelernt hatte. Sie stellte er gewichtig in der Gestaltung, niemals aber im Ausdruck dar. Als Einzelstudie (98) für eine um 1892 gemalte Fassung zweier Kartenspieler (Musée du Louvre, Paris) oder einfach hockend (102), strahlen sie eine Würde aus, die ohne die üblichen Repräsentationsmerkmale Bestand hat. Je vertrauter dem Maler die Modelle waren, um so weniger war er darauf bedacht, sie zu charakterisieren. Der Mensch an sich, Jugend und Alter, Frau und Mann waren ihm Gestaltobjekte wie eine Baumgruppe oder der Krug eines Stillebens. Deshalb ereignet sich im Bildnis die Spannung eher auf der formalen als auf der psychologischen Ebene. Nichts läßt in solchen Aquarellstudien auf bestimmte Eigenschaften oder Tätigkeiten der passiv in ihrem Verharren Gesehenen schließen; dem Kartenspieler fehlen selbst die Karten. Ihre wie auch immer geartete, von Millet heroisch und von Courbet oder Daumier kritisch durchleuchtete soziale Stellung blieb irrelevant. Da modisches Ambiente den Eigenwert der Personen beliebigen Veränderungen ausgesetzt hätte, verzichtete der Porträtist soweit wie möglich darauf. Auch die rote Weste des berühmten Knaben mit den überlangen, schwer herabsinkenden Armen (99), dessen Popularität der Schönheit seines an die zarte Gelassenheit italienischer Frührenaissance-Porträts anklingenden Bildes nichts anzuhaben vermag, ist kaum mehr als ein zu Schwarz und Grün harmonisierter Farbakzent. Die existentielle Fragwürdigkeit früher Cézanne-Bildnisse wich im Alter der Darstellung des einsamen, durch die Zeitläufte ungezwungenen Menschen, der sich demütig mit seinem Schicksal versöhnt hat. Eines der letzten Aquarelle zeigt den Gärtner Vallier, der seit 1902 das neuerworbene Anwesen bestellte und häufig auf der Terrasse vor dem Haus Modell saß (103). Um der ganzfigurigen Frontalität des auf einem Schemel Sitzenden gerecht zu werden, hat der Maler hinter der Figur einen Fond aus sonnendurchflutetem Blattwerk aufgerichtet, der auch in der majestätischen Purpurfarbe die Funktion eines erhöhenden Baldachins erfüllt. Die Gestalt ist nur gering aus der Bildmitte gerückt, wobei die Ponderationen von Oberkörper und übergeschlagenen Beinen, von fast ausgesparter Figur und stark farbigem Hintergrund, das ihre zu einem harmonischen Kompositionsausgleich beitragen. Nur von den größten Porträtisten, von Tizian und Rembrandt, wurde die Ataraxie des altgewordenen Menschen ähnlich lautlos ins Bild gesetzt.

Was Cézannes Bildnissen an psychologischen Effekten abgeht, fehlt seinen Figurenszenen an genrehaftem, anekdotischem Reiz. Dafür hatte der Maler, der in der Figurenkomposition jenes höchste Ziel sah, um das er sich insbesondere im ersten und letzten Jahrzehnt seines Schaffens bemühte, in Gemälden und Aquarellen mit männlichen oder weiblichen Akten zu Menschheitsbildern gefunden, die etwas von der Gewißheit des Anfänglichen und Endgültigen in sich tragen. Als sogenannte *Badende* hatten sie sich um die Mitte der siebziger Jahre von vorangegangenen, figürlichen Szenen distanziert und zu einer eigenständigen Bildgattung entwickelt (108–111, 115–120).[185] Abgeschieden von den Daseinsstufen des Lebens, gewann in ihnen ein klassenlos gewordener, niemals den Schritt aus der Anonymität vollziehender Menschheitszustand visionär Gestalt. Die Akte sind – in der von der Antike bis zum Rokoko den Gleichheits- und Ewigkeitsanspruch menschlichen Seins bedeutenden Nacktheit – Teil der Lebensraum spendenden Natur, und darum losgelöst von allen zeitgenössischen Reminiszenzen, seien es Kleidung, Gegenstände oder Örtlichkeiten. Das Zeitmaß dieser archetypischen Gemeinschaften, die die Provokationen vergessen lassen, mit denen der junge Maler einst Themen der Zeit sowie die Angst- und Wunschträume seines Lebens versehen hatte, ist auf das Bleibende gerichtet. Der Einzelne findet mit seinesgleichen Schutz unter einem dichten Blätterdach, wo er den Vegetationen immer ähnlicher zu werden verspricht. Dokumentierten die teilweise dissonant zugespitzten frühen Aktionen den Aufbruch aus der Geborgenheit von Kindheit und Jugend, so offenbaren die selbstgenügsamen Gestaltformen der *Badenden* auch die Sehnsucht eines Verlorenen Sohnes nach der Obhut unter den der Natur anschaulich eingebundenen Menschen.

Voraussetzung für derart besonnene Inbilder einer natürlichen Lebenseinheit war für Cézanne die Aufhebung aller inhaltlichen und formalen Gegensätze. Von grundsätzlicher Bedeutung ist dann auch die Wende von der auf die Konfrontation der Geschlechter abhebenden, sensationellen Ikonographie der Frühzeit zu den strikt nach Geschlecht geschiedenen, formal disziplinierten *Badenden*. Mit der definitiven Auseinander-Setzung von männlichen und weiblichen Figuren hatte der Künstler die Konsequenz gezogen aus einer ihm zum Problem gewordenen Polarisierung der Geschlechter. Die von allen Begierden ernüchterten Akte konkretisierten seine Absage an eine das Frühwerk beherrschende, verworrene Sinnlichkeit.[186] Den entscheidenden Schritt der Geschlechtertrennung einzig auf bürgerliche Rücksichtnahmen des Künstlers einschränken zu wollen, wäre unzutreffend; zumal die ersten *Badenden* zu einem Zeitpunkt konzipiert wurden, als er sich diesbezüglich keinerlei Zurückhaltung auferlegte. Vielmehr ging es darum, konfliktbeladene, außer-ordentliche Situationen zu überführen in abgeschirmte Sinnbilder einer verinnerlichten, fraglosen Sinnlichkeit, für die Giorgione, Tizian, Poussin und Rubens die Maßstäbe gesetzt hatten. Courbet, Daumier und Manet sowie Baudelaire, Flaubert und Zola hatten dem jungen Cézanne nahegelegt, Menschen als Produkte ihrer Gegenwart, das heißt in Abhängigkeit von Zivilisationsprozessen zu sehen. Dagegen suchte der für den Mythos zu spät gekommene Maler später in der geistgeborenen Natürlichkeit seiner *Badenden* all das an selbstverständlicher Übereinstimmung von Idee, Dekor und Sinngehalt, von Realitätserfahrung und Bildvorstellung zurückzuerlangen, was über drei Jahrhunderte,

185 Vgl. Alfred Neumeyer, *Paul Cézanne – Die Badenden*, Stuttgart 1959; Theodore Reff, *Cézanne: the enigma of the nude*, in: Art News, 58, 7, November 1959, S. 26 ff., S. 68; und die unveröffentlichte Dissertation von Melvin Waldfogel, *The Bathers of Paul Cézanne*, Harvard University, Cambridge (Massachusetts) 1961.

186 Vgl. Adriani 1980, op. cit., S. 58 ff.

bis zum Zeitalter Goyas, den Rang monumentaler Figurenkompositionen ausgemacht hatte. Mit derselben Radikalität, mit der Cézanne anfangs durch ein ganz auf sich gestelltes Kunstverständnis seiner Zeit gerecht werden wollte, widerstand er den Inhalten dieser Zeit später mit der Erfindung seiner von ursprünglichen Vegetationszonen umgriffenen Figurenzusammenstellungen an »mütterlichen Gewässern« (Novalis).

Die Anfänge dieser speziellen Bildgattung, die den Pleineairmaler zurück ins Atelier führte, besannen sich auf die Badefreuden mit den Freunden von einst an den Ufern des Arc. Seit die »Unzertrennlichen« 1858 getrennt worden waren, wurde das Erinnern an das Glückserleben der Kindheit zum häufig angesprochenen Thema, unter anderem im Briefwechsel zwischen Cézanne und Zola.[187] Und als um 1875, nach kindlichen Bleistiftstudien in Skizzenalben, erste Fassungen badender Knaben an einem Gewässer realisiert wurden, waren diese durch die charakteristische Silhouette der Montagne Sainte-Victoire ausgezeichnet (Abb. S. 285). Mit dem Hinweis auf die Landschaft, in der sich das Geschehen abgespielt hatte, war einerseits der zur Darstellung führende Erlebnisbezug angesprochen; andererseits jedoch tat Cézanne alles, um ihn nur noch als fernes Ideal einer insgeheim gedachten Verlorenen Zeit im Auge zu behalten. Denn mit den *Badenden* wollte er von Anbeginn an mehr als die episodenhafte Schilderung des Erlebten. Über die Wirklichkeit hinausgreifend und doch jedem verständlich, sollte damit ein säkulares Korrelat zu den mythologischen und religiösen Meisterwerken geschaffen werden, die er in den Sammlungen des Louvre bewunderte. Da jeder Naturalismus eine solche Zielsetzung zunichte gemacht hätte, entschloß sich der Maler, auf »Kunstfiguren« zurückzugreifen, von deren Zusammenstellung er annahm, daß sie das Natürliche als sinnvolle Ordnung repräsentieren könnte. Und was läge näher, als sich dazu jener zahlreichen Nachzeichnungen zu bedienen, die seit Jahren entweder in der Académie Suisse vor dem Modell oder im Louvre vor ausgewählten Originalen, beziehungsweise im Musée de Sculpture comparée du Trocadéro vor Nachbildungen entstanden waren.[188] Während Gauguin – Jahrzehnte vor Dada – das Dada de mon enfance, das Holzpferdchen seiner Kindheit den Pferden des Parthenon vorzog, waren Cézanne für die Gestaltung der *Badenden* die nach den Vorlagen der Vergangenheit geschaffenen Studienmaterialien wesentliche Ausgangspunkte. Sie hatten eine normative Vertrautheit mit der Kunst der Antike, der Renaissance sowie des Barock bewirkt (104–107). Der Natur bereits entfremdet, boten sie sich im einzelnen an, wirklichkeitsfernen Inhalten »einverleibt« zu werden. Ohne romantische Sehnsuchtshaltung nach dem Vergangenen, das die Klassizisten vergebens zu übertreffen und die Historisten weitschweifig nachzuahmen suchten, wollte Cézanne mit Kompositionen, die aus einem vorwiegend zeichnerisch erprobten, höchst heterogenen Figurenrepertoire schöpften, in den Zusammenhang übergeordneter Traditionen zurückfinden. Dabei waren ihm die Vorbilder nicht Anlaß, um literarisch oder dokumentarisch rekonstruierend darauf einzugehen und Bildungsgut daraus zu entwickeln; vielmehr sah er im Zitieren bestimmter Prototypen die Möglichkeit, eine tragfähige Brücke zu schlagen zwischen den bedeutungsvollen Verkörperun-

187 Vgl. Adriani 1978, op. cit., S. 16 ff., und die *Cézanne Briefe* 1979, op. cit., S. 14, S. 16, S. 24, S. 68.

188 Allein nach Bildwerken der Antike existieren 63, nach Plastiken Pugets 35, nach Gemälden von Rubens 29 Zeichnungen. Vgl. Berthold 1958, op. cit., James M. Carpenter, *Cézanne and tradition*, in: The Art Bulletin, XXXIII, September 1951, S. 174 ff., und Theodore Reff, *Cézanne and Poussin*, in: Journal of the Warburg and Courtauld Institutes, XXIII, 1960, S. 150 ff.

gen der Vergangenheit und eigenen Ideen von Natürlichem und Idealem. Nicht zuletzt konnten die Studien darüber hinweghelfen, daß es weder in Paris, geschweige denn in Aix jemals möglich war, Modelle im Freien posieren zu lassen; »ich habe mich immer dieser Zeichnungen bedient, sie genügen ja kaum, aber ich muß wohl in meinem Alter«, bekannte Cézanne gegenüber Bernard 1904.[189]

Welche Schwierigkeiten es allerdings machte, aus Figuren unterschiedlichster Provenienz mit festgelegten Gesten und Positionen stichhaltige Bildkonzeptionen zu entwerfen, zeigt eine zur ersten Generation der männlichen *Badenden* gehörende Aquarellstudie (110, 111). Jede der recht beziehungslos in die Landschaft verfügten vier Figuren entstammt einem anderen Kontext. Beispielsweise geht die stehende Gestalt der Mitte wahrscheinlich auf die in Cézannes Besitz befindliche Fotografie eines Akademiemodells mit in die Hüften eingestemmten Armen zurück. Den Jungen mit aufgestelltem Bein dürfte der antike *Sandalenbindende Hermes* im Louvre veranlaßt haben, während die beiden Akte links von eigenen Frühwerken inspiriert sind; so kommt das ausgestreckte Lagern in verschiedenen *Rumpunsch*-Zeichnungen vor, wohingegen sich die Rückenfigur bereits in der genannten Gemäldefassung der *Versuchung des Heiligen Antonius* (Abb. S. 261) als Verführerin betätigt hatte. Überhaupt kommt diesem Gemälde – auch im Hinblick auf erste Konzeptionen mit weiblichen *Badenden* – eine Schlüsselrolle zu. Denn die Gruppierung und das Verhalten dreier Mädchenakte an den Ufern eines kleinen Wasserlaufes (109) verweisen ebenfalls auf die voluminösen Versucherinnen. Die sündhaften Artgenossinnen sind aus der Herkunft dieser schwerblütigen Figurinen noch nicht ganz gestrichen. Zudem stellt sich bei genauerer Betrachtung der kleinen Szene heraus, daß das ehemals unumgängliche Gegenüber der Geschlechter durchaus noch besteht; denn die Akte, zu deren Sippschaft die biblische Susanne oder Bathseba gehören mögen, sind nebenbei den Indiskretionen eines links im Unterholz versteckten faunischen Voyeurs ausgesetzt. Wichtiger jedoch als diese Begebenheit am Rande war dem Maler offenbar die mustergültige Ordnung der eher kunst- als naturerfahrenen Körper. Sie zeigte den Weg auf zu *Badenden*, die in der Folge gänzlich von über sie hinausreichenden Handlungsintentionen freigestellt sind, so daß sie in einer Welt, die nur aus ihnen besteht, weder Ursache noch Wirkung irgendwelcher Aktivitäten sind; sogar der Anlaß ihres Zusammenseins vermag sie kaum zum Bade zu bewegen.

Intensiver beschäftigte sich der Aquarellist mit dem Thema der *Badenden* erst seit der Mitte der neunziger Jahre. Damals könnte Vollard ihn darin bestärkt haben, nachdem Cézanne mit der ersten von drei kolossalen Gemäldeversionen begonnen hatte, seinen Traum von monumentalen Schilderungen mit weiblichen *Badenden* zu realisieren.[190] Die Vorliebe des Händlers für Cézannes Figurenbilder datierte seit der Ausstellung des Jahres 1895, als er jenes wohl zwischen 1875 und 1877 gemalte erste Hauptwerk mit männlichen *Badenden* (Abb. S. 285) ostentativ im Schaufenster der Galerie plazierte; aus der Sammlung Caillebotte stammend, war es kurz zuvor vom französischen Staat als Schenkung zurückgewiesen worden.[191] Es hatte auch nach zwei Jahrzehnten – ja bis zum heutigen Tag – nichts von der Aktualität seiner machtvollen Farbigkeit und Formgestal-

189 *Conversations avec Cézanne* 1978, op. cit., S. 58. Von Befürchtungen anderer Art schrieb der Maler 1906 an den Sohn: »Vor zwei Tagen hat mich der Sieur Rolland besucht und mich zum Sprechen über Malerei gebracht. Er hat mir angeboten, mir am Ufer des Arc für die Figur eines Badenden Modell zu stehen – das wäre mir schon ganz recht, aber ich befürchte, daß der Herr sich einfach meiner Studie bemächtigen möchte; dennoch habe ich fast Lust, etwas mit ihm zu versuchen«; zitiert nach *Cézanne Briefe* 1979, op. cit., S. 300 f.

190 Um 1895 begann Cézanne die Arbeit an den *Baigneuses*, Venturi Nr. 720 (Barnes Foundation, Merion), die 1905 noch nicht beendet waren. 1898/1899 folgte die Version Venturi Nr. 721 (National Gallery, London), der sich schließlich, um 1900 begonnen und unvollendet geblieben, die größte Fassung mit weiblichen *Badenden*, Venturi Nr. 719 (Museum of Art, Philadelphia), anschloß.

191 Vgl. Melvin Waldfogel, *Caillebotte, Vollard and Cézanne's ›Baigneurs au repos‹*, in: Gazette des Beaux Arts, LXV, 107, 1965, S. 113 ff.

Vollard, der Hauptmotive seiner Künstler publik machen wollte, lenkte als erster auch das Augenmerk auf eine Zeichnung Cézannes, als er die einzige bildmäßig durchgezeichnete Studie mit weiblichen *Badenden* (1879–1882, Museum Boymans-van Beuningen, Rotterdam) auf dem Prospekt zur Ausstellung von 1898 reproduzieren ließ.

tung eingebüßt. Wahrscheinlich kombinierte Cézanne ganz bewußt in den für Vollard gezeichneten Lithographien der *Großen* und *Kleinen Badenden* das Sujet der Frühzeit (111) mit einem Vorwurf, der wohl 1896/1897 in einem zauberhaften Aquarell konzipiert worden war (116). Diese Komposition ist beispielhaft für die danach bevorzugten, friesartigen Anordnungen mit männlichen *Badenden*, in denen stehende, an der Uferböschung sitzende oder im Wasser befindliche Figuren alternieren. Die vertikalen Hauptachsen sind durch zwei stets wiederkehrende Gestalten ausgerichtet; die eine, von hinten gesehen, greift seitenverkehrt und in den Proportionen abgeändert die Rückansicht des *Römischen Redners* im Louvre auf (114), während die andere mit über dem Kopf gekreuzten Armen eine typische Modellpose einnimmt. Derart grundlegende Anordnungen hatten auch dann Bestand, wenn durch zusätzlich eingebrachte Figuren die Kompositionen zu nahezu ornamental verketteten, reichbewegten Gefügen gebildet wurden (115). Auch die Strenge eines Formenkanons, der drei, vier oder fünf Mädchenakte vor einer Baumkulisse zu pyramidalen Ordnungen zwang (109), wich in der Spätzeit lockeren Gliederungen (117–120). Um eine meist freigelassene Mitte gruppieren sich nun die zahlreicher gewordenen und im Verhältnis zum landschaftlichen Hintergrund kleineren weiblichen Akte, die deutlich die *Badenden* mit männlichen Figuren überwiegen. In beiden Fällen ist das Zusammenbefinden der Akte vor vegetativen Gründen einzig und allein auf Farbe, Form und Maß bedacht. Das wohlüberlegte Hinter- und Nebeneinander der Gestalten sowie ihre reglosen Gebärden bilden unumstößliche Bezüge im Ambiente der Natur. Passivität ist der vorherrschende Eindruck der aus Kunstfiguren errichteten und von formalem Bemühen gezeichneten Gestaltmuster, deren relativ geringe Variationsbreite aus der fehlenden Anschauung zu erklären ist. Die kollektive Gebundenheit jener der Natur total eingebildeten und von Lebensströmen durchwirkten Geschöpfe geht parallel mit einer formalen und farbigen Homogenisierung der Darstellungen. Körperbildungen sowie luft- und lichterfüllte Räume sind demselben umfassenden malerischen Rhythmus anheimgestellt. Schmale, kurze Farbschwünge werden derart zusammengefaßt, daß sie, stellenweise gestützt durch anders gerichtete, den Eindruck lebendig bewegter Körperkonturen und Schattenlinien erwecken. Gegen die Helligkeit des Grundes gestellt, distanzieren konvexe Farbformaußenseiten die Körper von der Fläche, um andererseits als konkave Innenseiten diese in ihrer Plastizität zu umspannen. Im Dickicht des Geästs hat sich das Licht in ein universales Blau zurückgezogen. Stämme und Laubwerk, Körper und Wasser sind von diesem am wenigsten sinnlichen, dafür aber am stärksten vergeistigten Farbreiz durchströmt. Vereinzelt durch Gelb zu mildem anfänglichen Grün erwärmt, gibt das in seiner Strahlkraft nur vom jungen Tizian übertroffene Blau den Aquarellen mit *Badenden* ihre ernsthafte, auch träumerische Ruhe.

Die subsumierende Kraft der Farbe verhinderte die bloße Rekapitulation übernommener Muster. Sie vor allem brachte Cézanne dazu, sich von den Vorbildern zu lösen und Klassiker im Geiste jener Renaissance- und Barockgrößen zu werden, die, der Unmittelbarkeit des Sinnlichen auf der Spur, in den Geist der Antike eingedrungen waren und dieses Bemühen mit dem Studium der Natur verbanden

(Delacroix). Das Überlieferte empfand der Maler, der zutiefst die Dialektik zwischen dem Befreiungsdrang von den Traditionen und der Faszination durch die Traditionen erfahren hatte, in besonderem Maße als Verpflichtung, es in schöpferischer Aneignung zu beleben und aus dem Zitat Erfindung zu machen. Da er Überkommenes in unverbrauchte Gestaltzusammenhänge einbezog und mit neuer Sinnfülle ausstattete, schuf er ihm eine verloren geglaubte Gültigkeit, und dies in einer Epoche, die ihre Ideale nicht mehr aus sich zu verwirklichen vermochte. Deshalb läßt sich den *Badenden* Cézannes auch nicht die »Vulgarität und die Bedeutungslosigkeit des Gedankens« nachsagen, die Delacroix an Courbets die freie Malerei verkörperndem Urbild der *Badenden* (1853, Musée Fabre, Montpellier), moniert hatte.[192] Was Courbet mit seiner aus dem Wasser steigenden »Hottentotenvenus« (Théophile Gautier) an idealen Inhalten trivialisiert hatte und Daumier zum Massenbetrieb städtischer Badeanstalten verkommen ließ, rehabilitierte Cézanne, als er mit seinen *Badenden* der Historie wieder zu ihrer ursprünglichen Bedeutung als Menschenbild in kunstgerechter Form verhalf. Hieraus bezog der phantasievollste Exponent einer neuen Künstlergeneration, Picasso, von den *Demoiselles d'Avignon* bis zum plastischen Ensemble der *Badenden* (1956, Staatsgalerie, Stuttgart) den Rückhalt für eigene Ideen.[193] Die Unschuld eines *Goldenen Zeitalters* (1862, Fogg Art Museum, Cambridge), das in antikisierenden Schönheitsfiktionen als Gruppenbild mit Kind und Kegel zu inszenieren Ingres noch den Mut hatte, liegt hinter Cézannes statuarischen Geschöpfen, die weit vom klassischen Ideal entfernt sind und ihm doch eigenartig nahe stehen. Ihnen ist die Melancholie dieser Distanz in einer kaum jemals anmutigen und unbefangenen Schönheit anzumerken. Ihr Dasein demonstriert weder eine Gegenwart mit Badeszenen, noch meint es die Flucht in die vermeintliche Idylle einer Vergangenheit. Vielmehr thematisierte Cézanne mit den *Badenden* die Versöhnungshoffnung eines ver-wahr-losten Jahrhunderts, indem er, selbst als Scheiternder, dem uralten Anliegen der Durchdringung von Realität und Idealität, von Mensch und Natur, noch einmal überzeugend Gestalt verlieh.

192 *Delacroix Tagebücher* 1979, op. cit., S. 125.

193 Henri Matisse hatte sich 1899 bei Vollard ein kleines Bild mit drei weiblichen *Badenden* gekauft, das er 1937 dem Musée du Petit Palais, Paris, als Schenkung überließ. An den Direktor des Museums schrieb er damals: »Ich habe das Bild 37 Jahre besessen, und ich hoffe es ziemlich gut zu kennen, obgleich mi Einschränkungen; es hat mich in den kritischen Augenblicken meiner Künstlerlaufbahn geistig aufgerichtet; aus ihm habe ich meinen Glauben und meine Ausdauer gewonnen«; zitiert nach Wechsler 1975, op. cit., S. 71.

Abbildungen

1 *Die Orgie (L'Orgie)* 1866–1868

4   *Gewaltszene (Scène de violence)*   1869–1872

2 *Der Rumpunsch (Le punch au rhum)* 1866–1867

3 *Nachmittag in Neapel (Après-midi à Naples)* 1870–1874

5 *Allegorie der Republik (Allégorie de la République)*   um 1871

7   *Der Eremit, Heiliger Antonius (L'Ermite, Saint Antoine)*   1874–1877

6 *Die Versuchung des Heiligen Antonius (La Tentation de Saint Antoine)* 1874–1877

8   *Das Ewigweibliche (L'Eternel Féminin)*   1872–1875

9   *Das Ewigweibliche (L'Eternel Féminin)*   1888–1890

11 *Picknick im Grünen (Le déjeuner sur l'herbe)* 1873–1875

10 *Der Liebeskampf (La lutte d'amour)* 1875–1876

12   *Der Garten (Le jardin)*   1875–1877

13 *Gartenpforte (Entrée de jardin)* 1876–1878

14 *La Montagne Marseilleveyre* 1878

15   *Eingang zum Jas de Bouffan (Entrée du Jas de Bouffan)*   um 1878

16 *Kastanienbäume im Garten des Jas de Bouffan (Marronniers du jardin du Jas de Bouffan)* um 1878

17 *Provenzalische Landschaft (Paysage en Provence)* um 1878

19 *Flußufer (Bords d'une rivière)* 1879–1881

18   *Flußufer (Bords d'une rivière)*   1879–1881

20 *Schloß von Médan (Château de Médan)* 1880

21   *Häuserreihe (Maisonnettes)*   1879–1882

22   *Dächer von L'Estaque (Toits de L'Estaque)*   um 1882

23 *Bäume und Felsen (Arbres et rochers)* 1884–1886

24 *Entlaubter Baum (L'Arbre dépouillé)* 1885–1890

25 *Baumgruppe beim Jas de Bouffan (Bouquet d'arbres près du Jas de Bouffan)* um 1885

27 *Provenzalische Landschaft (Paysage en Provence)* 1885–1886

26 *Provenzalische Landschaft (Paysage en Provence)* 1885–1886

28   *Montagne Sainte-Victoire*   1885–1887

30 *Montagne Sainte-Victoire* 1889–1890

29 *Montagne Sainte-Victoire* 1885–1887

31 *Montagne Sainte-Victoire* um 1890

32 *Montagne Sainte-Victoire* 1889–1890

34   *Die Schranke in Chantilly (La barrière, Chantilly)*   1888

33 *Gehöft an der Straße nach Le Tholonet (Ferme sur la route du Tholonet)* 1885–1890

35 *Landschaft mit Kiefer bei Aix (Paysage avec pin près d'Aix)* 1885—1890

36 *Baumstumpf (Tronc d'arbre)* um 1890

37 *Baumstudie (Etude pour un arbre)* um 1890

38　*Uferböschung (Les berges)*　1888—1894

41 *Jagdhütte in der Provence (Cabane de chasse en Provence)* um 1890

39   *Baum und Haus (Arbre et maison)*   1888–1890

40 *Château Noir* um 1890

43   *Bäume und Felsen (Arbres et rochers)*   1890–1895

42 *Waldstück (Sous-bois)* 1888—1890

44 *Der große Baum (Le grand arbre)* 1890–1895

47   *Felsen und Bäume (Rochers et arbres)*   1890–1895

45 *Bäume und Gebäude (Arbres et bâtiments)* 1892–1894

48 *Felsiger Hang mit Bäumen (Versant rocheux avec arbres)* 1890–1895

46   *Felsen und Bäume (Rochers et arbres)*   1892–1893

50 Waldrand *(La lisière)* um 1895

49 *Kiefern bei Bibémus (Pins à Bibémus)* um 1895

51 *Waldstück (Sous-bois)* um 1895

52 *Waldstück (Sous-bois)* um 1895

53 *Uferlandschaft (Au bord de l'eau)* um 1896

54   *Spiegelungen im Wasser (Reflets dans l'eau)*   um 1896

55 *Hausdächer (Toits de maisons)* um 1895

56 *In der Stadtmitte (Intérieur de village)* um 1895

57 *Haus unter Bäumen (Maison dans les arbres)* 1895–1897

58 *Dorfkirche (Eglise du village)* 1897–1899

59 *Baumstudie (Etude pour un arbre)* 1895–1900

60   *Der Ziehbrunnen im Park des Château Noir (Le puits dans le parc de Château Noir)*   1895–1898

61 *Zisterne im Park des Château Noir (Citerne dans le parc de Château Noir)* 1895–1900

63 *Felsformation (Formation rocheuse)* 1895–1900

62   *Der Steinbruch von Bibémus (La carrière de Bibémus)*   1895–1900

64 *Bäume und Felsen oberhalb des Château Noir (Arbres parmi les rocs au-dessus de Château Noir)* 1895–1900

65   *Kiefer und Felsen oberhalb des Château Noir (Pin et rochers au-dessus de Château Noir)*   um 1900

122　*Felsen oberhalb des Château Noir (Rochers au-dessus de Château Noir)*　1895–1900

67 *Der Pistazienbaum im Hof des Château Noir (Le pistachier du Château Noir)* um 1900

66 *Häuser inmitten von Bäumen (Maisons au milieu des arbres)* um 1900

68 *Hütte und Schornstein (Cabanon et cheminée)* um 1900

69 *Die Brücke von Argenteuil (Le pont d'Argenteuil)* um 1900

70 *Provenzalische Landschaft (Paysage en Provence)*   um 1900

123 *Bäume und Felsen (Arbres et rochers)* um 1900

71 *Gewässer am Waldrand (Plan d'eau à l'orée d'un bois)* um 1900

72 *Montagne Sainte-Victoire* 1900–1902

73   *Montagne Sainte-Victoire*   um 1900

74 *Montagne Sainte-Victoire* 1902–1904

75 *Montagne Sainte-Victoire* 1904–1906

76 *Montagne Sainte-Victoire* 1902–1904

77 *Montagne Sainte-Victoire* 1905–1906

78 *Zisterne im Park des Château Noir (Citerne dans le parc de Château Noir)* 1900–1904

79 *Bäume am Straßenrand (Arbres au bord d'une route)* 1900–1904

80   *Haus nahe der Biegung des Chemin des Lauves (Maison près d'un tournant en haut du Chemin des Lauves)*   um 1904

81   *Jourdans Hütte (Le cabanon de Jourdan)*   1906

82 *Rückenlehne eines Stuhls (Dossier de chaise)* 1879–1882

84 *Blütenzweig (Fleur)* 1882–1885

83   *Stilleben mit drei Birnen (Nature morte avec trois poires)*   1880–1882

85   *Hortensienblüte und Bildnis Hortense Cézanne (Hortensia avec portrait de Hortense Cézanne)*   1882–1886

86   *Stilleben mit Früchten (Nature morte avec fruits)*   1885–1888

87 *Blumenvase (Vase au bouquet)* um 1890

88   *Stilleben mit Ingwertopf und Früchten (Nature morte avec pot de gingembre et fruits)*   um 1890

89   *Jacke auf einem Hocker (Veste sur une chaise)*   1890–1895

90 *Stilleben mit zwei Totenschädeln (Nature morte avec deux crânes)* um 1895

91   *Stilleben mit Äpfeln, Zuckerdose und Karaffe (Nature morte avec pommes, sucrier et carafe)*   1900–1902

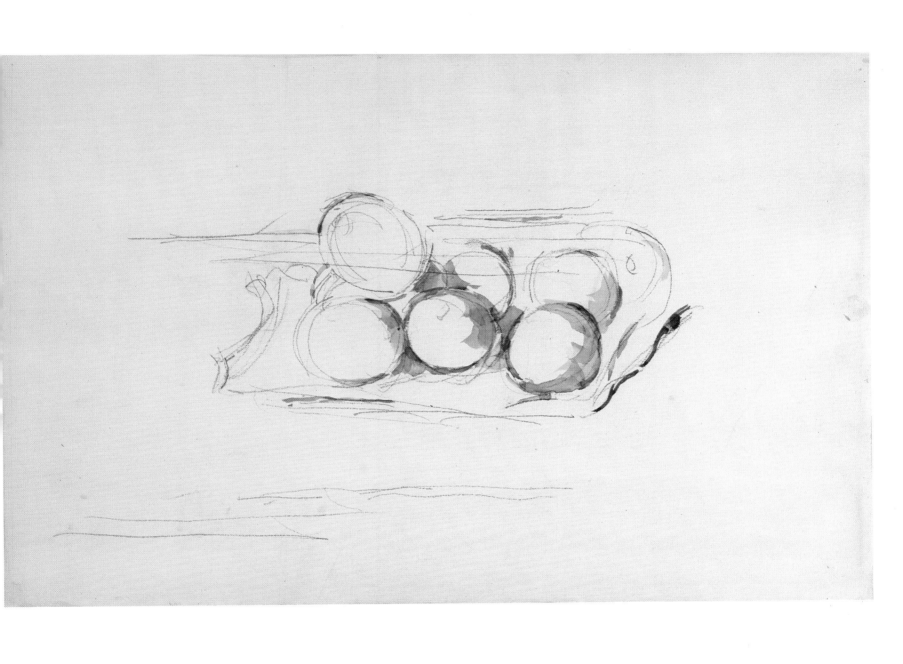

92   *Stilleben mit Äpfeln auf einem Tablett (Nature morte avec pommes sur un plateau)*   1902–1906

93 *Stilleben mit Äpfeln, Flasche und Stuhllehne (Nature morte avec pommes, bouteille, dossier de chaise)*   1902–1906

94   *Stilleben mit grüner Melone (Nature morte au melon vert)*   1902–1906

95   *Stilleben mit Granatapfel (Nature morte à la grenade)*   1902–1906

96   *Junge mit Mütze (Garçon à la casquette)*   um 1878

97 *Kopf eines Mannes mit Hut, von hinten gesehen (Tête d'homme portant chapeau vue de derrière)*   um 1885

98 *Studie zu einem Kartenspieler (Etude pour un joueur de cartes)* um 1892

99   *Knabe mit roter Weste (Garçon au gilet rouge)*   1890–1895

100 *Selbstbildnis (Portrait de l'artiste)*   um 1895

101 *Sitzende Frau (Femme assise)* 1902–1904

102 *Sitzender Bauer (Paysan assis)* 1902–1904

103 *Der Gärtner Vallier (Le jardinier Vallier)* 1906

104 *Studie nach Caravaggio: Grablegung Christi (Etude d'après le Caravage: La mise au tombeau)* 1877–1880

105 *Studie nach einem Grabdenkmal (Etude de monument funéraire)* 1878–1882

106 *Studie nach Delacroix: Medea (Etude d'après Delacroix: Médée)* 1880–1885

107 *Studie nach Nicolas Coustou (?): Stehender Putto (Etude d'après Nicolas Coustou (?): Amour debout)* um 1900

108 *Ins Wasser Springender (Le plongeon)* 1867–1870

109   *Drei weibliche Badende (Trois baigneuses)*   1874–1876

111 *Die großen Badenden (Les grands baigneurs)* 1896–1898

110   *Männliche Badende am Ufer (Baigneurs au repos)*   1875–1877

112 *Zwei liegende männliche Akte (Deux nus allongés)* 1880–1885

114 *Stehender männlicher Rückenakt (Homme nu debout, vu de dos)* um 1885

113 *Männlicher Akt (Homme nu)* 1883–1886

115 *Männliche Badende (Baigneurs)* 1895–1900

116 *Männliche Badende (Baigneurs)* 1896–1897

117 *Weibliche Badende (Baigneuses)* 1902–1906

118 *Weibliche Badende (Baigneuses)* 1902–1906

119 *Weibliche Badende (Baigneuses)* 1902—1906

120 *Weibliche Badende (Baigneuses)* 1902–1906

121 *Der Fischzug (La pêche)* 1904–1906

Katalog

Die Aquarelle sind nach Themen in sich chronologisch geordnet. Da sämtliche Werke abgebildet sind, unterblieb eine Beschreibung der Darstellungen. Soweit keine weiterführenden Erkenntnisse vorlagen, wurden die im Œuvre-Verzeichnis von Lionello Venturi (*Cézanne – son art, son œuvre*, Text- und Abbildungsband, Paris 1936) vorgeschlagenen Bildtitel übernommen. Ist im Hinblick auf die Datierung ein Zeitraum von mehreren Jahren angegeben, so kann jedes dieser Jahre für die Entstehung des Aquarells in Frage kommen. Fehlen besondere Hinweise, ist die Papierfarbe weiß oder gelblich, allenfalls kann ein durch Gilbung verursachter Ton gegeben sein. Die Maße sind in Millimeter, Höhe vor Breite, angegeben und beziehen sich auf die Blattgröße. Zur abgekürzt zitierten Literatur siehe Bibliographie Seite 290 ff.

1 *Die Orgie (L'Orgie)* 1866–1868
Nicht bei Venturi
Deckfarben, farbige und schwarze Kreiden, Bleistift auf dünnem Karton, 324×231 mm (am unteren Rand ein 72×91 mm großer Teil überklebt).
Privatbesitz

John Rewald, der die temperamentvolle Studie 1978 ausfindig machte, vermutet, daß es sich um einen ersten Entwurf für das Gemälde *L'Orgie*, Venturi Nr. 92 (ehemalige Sammlung Pellerin-Lecomte, Paris), handelt. Vor allem die dunkle Farbigkeit der bildmäßig ausgeführten Studie differiert zu dem bunten Kolorit des großformatigen Gemäldes. Vgl. die Detailzeichnungen Chappuis Nrn. 135–139, 156.

PROVENIENZ: Charles Guérin, Paris; Galerie Bernheim-Jeune, Paris; Raymond Selles, Neuilly; Jean Mazel, Paris.
BIBLIOGRAPHIE: Adriani 1980, S. 57f., Abb. 11.
AUSSTELLUNGEN: *Cézanne*, Galerie Bernheim-Jeune, Paris 1924; Tübingen 1978, S. 26, Nr. 7a, Abb.

2 *Der Rumpunsch (Le punch au rhum)* 1866–1867
Venturi Nr. 820 (1870–1872)
Deckfarben und Aquarell über Bleistift und Tusche auf dünnem Karton, 110×148 mm.
Privatbesitz

Die frühe Fassung des Motivs entstand vermutlich im Zusammenhang mit zwei heute verschollenen, 1867 von der Salonausstellung zurückgewiesenen *Rumpunsch*-Szenen und gehört zu einer Reihe von Gemälden, Gouachen, Aquarellen und Zeichnungen gleichen oder ähnlichen Inhalts (Nr. 3); vgl. Venturi Nrn. 112, 223, 224, 822 und Chappuis Nrn. 86, 180, 275–280, 282–286, 291, 460, 461. Venturi erwähnt, daß die Haare des Mannes von einem intensiven Rot seien; er übersah dabei, daß das Rot im Hintergrund des Raumes zur Lehne eines Fauteuils gehört und der Mann mit schwarzen Locken dargestellt ist. Roger Fry schreibt in seiner grundlegenden Cézanne-Publikation, London 1927, S. 29, über die Gouache: »one of the most disconcerting of all the inventions of this period. It is, however, one of the most fascinating and also the most original. It comes nearer to succes along the lines of Baroque design than any of the others.«

PROVENIENZ: Paul Cézanne *fils*, Paris; Gaston Bernheim de Villers, Paris; Galerie Bernheim-Jeune, Paris; Sacha Guitry, Paris; Thérèse Humbert, Paris; Yvonne Printemps, Paris; Auktion Palais d'Orsay, Paris 17. Dezember 1977, Nr. 125, Abb.
BIBLIOGRAPHIE: *Album Cézanne*, Bernheim-Jeune Editeurs, Paris 1914, Abb. 15; Fry 1927, S. 29, Abb. 14; Venturi, S. 239, Nr. 820, Abb.; Raynal 1936, S. 46, Abb. 19; Novotny 1937, S. 10, Abb. 95; Schmidt 1952, S. 14; Chappuis 1962, S. 63 (bei Nr. 70); Sara Lichtenstein, *An unpublished portrait of Delacroix and some figure sketches by Cézanne*, in: Master Drawings, IV, 1, 1966, S. 45; Schapiro 1968, S. 77, Anm. 27f.; Lindsay 1969, Abb. 85; Chappuis, S. 69 (bei Nr. 86); Adriani 1978, S. 28ff., Abb., S. 79, Anm. 70, S. 311 (bei Nr. 15); Adriani 1980, S. 9ff., Abb. 1.

Paul Cézanne, *Die Orgie*, 1866–1868. Öl auf Leinwand, 130×81 cm. Privatbesitz, Paris (Venturi Nr. 92)

Paolo Veronese, *Hochzeit zu Kana*, 1563. Öl auf Leinwand, 669×990 cm. Musée du Louvre, Paris

6 Verso-Seite

AUSSTELLUNGEN: *Cézanne*, Galerie Bernheim-Jeune, Paris 1914, Nr. 27.

3 *Nachmittag in Neapel (Après-midi à Naples)* 1870–1874
Venturi Nr. 822 (1870–1872)
Aquarell und Deckweiß über Bleistift, 110×160 mm.
Galerie Krugier & Geofroy, Genf

Die Aquarellstudie zu dem Gemälde Venturi Nr. 224 gehört zum selben Themenbereich wie *Der Rumpunsch* (Nr. 2); vgl. insbesondere die Figurenskizzen Chappuis Nrn. 284, 285. Die Angabe des Bildausschnitts durch einen kurzen, waagrechten Bleistiftstrich und einen Pfeil am unteren Bildrand wurde hier und in ähnlicher Form auch auf anderen Aquarellen und Zeichnungen von fremder Hand, wahrscheinlich im Zusammenhang mit der Herstellung der Reproduktionen für Vollards *Cézanne*-Monographie 1914, hinzugefügt.

PROVENIENZ: Ambroise Vollard, Paris; Galerie Nathan, Zürich; The Norton Simon Inc. Museum of Art, Pasadena; Auktion Sotheby, London 2. April 1974, Nr. 41, Abb.
BIBLIOGRAPHIE: Vollard 1914, S. 57, Abb.; Meier-Graefe 1922, S. 108, Abb.; Venturi, S. 115 (bei Nr. 224), S. 239 (bei Nr. 820), Nr. 822, Abb.; Schmidt 1952, S. 14; Neumeyer 1958, S. 22; Chappuis 1962, S. 63 (bei Nr. 70); Lichtenstein 1964, S. 59, Anm. 18; Schapiro 1968, S. 77, Anm. 27; Adriani 1978, S. 311 (bei Nr. 18); Adriani 1980, S. 10, Abb. 2.
AUSSTELLUNGEN: *Recent Acquisitions by the Norton Simon Inc. Museum of Art*, Portland Art Museum, Portland 1968.

4 *Gewaltszene (Scène de violence)* 1869–1872
Venturi S. 350
Rohrfeder mit Sepia, teilweise laviert, 141×182 mm.
Kunstmuseum Basel, Kupferstichkabinett (Inv.-Nr. 1934.152)

Studie zu dem Gemälde *La femme étranglée*, Venturi Nr. 123 (Musée du Louvre, Paris).

PROVENIENZ: Paul Cézanne *fils*, Paris; W. Feuz, Bern.
BIBLIOGRAPHIE: Venturi, S. 350; Chappuis 1962, S. 52, Nr. 45, Abb.; Cooper 1963, S. 56; Andersen 1963, S. 23, Abb.; Chappuis, S. 105, Nr. 254, Abb.; *Cézanne dans les musées nationaux*, Orangerie des Tuileries, Paris 1974, S. 33.
AUSSTELLUNGEN: Tokyo – Kyoto – Fukuoka 1974, Nr. 92, Abb.; Tübingen 1978, S. 26, Nr. 14, Abb.; Rom 1979, Nr. 24, Abb.

5 *Allegorie der Republik (Allégorie de la République)*
um 1871
Nicht bei Venturi
Bleistift, braune Tusche und Aquarell, 119×123 mm.
Verso: *Reiter und Frau am Fenster,* um 1868, Federzeichnung, Chappuis Nr. 209.
Privatbesitz, Schweiz

Die nur an wenigen Stellen aquarellierte Bleistiftskizze ist, zusammen mit der Zeichnung Chappuis Nr. 198 (Kunstmuseum

Basel, Kupferstichkabinett), einziges Zeugnis der Auseinandersetzung Cézannes mit den politisch brisanten Ereignissen der Jahre 1870/1871. Zurückzuführen sind die beiden allegorischen Schilderungen auf Delacroix' 1830 gemaltes Bild *Die Freiheit führt das Volk*, das 1831 vom Musée du Louvre, Paris, erworben und ausgestellt wurde, während des zweiten Kaiserreichs magaziniert war, um 1870 dann erneut gezeigt zu werden. Eine Cézanne zugeschriebene Kopie dieses Gemäldes, bei Venturi nicht aufgeführt, befindet sich in der Sammlung L. Benatov, Paris (Zürich 1956, Nr. 12, Abb. 6). Anlaß für diese Thematik dürfte weniger Cézannes politisches Engagement gewesen sein, als vielmehr seine Bewunderung für Delacroix. Nur einmal ist in einem Schreiben Valabrègues an Zola, Ende September 1865, von einem ausgesprochen politischen Interesse Cézannes die Rede: »...ich sehe Paul nachmittags oft... Auch er hat sich verändert... Er setzt Theorien auseinander, entwickelt Doktrinen. Und was ein ungeheures Verbrechen war: er läßt es selbst zu, daß man ihm von Politik spricht (Theorien, wie sich versteht), und er geht darauf ein, indem er fürchterlich auf den Tyrannen [Napoleon III.] schimpft«; zitiert nach Rewald 1939, S. 75.

PROVENIENZ: Juliette Cramer, Paris.
BIBLIOGRAPHIE: Chappuis, S. 93, S. 95, Abb. 29; Adriani 1978, S. 312 (bei Nr. 22).
AUSSTELLUNGEN: Den Haag 1956, Nr. 93 (in dieser und den folgenden Ausstellungen unter dem Titel *Engel mit Schwert*); Zürich 1956, Nr. 147; München 1956, Nr. 113.

6 *Die Versuchung des Heiligen Antonius (La Tentation de Saint Antoine)* 1874–1877
Venturi Nr. 880 (1872–1877)
Aquarell und Deckweiß über Bleistift, braune Tusche, 120×195 mm.
Verso: *Reiter und liegendes Paar*, 1864–1868, unveröffentlichte Bleistiftzeichnungen (Abb. S. 260).
Galerie Krugier & Geofroy, Genf

Das kleine Aquarell ist Teil eines Skizzenblattes, das zwei weitere Aktstudien in Feder und Bleistift zeigt, sowie den flüchtig notierten Anfang eines Gedichts zum Thema der Versuchung: »à Ma [?] Séduction Des [?] mon corps éclatant... la carnation Antoine, et ne résiste à la séduction.« Ein ähnliches Gegenüber von dem Heiligen und einer Versucherin ist auf den Gemälden Venturi Nrn. 240, 241, sowie auf den Zeichnungen Chappuis Nrn. 448, 452 zu erkennen; vgl. die Detailskizzen Chappuis Nrn. 445, 446, 451.

PROVENIENZ: Paul Cézanne *fils*, Paris; Ambroise Vollard, Paris; Galerie van Diemen & Lilienfeld, New York; Galerie Hirschl & Adler, New York; The Norton Simon Inc. Museum of Art, Pasadena; Auktion Sotheby, London 2. April 1974, Nr. 40, Abb. (nur Aquarell).
BIBLIOGRAPHIE: Vollard 1914, S. 139, Abb. (nur Aquarell); Meier-Graefe 1922, S. 113, Abb. (nur Aquarell); Rivière 1923, S. 143. Abb. (nur Aquarell), S. 203; Arishima 1926, Abb. 51 (nur Aquarell); Venturi, S. 118 (bei Nr. 240), S. 248, Nr. 880, Abb. (nur Aquarell); Elie Faure, *Les Maîtres*, Paris 1953,

Paul Cézanne, *Die Versuchung des Heiligen Antonius*, 1869–1870. Öl auf Leinwand, 57×76 cm. Stiftung Sammlung E. G. Bührle, Zürich (Venturi Nr. 103)

Honoré Daumier, *Die Versuchung des Heiligen Antonius*, 1849. Lithographie, 247×423 mm. Die Lithographie erschien in Le Charivari

Antwerpener Meister, *Der Tanz um die Frau Welt*, um 1600. Kupferstich, 328×406 mm.

Allegorie der République Française, 1848. Lithographie, 215×300 mm. Die Lithographie erschien in Le Charivari

Abb. 51; Badt 1956, S. 84; Reff 1962, S. 113, Anm. 7, S. 120f., Anm. 64, Anm. 73, Anm. 78, Abb. 7; Chappuis 1962, S. 52 (bei Nr. 43); Adrien Chappuis, *Cézanne dessinateur: Copies et illustrations*, in: Gazette des Beaux Arts, LXVI, 106, November 1965, S. 307; Chappuis, S. 139 (bei Nr. 451); Adriani 1978, S. 313 (bei Nr. 23); Adriani 1980, S. 57, Abb. 9 (nur Aquarell).
AUSSTELLUNGEN: Paris 1935.

7 *Der Eremit, Heiliger Antonius (L'Ermite, Saint Antoine)* 1874–1877
Venturi Nr. 1192 (1870–1877)
Aquarell über Bleistift, 204×263 mm.
Privatbesitz

Cézanne hat sich bei dieser Szene des Eremiten vor seiner Hütte genau an die Regieanweisungen gehalten, die Flaubert 1874 in seiner endgültigen Fassung von *La Tentation de Saint Antoine* vorgegeben hatte: »In der Thebais, hoch oben an einem Berg, auf einem halbmondförmigen Plateau, das von großen Felsen eingeschlossen ist. Die Hütte des Eremiten, aus Lehm und Schilf gebaut, mit flachem Dach und ohne Tür, nimmt den Hintergrund ein. Im Innern erkennt man einen Krug und ein Schwarzbrot; in der Mitte, auf einer hölzernen Stele, ein dickes Buch, am Boden hier und dort Fasern von Flechtwerk, zwei bis drei Matten, einen Korb, ein Messer. Zehn Schritte von der Hütte ist ein hohes Kreuz in den Boden gepflanzt: und am anderen Ende des Plateaus neigt sich eine alte, verwachsene Palme über den Abgrund, denn der Berg fällt senkrecht ab, und zu Füßen der Klippe scheint der Nil einen See zu bilden«; zitiert nach Gustave Flaubert, *Die Versuchung des heiligen Antonius*, Zürich 1979, S. 11.

PROVENIENZ: Galerie Bernheim-Jeune, Paris; Paul Cassirer, Berlin; Grete Ring, London.
BIBLIOGRAPHIE: Waldemar George, *Le Dessin Français de David à Cézanne*, Paris 1929, Abb. 86; Venturi, S. 293, Nr. 1192, Abb.; Eugenio d'Ors, *Paul Cézanne*, New York 1936, Abb. 56; Reff 1962, S. 122, Anm. 84, Abb. 9.
AUSSTELLUNGEN: Berlin 1921, Nr. 44; Berlin 1927, Nr. 2; London 1939, Nr. 19.

8 *Das Ewigweibliche (L'Eternel Féminin)* 1872–1875
Venturi Nr. 895 (1875–1877)
Aquarell und Deckfarben über Bleistift und Tusche, 175×228 mm.
Verso: *Mann mit breitrandigem Hut*, 1867–1872, Bleistiftzeichnung, Chappuis Nr. 395 bis.
Privatbesitz

Aquarellstudie mit Selbstbildnis des Künstlers zu dem Gemälde Venturi Nr. 247 (Privatbesitz, Lausanne). Auf Grund des exzeptionellen Motivs und dessen stilistischer Behandlung ist – gegenüber Venturi – eine frühere Datierung in Erwägung zu ziehen. Bei Rivière 1923, ist ein 1879 datiertes Aquarell mit dem Titel *La Belle Impéria* (Sammlung Pellerin, Paris) erwähnt; spätere Fassung des Themas vgl. Nr. 9.

PROVENIENZ: P. Hazard, Orrouy; Auktion Galerie Georges Petit, Paris 1.–3. Dezember 1919, Nr. 259, Abb.; Josse Hessel, Paris; Auguste M. Pellerin, Paris; J. V. Pellerin, Paris; Privatbesitz Schweiz.

BIBLIOGRAPHIE: Venturi, S. 17, S. 120 (bei Nr. 247), S. 250, Nr. 895, Abb., S. 295 (bei Nr. 1207); *Cézanne's paintings and watercolors exhibited in fine one man loan show at the Paris Orangerie*, in: Art News, XXXIV, 39, August 1936, S. 93; Novotny 1937, S. 10, S. 14, S. 20, Abb. 93; Nicodemi 1944, Nr. 16, Abb.; Badt 1956, S. 77; Berthold 1958, S. 35; Chappuis 1962, S. 66; Lichtenstein 1964, S. 58, Anm. 16; Lichtenstein 1967, S. 185, S. 187, Anm. 18, Anm. 20; Schapiro 1968, S. 87, Anm. 88, Anm. 91; Dellis 1972, S. 7f.; Chappuis, S. 105 (bei Nrn. 257, 258), S. 131 (bei Nr. 395 bis); Adriani 1978, S. 80, Anm. 84, S. 312 (bei Nr. 21); Adriani 1980, S. 53.
AUSSTELLUNGEN: Paris 1936, Nr. 117; Tokyo – Kyoto – Fukuoka 1974, Nr. 65, Abb.; *French Drawings XVI–XIX Century*, Galerie Wildenstein, London 1979.

9 *Das Ewigweibliche (L'Eternel Féminin)* 1888–1890
Venturi Nr. 904 (1878–1882)
Aquarell über Bleistift, 210×270 mm.
The National Museum of Western Art, Tokyo (Inv.-Nr. D. 1959-7)

Wohl späteste, in dieser Form auf die Bleistiftzeichnungen Chappuis Nrn. 257, 258 (Kunstmuseum Basel, Kupferstichkabinett) zurückgehende Fassung des Themas. Die betont expressiven Effekte der vorausgegangenen Darstellung sind abgelöst von einer ganz auf die malerischen Wirkungen der Pinselstriche abhebenden Gestaltung, die der Szene viel von ihrer ursprünglichen provokativen Schärfe nimmt. Die zur Diagonale veränderte Figurenanordnung, die sich auf Delacroix' *Tod des Sardanapal* (1827–1828, Musée du Louvre, Paris) beziehen dürfte (vgl. Adriani 1978, S. 32 f.), ist in geradezu barockem Bewegungszug von rechts unten nach links oben orientiert.

PROVENIENZ: Galerie Bernheim-Jeune, Paris; M. Matsukata, Paris.
BIBLIOGRAPHIE: Venturi, S. 17, S. 50, S. 120 (bei Nr. 247), S. 295 (bei Nr. 1207), S. 252, Nr. 904, Abb.; Dorival 1949, S. 180, Abb. 17; *La Collection Matsukata*, Tokyo 1955, Abb. 22; Mizue, 651, Juli 1959, Abb.; Reff 1960, S. 117; Chappuis 1962, S. 66 (bei Nr. 79), Abb. 29; Lichtenstein 1964, S. 58, Anm. 16; Dellis 1972, S. 7f.; Chappuis, S. 105 (bei Nrn. 257, 258); Adriani 1978, S. 80, Anm. 84, S. 312 (bei Nr. 21).
AUSSTELLUNGEN: Aix-en-Provence – Nizza 1953, Nr. 32; Tokyo – Kyoto – Fukuoka 1974, Nr. 67, Abb.

10 *Der Liebeskampf (La lutte d'amour)* 1875–1876
Venturi Nr. 897 (1875–1876)
Aquarell und Deckweiß über Bleistift, 190×245 mm.
Verso: *Figurenskizzen (Nachmittag in Neapel)*, 1870–1874, Bleistiftzeichnungen, Chappuis Nr. 276.
Walter Feilchenfeldt, Zürich

Aquarellfassung eines von Vorbildern der italienischen Hochrenaissance abgeleiteten Motivs, das auch in zwei ehemals im

Grandville, *Die Morgentoilette des großen Journalisten*, 1846. Holzschnitt, 160×141 mm.

Pablo Picasso, *Die Huldigung*, 1908. Aquarell über Bleistift auf Papier, 475×625 mm. Sammlung Marina Picasso, Paris

Paul Cézanne, *Picknick im Grünen*, 1869–1870. Öl auf Leinwand, 60×81 cm. Privatbesitz, Paris (Venturi Nr. 107)

14 Verso-Seite

Besitz von Pissarro und Renoir befindlichen Gemäldefassungen, Venturi Nrn. 379, 380 (Privatbesitz, Paris und National Gallery of Art, Washington), existiert. Als mögliche Bildquelle für die Kämpfenden im Zentrum der Komposition, die von Rivière 1923, 1883 datiert wird, wären zwei Zeichnungen Delacroix', *Spartanische Mädchen beim Ringkampf* (1838–1847, Musée du Louvre, Paris), zu nennen, nach denen Cézanne zu Beginn der achtziger Jahre die Bleistiftstudien Chappuis Nrn. 495, 496 zeichnete.

PROVENIENZ: Octave Mirbeau, Paris; Auktion Hotel Drouot, Paris 24. Februar 1919, Nr. 12, Abb.; Josse Hessel, Paris; G. F. Reber, Lausanne.

BIBLIOGRAPHIE: Werner Weisbach, *Impressionismus, ein Problem der Malerei in der Antike und Neuzeit*, Berlin 1911, II, S. 159, Abb.; Vollard 1914, S. 85, Abb.; Meier-Graefe 1918, S. 160, Abb.; Meier-Graefe 1921, Abb. 20; The Burlington Magazin, XXXIX, Dezember 1921, S. 252/253, Abb.; Meier-Graefe 1922, S. 192, Abb.; Rivière 1923, S. 205, S. 221; Venturi, S. 50, S. 250 f., Nr. 897, Abb.; Schmidt 1952, S. 26, Abb. 4; Taillandier 1961, S. 43, S. 68, Abb.; Chappuis 1962, S. 36 (bei Nr. 13); Feist 1963, Abb. 25; Faunce 1963, S. 119; Lichtenstein 1964, S. 58, Anm. 14; Schapiro 1968, S. 39; Siblik 1971, Abb. 1; Chappuis, S. 108 (bei Nr. 276), S. 149 (bei Nr. 495); Rubin 1977, S. 115 f., Abb.; Paris 1978, S. 44, Abb.; Adriani 1978, S. 313 (bei Nr. 24); Adriani 1980, S. 58, Abb. 14.

AUSSTELLUNGEN: Berlin 1927, Nr. 1, Abb.; Lyon 1939, Nr. 41; Wien 1961, Nr. 46, Abb. 30; Aix-en-Provence 1961, Nr. 20, Abb. 15; New York 1963, Nr. 2, Abb. 3; Paris 1971, Nr. 2; Newcastle – London 1973, Nr. 26, Abb., S. 155.

11 *Picknick im Grünen (Le déjeuner sur l'herbe)*
1873–1875
Venturi Nr. 878 (1872–1877)
Aquarell und Deckfarben über Bleistift, 95×130 mm.
Privatbesitz, Schweiz

Kleine Aquarellstudie zu dem Gemälde Venturi Nr. 238 (Musée du Louvre, Paris).

PROVENIENZ: Ambroise Vollard, Paris; Christian de Galéa, Paris.

BIBLIOGRAPHIE: Vollard 1914, S. 63, Abb.; Venturi, S. 247, Nr. 878, Abb.; Adriani 1980, S. 55, Abb. 7.

AUSSTELLUNGEN: Paris 1971, Nr. 3; Tokyo – Kyoto – Fukuoka 1974, Nr. 64, Abb.

12 *Der Garten (Le jardin)* 1875–1877
Venturi Nr. 832 (1875–1877)
Aquarell über Bleistift, 241×312 mm.
Als Leihgabe der Ny Carlsberg Glyptothek im Statens Museum for Kunst, Kgl. Kobberstiksamling, Kopenhagen

Dem auffallend schwachen Blatt kommt neben der einwandfreien Provenienz eigentlich nur die Tatsache zugute, daß ein möglicher Fälscher sich der Cézanneschen Mittel wahrscheinlich sehr viel virtuoser bedient hätte.

PROVENIENZ: Galerie Bernheim-Jeune, Paris; J. Rump, Kopenhagen.
BIBLIOGRAPHIE: Venturi, S. 50, S. 241, Nr. 832, Abb.

PROVENIENZ: Ambroise Vollard, Paris; J. Rump, Kopenhagen.
BIBLIOGRAPHIE: Venturi, S. 258, Nr. 949, Abb.; Novotny 1938, S. 193.

13   *Gartenpforte (Entrée de jardin)*   1876–1878
Venturi Nr. 840 (1872–1877)
Bleistift und Aquarell, 220×126 mm.
Privatbesitz, Basel

Aquarellierte Studie, die im Zusammenhang mit der Zeichnung Chappuis Nr. 747 (John Rewald, New York) zu sehen ist. Wahrscheinlich entstammen beide in den Maßen nahezu gleich großen Blätter dem Skizzenalbum *Chappuis II*. Ein im Format größeres Aquarell, Venturi Nr. 842, zeigt das Motiv in etwas erweitertem Bildausschnitt.

PROVENIENZ: Galerie Bernheim-Jeune, Paris; Otto Wertheimer, Paris; Hans Purrmann, Berlin.
BIBLIOGRAPHIE: Venturi, S. 242, Nr. 840, Abb.; Hohl 1966, S. 16, S. 19, Abb. 1; Chappuis, S. 196 (bei Nr. 747).
AUSSTELLUNGEN: Berlin 1921, Nr. 62.

14   *La Montagne Marseilleveyre*   1878
Venturi Nr. 915 (1882–1885)
Aquarell und Deckfarben über Bleistift, 292×455 mm.
Verso: *Le Pilon du Roi von Bellevue aus gesehen*, 1877–1878, unveröffentlichte Bleistiftzeichnung (Abb. S. 264), vgl. das Gemälde Venturi Nr. 416.
Kunsthaus Zürich, Graphische Sammlung (Inv.-Nr. 2370)

Der Blick über einige Häuser von L'Estaque auf das Meer und die Bergkette im Hintergrund findet sich ebenfalls in der das Motiv sehr viel konzentrierter bezeichnenden Bleistiftskizze Chappuis Nr. 783 (Art Institute, Chicago) und – etwas nach links gerichtet – im Gemälde Venturi Nr. 408 (Art Gallery, Rochester). Vgl. außerdem die Zeichnungen Chappuis Nrn. 705, 784 (Art Institute Chicago) und das Gemälde Venturi Nr. 168.

PROVENIENZ: Paul Cassirer, Amsterdam.
BIBLIOGRAPHIE: Venturi, S. 253, Nr. 915, Abb.; Novotny 1937, Abb. 94; Novotny 1948, Abb. 89; Schmidt 1952, S. 28, Abb. 9; Raynal 1954, Umschlagabb.; Neumeyer 1958, S. 56, Nr. 70, Abb.; John Rewald, *Cézanne paysages*, Paris 1958, Abb.; Ratcliffe 1960, S. 12; Taillandier 1961, S. 60, Abb.; Ikegami 1969, Abb. 4; Siblik 1971, Abb. 3; Chappuis, S. 201 (bei Nrn. 783, 784).
AUSSTELLUNGEN: Berlin 1921, Nr. 48; London 1939 (Wildenstein), Nr. 53; Lyon 1939, Nr. 47; Paris 1939, Nr. 31; Den Haag 1956, Nr. 59; Aix-en-Provence 1956, Nr. 68; Zürich 1956, Nr. 97; München 1956, Nr. 74; Wien 1961, Nr. 53.

15   *Eingang zum Jas de Bouffan (Entrée du Jas de Bouffan)*
um 1878
Venturi Nr. 949 (1890–1894)
Aquarell über Bleistift, 280×441 mm.
Als Leihgabe der Ny Carlsberg Glyptothek im Statens Museum for Kunst, Kgl. Kobberstiksamling, Kopenhagen

16   *Kastanienbäume im Garten des Jas de Bouffan (Marronniers du jardin du Jas de Bouffan)*   um 1878
Nicht bei Venturi
Aquarell über Bleistift, 290×225 mm.
Galerie Beyeler, Basel

Eine nach links erweiterte Sicht auf das Motiv zeigt die Rückseite der Zeichnung Chappuis Nr. 938 (Musée du Louvre, Paris), abgebildet im Katalog *Cézanne dans les musées nationaux*, Orangerie des Tuileries, Paris 1974, S. 146.

PROVENIENZ: Rex de C. Nan Kivell, London.
AUSSTELLUNGEN: *Petit formats*, Galerie Beyeler, Basel 1978, Nr. 24, Abb.

17   *Provenzalische Landschaft (Paysage en Provence)*
um 1878
Venturi Nr. 839 (1875–1878)
Aquarell und Bleistift, 346×499 mm.
Kunsthaus Zürich, Graphische Sammlung (Inv.-Nr. 1391)

PROVENIENZ: Hans Schuler, Zürich.
BIBLIOGRAPHIE: Pfister 1927, Abb. 68; Venturi, S. 242, Nr. 839, Abb.; Raynal 1954, S. 52, Abb.; Zahn 1957, Abb. 2; Hohl 1966, S. 19, Abb. 3; Micheli 1967, Abb. 22/23; Ikegami 1969, Abb. 2; Hoog 1972, S. 11, Abb.; Venturi 1978, S. 80f., Abb.
AUSSTELLUNGEN: Paris 1936, Nr. 126; Lyon 1939, Nr. 43, Abb. 15; London 1939 (Wildenstein), Nr. 46; Den Haag 1956, Nr. 55; Aix-en-Provence 1956, Nr. 67; Zürich 1956, Nr. 93; München 1956, Nr. 70, Abb.; Hamburg 1963, Nr. 15, Abb. 68; *Zauber des Lichtes*, Kunsthalle, Recklinghausen 1967, Nr. 29, Abb.

18   *Flußufer (Bords d'une rivière)*   1879–1881
Venturi Nr. 1537 (1888–1892)
Aquarell, 320×485 mm.
Privatbesitz

Unten rechts von fremder Hand Bleistiftnotiz.

PROVENIENZ: Ambroise Vollard, Paris; Erich Maria Remarque, New York.
BIBLIOGRAPHIE: Venturi, S. 334, Nr. 1537, Abb.
AUSSTELLUNGEN: Den Haag 1956, Nr. 66; Zürich 1956, Nr. 105; München 1956, Nr. 82; Newcastle – London 1973, Nr. 32, Abb., S. 156.

19   *Flußufer (Bords d'une rivière)*   1879–1881
Venturi Nr. 1074 (1888–1892)
Aquarell über Bleistift (Papier mit Wasserzeichen: Michallet), 321×493 mm.
Staatsgalerie Stuttgart, Graphische Sammlung (Inv.-Nr. C 74/2377)

21 Verso-Seite

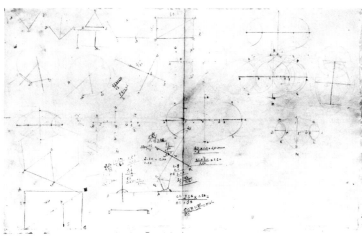

23 Verso-Seite

Die von Venturi vorgeschlagene Datierung ist gewiß zu spät angesetzt.

PROVENIENZ: Ambroise Vollard, Paris; M. Bomford, London; Privatbesitz, Paris; Galerie Nathan, Zürich.
BIBLIOGRAPHIE: Venturi, S. 273, Nr. 1074, Abb., S. 334 (bei Nr. 1537); Jahrbuch der Staatlichen Kunstsammlungen in Baden-Württemberg, 12, 1975, S. 359 f., Abb. 15; Gauss 1976, S. 22, Nr. 1635, Abb.

20 *Schloß von Médan (Château de Médan)* 1880
Venturi Nr. 847 (1879–1881)
Aquarell und Deckfarben über Bleistift, 313×472 mm.
Kunsthaus Zürich, Graphische Sammlung (Inv.-Nr. 2373)

Blick von der Seineinsel Platais auf das gegenüberliegende Ufer mit einigen Häusern und dem Schloß der nordwestlich von Paris gelegenen Ortschaft Médan. Eine etwas enger gefaßte, auf die linke Bildhälfte beschränkte Ansicht zeigen das ehemals Gauguin gehörende Gemälde Venturi Nr. 325 (Museum, Glasgow) und die Zeichnung Chappuis Nr. 787 (Kunstmuseum Basel, Kupferstichkabinett); vgl. auch die Zeichnung Chappuis Nr. 786 (Leigh Block, Chicago).

PROVENIENZ: Jules Straus, Paris; Paul Cassirer, Berlin – Amsterdam.
BIBLIOGRAPHIE: J. Meier-Graefe, *Französische Zeichnungen*, in: Der Cicerone, XXII, 1, 1930, S. 10, Abb.; Venturi, S. 51, S. 243, Nr. 847, Abb.; Novotny 1938, S. 206, Nr. 118; Venturi 1943, S. 27, Abb. 19; Raynal 1954, S. 53, Abb.; Zahn 1957, Abb. 3; Neumeyer 1958, S. 56, Nr. 69, Abb.; Ratcliffe 1960, S. 14; Reff 1960, S. 117; R. Th. Stoll, *Van Gogh, Gauguin, Cézanne*, Zürich 1960, Abb. 36; Chappuis 1962, S. 69 (bei Nr. 87); Hohl 1966, Abb. 5; Micheli 1967, Abb. 28; Chappuis, S. 201 (bei Nr. 787); Wadley 1975, S. 89, Abb. 79; Rubin 1977, S. 115; Paris 1978, S. 44; Adriani 1978, S. 329 (bei Nr. 76); François Emile Zola-Massin, *Emile Zola Photograph*, München 1979, Abb. 24; Hermann Leber, *Aquarellieren lernen*, Köln 1980, S. 45, S. 157, S. 159, S. 163, Abb. 13.
AUSSTELLUNGEN: Berlin 1921, Nr. 48; Berlin 1929/1930, S. 7, Nr. 3, Abb.; Lyon 1939, Nr. 44; London 1939 (Wildenstein), Nr. 49; Den Haag 1956, Nr. 56; Aix-en-Provence 1956, Nr. 80; Zürich 1956, Nr. 94, Abb. 49; München 1956, Nr. 71, Abb.; Wien 1961, Nr. 49; Newcastle – London 1973, S. 8, Nr. 37, Abb., S. 157.

21 *Häuserreihe (Maisonnettes)* 1879–1882
Venturi Nr. 836 (1879–1882)
Aquarell und Deckweiß über Bleistift, 327×499 mm.
Verso: *Rückenlehne eines Sessels*, unveröffentlichte, nur schwach sichtbare Bleistiftstudie mit Deckweiß (Abb. S. 266). Smith College Museum of Art, Northampton, Massachusetts; Bequest of Charles C. Cunningham in Memory of Eleanor Lamont Cunningham (Inv.-Nr. 32, 1980)

Die strenge, orthogonale Gliederung des Motivs sowie die sorgfältige Vorzeichnung sind charakteristisch für den Zeitraum von 1879–1882. Rivière 1923, datiert das Aquarell 1892.

PROVENIENZ: Paul Cézanne *fils,* Paris; Privatbesitz Hartford; Charles C. Cunningham, Northampton.
BIBLIOGRAPHIE: Rivière 1923, S. 58/59, Abb., S. 219; Venturi, S. 241, Nr. 836, Abb.; Venturi 1943, S. 9, S. 12, Abb. 4; Winslow Ames – Adolf Arthur Dehn, *Water-Color-Painting,* in: Encyclopaedia Britannica, XXIII, Chicago 1970, Abb. 5.
AUSSTELLUNGEN: Paris 1935; Paris 1936, Nr. 121; New York 1937, Nr. 9; Boston 1937; San Francisco 1937, Nr. 39, Abb.; Boston 1939, Nr. 146; Columbus 1939; Northampton 1948; Northampton 1950, Nr. 7; Chicago – New York 1952, Nr. 32; *Connecticut Collects,* Wadsworth Atheneum, Hartford 1957, Nr. 60; New York – Oberlin 1959, Nr. 74, Abb.; New York 1963, Nr. 12, Abb. 9.

22 *Dächer von L'Estaque (Toits de L'Estaque)* um 1882
Venturi Nr. 916 (1883–1885)
Aquarell und Deckfarben über Bleistift, 310×475 mm.
Museum Boymans-van Beuningen, Rotterdam (Inv.-Nr. F II 183)

Der Ausblick auf L'Estaque und die Bucht von Marseille wurde in dieser Form in keinem der zahlreichen L'Estaque-Gemälde aufgegriffen; vgl. dagegen die Bleistiftstudien Chappuis Nrn. 813–816.

PROVENIENZ: J. W. Boehler, Luzern; Paul Cassirer, Berlin; Franz Koenigs, Haarlem.
BIBLIOGRAPHIE: J. Meier-Graefe, *Französische Zeichnungen,* in: Der Cicerone, XXII, 1, 1930, S. 10, Abb.; Venturi, S. 253 f., Nr. 916, Abb.; Novotny 1948, Abb. 89; Andersen 1963, S. 24, Abb.; Hoetink 1968, Nr. 26, Abb.; Siblik 1971, Abb. 39; Chappuis, S. 205 (bei Nrn. 814, 815).
AUSSTELLUNGEN: Berlin 1929/1930, Nr. 4, Abb.; Rotterdam 1933/1934, Nr. 13, Abb.; Basel 1935, Nr. 177; Haarlem 1935, Nr. 34; Basel 1936, Nr. 69; Amsterdam 1938, Nr. 5; London 1939, Nr. 24; London 1946, Nr. 10; Paris 1952, Nr. 140; Den Haag 1956, Nr. 61; Zürich 1956, Nr. 98; New York 1963, Nr. 15, Abb. 15; Washington – Chicago – Boston 1971, Nr. 39, Abb.

23 *Bäume und Felsen (Arbres et rochers)* 1884–1886
Nicht bei Venturi
Aquarell über Bleistift (Papier mit Prägestempel: Montgolfier), 315×479 mm.
Verso: Geometrische Bleistiftskizzen und Berechnungen (Abb. S. 266).
Bibliotheca Bodmeriana, Cologny – Genf

Das Aquarell könnte ein Motiv im Wald von Fontainebleau wiedergeben. Am linken Rand des Blattes steht in Tusche folgender an den Präfekten von Paris gerichteter Briefentwurf, der in Zusammenhang mit Cézannes Heirat mit Hortense Fiquet (28. April 1886) geschrieben sein dürfte: »Le Soussigné a l'honneur de solliciter de votre bienveillance la legalisation de la signature de Monsieur le Maire du quatrième arrondissement, signature apposée sur le certificat de vie, annexée a la présente requête. Veuillez, Monsieur le Prefect, agréer les salutations re-

spectueuses, du soussigné Paul Cézanne.« (Der Unterzeichnende hat die Ehre, Sie um die Güte zu bitten, die Unterschrift des Herrn Bürgermeisters des vierten Arrondissements bestätigen zu wollen; diese Unterschrift befindet sich auf dem Lebenslauf, der meinem Gesuch beigelegt ist...).

PROVENIENZ: Auktion Klipstein & Kornfeld, Bern 14. Mai 1958, Nr. 12, Abb.
BIBLIOGRAPHIE: Chappuis 1962, S. 81 (bei Nr. 118); *Cézanne Briefe* 1979, S. 210, Anm. 205.

24 *Entlaubter Baum (L'Arbre dépouillé)* 1885–1890
Venturi Nr. 994 (1883–1887)
Aquarell über Bleistift, 457×300 mm.
Privatbesitz, New York

PROVENIENZ: Galerie Bernheim-Jeune, Paris; Paul Cassirer, Amsterdam.
BIBLIOGRAPHIE: Venturi, S. 264, Nr. 994, Abb.

25 *Baumgruppe beim Jas de Bouffan (Bouquet d'arbres près du Jas de Bouffan)* um 1885
Nicht bei Venturi
Aquarell über Bleistift, 465×305 mm.
Verso: *Haus unter Bäumen,* um 1885, leicht aquarellierte Bleistiftzeichnung, nicht bei Venturi (Abb. S. 268).
Privatbesitz

Vgl. die Zeichnung Chappuis Nr. 918.

PROVENIENZ: Ambroise Vollard, Paris; Paul Cassirer, London.
BIBLIOGRAPHIE: Cézanne 1947, Abb.; Feist 1963, S. 31, Abb.; Hoog 1972, S. 43, Abb.
AUSSTELLUNGEN: London 1939, Nr. 11; Zürich 1956, Nr. 127; Wien 1961, Nrn. 56, 57, Abb. 37 (Rückseite); Aix-en-Provence 1961, Nrn. 22, 23; Genf 1967, Nr. 50, Umschlagabb.

26 *Provenzalische Landschaft (Paysage en Provence)*
1885–1886
Venturi Nr. 910 (1885–1886)
Aquarell über Bleistift, 320×483 mm.
The Visitors of the Ashmolean Museum, Oxford

Der Standort ist nicht eindeutig zu identifizieren; Venturi nennt das Motiv *La Sainte-Victoire, environs de Gardanne.*

PROVENIENZ: Galerie Bernheim-Jeune, Paris.
BIBLIOGRAPHIE: d'Ors 1930, S. 71, Abb. 23; Venturi, S. 253, Nr. 910, Abb.
AUSSTELLUNGEN: Newcastle – London 1973, Nr. 58, Abb., S. 163.

27 *Provenzalische Landschaft (Paysage en Provence)*
1885–1886
Nicht bei Venturi
Aquarell über Bleistift, 320×495 mm.
Privatbesitz

25 Verso-Seite

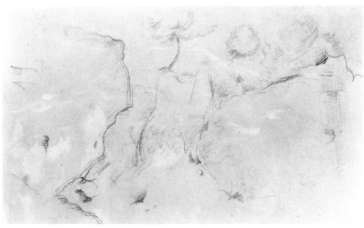

30 Verso-Seite

Der Ausblick auf die Hügellandschaft südöstlich von Aix ist wahrscheinlich von Bellevue aus wiedergegeben.

PROVENIENZ: Ambroise Vollard, Paris; Paul Cassirer, London.
AUSSTELLUNGEN: London 1939, Nr. 44; New York 1947, Nr. 71; Aix-en-Provence 1956, Nr. 71; Zürich 1956, Nr. 102; Wien 1961, Nr. 55, Abb. 35; Newcastle−London 1973, Nr. 54, Abb., S. 162.

28 *Montagne Sainte-Victoire*   1885−1887
Venturi Nr. 914 (1883−1887)
Aquarell und Deckfarben über Bleistift, 354×537 mm.
The Art Institute of Chicago; Gift of Marshall Field IV
(Inv.-Nr. 1964.199)

Rivière 1923, datiert das Aquarell 1887; nach Auskunft von Paul Cézanne *fils* (Paris 1936) entstand es um 1888; der Künstler hielt sich jedoch 1888 nicht im Süden auf. Gezeigt wird nahezu derselbe Bildausschnitt wie auf dem Gemälde Venturi Nr. 455 (Phillips Collection, Washington); vgl. auch die Ansicht Venturi Nr. 454 (Courtauld Institute Galleries, London); beide Gemälde datiert Venturi 1885−1887.

PROVENIENZ: Paul Cézanne *fils*, Paris; Galerie Knoedler, New York; Henry T. Mudd, Los Angeles; Galerie Knoedler, New York; Marshall Field, Chicago.
BIBLIOGRAPHIE: Rivière 1923, S. 215; Venturi, S. 51, S. 253, Nr. 914, Abb.; Novotny 1938, S. 11, S. 43, S. 203, Nr. 84; Venturi 1943, Abb. 20; Neumeyer 1958, S. 59 (bei Nr. 79); Faure o.J., Abb. 12; Ratcliffe 1960, S. 17, Anm. 48; Elgar 1969, S. 248 f., Abb. 145; Chappuis, S. 215 (bei Nr. 893); Barskaya 1975, S. 172, Abb.; Barnes 1977, S. 94, Anm. 88; Adriani 1978, S. 331 (bei Nr. 85).
AUSSTELLUNGEN: Paris 1907 (Salon d'Automne), Nr. 33; Paris 1935; Paris 1936, Nr. 122, Abb. 39; Paris 1939, Nr. 33; Lyon 1939, Nr. 49, Abb. 16; London 1946, Nr. 19; Washington − Chicago − Boston 1971, Nr. 41, Abb.

29 *Montagne Sainte-Victoire*   1885−1887
Venturi Nr. 1565 (1885−1887)
Aquarell über Bleistift, 363×485 mm.
Privatbesitz, ehemalige Sammlung Hahnloser

Die gleich große, aus derselben Sammlung stammende Bleistiftstudie Chappuis Nr. 897, dürfte in der sorgfältigen Bezeichnung des Bergmassivs etwas früher als das vorliegende Aquarell entstanden sein. Den Bildausschnitt enger, beziehungsweise in den Tiefenverhältnissen weiter zeigen die Gemälde und Aquarelle Venturi Nrn. 456 (Stedelijk Museum, Amsterdam), 457 (Barnes Foundation, Merion), 488 (Musée du Louvre, Paris), 1018 (Sonja Binkhorst-Kramarsky, New York), 1019 (Von der Heydt-Museum, Wuppertal).

PROVENIENZ: Galerie Druet, Paris; Arthur Hahnloser, Winterthur; Hans R. Hahnloser, Bern.
BIBLIOGRAPHIE: Meier-Graefe 1921, Abb. 12; Fry 1927, S. 65, Abb. 31; Venturi, S. 338, Nr. 1565, Abb.; Neumeyer 1958,

S. 58, Nr. 78, Abb.; Hoog 1972, S. 55, Abb.; Chappuis, S. 216 (bei Nr. 897); Rilke 1977, Abb. 16; Adriani 1978, S. 331 (bei Nr. 85).
AUSSTELLUNGEN: Basel 1936, Nr. 73; Zürich 1956, Nr. 209; München 1956, Nr. 77; Köln 1956/1957, Nr. 37; München 1969, Nr. 30, Abb. 28.

30 *Montagne Sainte-Victoire* 1889–1890
Venturi Nr. 1026 (1890–1895)
Aquarell und Deckfarben, 311×472 mm.
Verso: *Bibémus-Steinbruch*, um 1890, unveröffentlichte Bleistiftzeichnung (Abb. S. 268).
Smith College Museum of Art, Northampton, Massachusetts; Bequest of Charles C. Cunningham in Memory of Eleanor Lamont Cunningham (Inv.-Nr. 32, 1980)

PROVENIENZ: Paul Cézanne *fils*, Paris; Galerie Valentine, New York; Charles C. Cunningham, Chicago.
BIBLIOGRAPHIE: Rivière 1923, S. 174/175, Abb., S. 219; Venturi, S. 51, S. 267, Nr. 1026, Abb.; Novotny 1938, S. 11.
AUSSTELLUNGEN: Paris 1935; Paris 1936, Nr. 125; New York 1937; Boston 1937; San Francisco 1937, Nr. 45; Boston 1939, Nr. 147; Columbus 1939, Nr. 9; Northampton 1948; Washington – Chicago – Boston 1971, Nr. 45, Abb.

31 *Montagne Sainte-Victoire* um 1890
Venturi Nr. 1563 (1890–1900)
Aquarell über Bleistift, 280×445 mm.
Privatbesitz, Schweiz

PROVENIENZ: Ambroise Vollard, Paris; Gertrude Stein, Paris; Paul Rosenberg, Paris; Justin K. Thannhauser, Berlin; G. Perron, Berlin; Gustav Schweitzer, Berlin; Galerie Dalzell Hatfield, Los Angeles; Norton Simon, Los Angeles; Auktion Parke-Bernet, New York 21. Oktober 1971, Nr. 74, Abb.; E. V. Thaw, New York; B. E. Bensinger, Chicago; Auktion Christie's, London 15. April 1975, Nr. 27, Abb.
BIBLIOGRAPHIE: L'Amour de l'Art, Februar 1924, S. 34, Abb.; Venturi, S. 338, Nr. 1563, Abb.
AUSSTELLUNGEN: San Francisco 1937, Nr. 47.

32 *Montagne Sainte-Victoire* 1889–1890
Venturi Nr. 1021 (1890–1900)
Aquarell über Bleistift, 309×467 mm.
Verso: *Landschaft mit Montagne Sainte-Victoire*, 1883–1885, Bleistiftzeichnung, Chappuis Nr. 895.
Fogg Art Museum, Harvard University, Cambridge, Massachusetts; Gift of Mr. and Mrs. Joseph Pulitzer, Jr. in honor of Agnes Mongan (Inv.-Nr. 1977.173)

PROVENIENZ: Eugène Blot, Paris; Auktion Hôtel Drouot, Paris 2. Juni 1933, Nr. 3, Abb. 1; Alfred Daber, Paris; Paul Cassirer, Amsterdam; Erich Maria Remarque, Ascona; Marianne Feilchenfeldt, Zürich; E. V. Thaw, New York; Joseph Pulitzer, St. Louis.

BIBLIOGRAPHIE: George 1926, Nr. 7, Abb.; Venturi, S. 267, Nr. 1021, Abb.; Chappuis, S. 215 (bei Nr. 895); *The Barnes Foundation*, in: Journal of the Art Department, V, 2, Herbst 1974, S. 19 ff., Abb. 32, Abb. 34.
AUSSTELLUNGEN: London 1939, Nr. 37; Chicago – New York 1952, Nr. 101, Abb.; Den Haag 1956, Nr. 71; Zürich 1956, Nr. 111; München 1956, Nr. 86; *Van Clouet tot Matisse, Franse tekeningen uit amerikaanse collecties*, Museum Boymans-van Beuningen, Rotterdam 1958, Nr. 153, Abb. 157; *De Clouet à Matisse, dessins français des collections américaines*, Musée de l'Orangerie, Paris 1958/1959, Nr. 153, Abb. 170; *French Drawing from American Collections*, The Metropolitan Museum, New York 1959, Nr. 153, Abb. 170; *Modern Painting, Drawing and Sculpture collected by Louise and Joseph Pulitzer, Jr.*, Fogg Art Museum, Cambridge (Massachusetts), und The Wadsworth Atheneum, Hartford 1972, S. 369 ff., Nr. 154, Abb.

33 *Gehöft an der Straße nach Le Tholonet (Ferme sur la route du Tholonet)* 1885–1890
Nicht bei Venturi
Aquarell über Bleistift, 305×460 mm.
Privatbesitz

Das Motiv ist vom Park des Château Noir aus gesehen.

PROVENIENZ: Ambroise Vollard, Paris; Paul Cassirer, London.
AUSSTELLUNGEN: London 1939, Nr. 31; Zürich 1956, Nr. 113; München 1956, Nr. 88; Köln 1956/1957, Nr. 40, Abb.; Wien 1961, Nr. 58; Aix-en-Provence 1961, Nr. 24; Hamburg 1963, Nr. 19, Abb. 71; Paris 1971, Nr. 22; *50 Jahre Kunsthandelsverband*, Kunsthaus Zürich 1973, Nr. 233.

34 *Die Schranke in Chantilly (La barrière, Chantilly)* 1888
Venturi Nr. 924 (1888)
Aquarell und Deckweiß über Bleistift, 191×118 mm.
Smith College Museum of Art, Northampton, Massachusetts; Gift of Adele R. Levy Fund, Inc., 1962

Vgl. das im Bildausschnitt größere Gemälde Venturi Nr. 627 (William A. M. Burden, Washington) sowie die Wiedergaben der Allee Venturi Nrn. 626, 628, 923. Venturi erwähnt, daß sich Cézanne nach Aussage von Paul Cézanne *fils* fünf Monate des Jahres 1888 im Hôtel Delacourt in Chantilly aufhielt.

PROVENIENZ: Galerie Bernheim-Jeune, Paris; Galerie Montross, New York; Lillie P. Bliss, New York; The Museum of Modern Art, New York; Auktion Parke-Bernet, New York 11. Mai 1944, Nr. 30, Abb.
BIBLIOGRAPHIE: Venturi, S. 225, Nr. 924, Abb.; Cézanne 1947, Abb.; Ratcliffe 1960, S. 18; Taillandier 1961, S. 48, Abb.; Siblik 1971, Abb. 8.
AUSSTELLUNGEN: Paris 1909, Nr. 20; Paris 1910, Nr. 56; New York 1916, Nr. 36; Brooklyn 1926; New York 1931, Nr. 15; Pasadena 1967, Nr. 14, Abb.; Maryland – Louisville – Ann Arbor 1977/1978, Nr. 26, Abb.; *Background to Modernism – Prints and Drawings*, Mead Art Gallery, Amherst 1979.

35 *Landschaft mit Kiefer bei Aix (Paysage avec pin près d'Aix)* 1885–1890
Nicht bei Venturi
Aquarell über Bleistift, 312×478 mm.
Allen Memorial Art Museum, Oberlin College, Oberlin; Gift of Paul Rosenberg & Co. (Inv.-Nr. 62.38)

Bestandteil der Komposition ist eine Kiefer, die, von einem anderen Blickwinkel gesehen, identisch sein dürfte mit dem Baum auf der Aquarellstudie Venturi Nr. 1024 (Nr. 37). Das Motiv wird in der Nähe von Bellevue gemalt worden sein. Vgl. die hügelige Landschaft und die Andeutung der Dächer mit ähnlichen Einzelheiten im Gemälde *Grand pin et terres rouges*, Venturi Nr. 459 (ehemalige Sammlung Pellerin-Lecomte, Paris).

PROVENIENZ: Ambroise Vollard, Paris; Galerie Reid & Lefevre, London; O. T. Falk, London; A. Chester Beatty, London; Galerie Paul Rosenberg & Co, New York.
BIBLIOGRAPHIE: Neumeyer 1958, S. 58 f., Nr. 79, Abb.; Ellen Johnson, *Cézanne and a Pine Tree*, in: Allan Memorial Art Museum Bulletin, XXI, 1963/1964, S. 11 ff.
AUSSTELLUNGEN: London 1937, Nr. 33; London 1946, Nr. 38; New York 1963, Nr. 72, Abb.; Pasadena 1967, Nr. 6, Abb.

36 *Baumstumpf (Tronc d'arbre)* um 1890
Nicht bei Venturi
Aquarell, 475×305 mm.
Privatbesitz

PROVENIENZ: Ambroise Vollard, Paris.
AUSSTELLUNGEN: Amsterdam 1938, Nr. 19; London 1939, Nr. 14.

37 *Baumstudie (Etude pour un arbre)* um 1890
Venturi Nr. 1024 (1885–1890)
Aquarell, 276×437 mm.
Kunsthaus Zürich, Graphische Sammlung (Inv.-Nr. 2374)

Das Aquarell ist eines jener Beispiele, in denen die Linienführung ohne Bleistiftmarkierungen ganz aus der Farbe gestaltet ist. Dieselbe Kiefer erscheint auf den Gemälden *Grand pin et terres rouges*, Venturi Nrn. 458, 459, und auf der Aquarellstudie Venturi Nr. 1494. Das Geäst der rechten Seite des Baumes zeigt ein bei Venturi nicht aufgeführtes Aquarell (Theodore Rousseau, New York), das im Katalog New York 1963, Nr. 22, Abb. 20, veröffentlicht wurde; vgl. auch Nr. 35.

PROVENIENZ: Bernheim-Jeune, Paris; Paul Cassirer, Berlin.
BIBLIOGRAPHIE: Venturi, S. 51, S. 267, Nr. 1024, Abb.; Schmidt 1952, S. 28, Abb. 11; New York 1963, S. 33 (bei Nr. 22); B. v. Grünigen, *Vom Impressionismus zum Tachismus*, Basel 1964, S. 26, Abb.; Siblik 1971, Abb. 56; Wadley 1973, S. 831; Barskaya 1975, S. 182, Abb.; Venturi 1978, S. 148, Abb.
AUSSTELLUNGEN: Berlin 1921, Nr. 46; Lyon 1939, Nr. 51; London 1939 (Wildenstein), Nr. 57; Den Haag 1956, Nr. 65; Aix-en-Provence 1956, Nr. 72; Zürich 1956, Nr. 104; München 1956, Nr. 81; Newcastle – London 1973, S. 12, Nr. 69, Abb., S. 164 f.

38 *Uferböschung (Les berges)* 1888–1894
Venturi Nr. 1003 (1888–1894)
Aquarell über Bleistift, 315×483 mm.
Statens Museum for Kunst, Kgl. Kobberstiksamling, Kopenhagen

PROVENIENZ: Galerie Bernheim-Jeune, Paris; Gustave Philipsen, Kopenhagen.
BIBLIOGRAPHIE: Leo Swane, *Cézanne*, in: Tilskueren, Kopenhagen 1931, S. 11 ff., Abb.; Venturi, S. 265, Nr. 1003, Abb.

39 *Baum und Haus (Arbre et maison)* 1888–1890
Venturi Nr. 1633 (um 1890)
Aquarell über Bleistift, 471×315 mm.
Verso: *Baumreihe am Wegrand*, 1896–1899, Bleistiftzeichnung, Chappuis Nr. 1180.
The National Gallery of Canada, Ottawa (Inv.-Nr. 23532)

PROVENIENZ: Ambroise Vollard, Paris; Paul Cassirer, Amsterdam; Franz Koenigs, Haarlem.
BIBLIOGRAPHIE: Venturi, S. 346, Nr. 1633, Abb.; Chappuis, S. 266 (bei Nr. 1180).
AUSSTELLUNGEN: Amsterdam 1938, Nr. 16.

40 *Château Noir* um 1890
Venturi Nr. 1034 (1895–1900)
Aquarell über Bleistift, 360×526 mm.
Museum Boymans-van Beuningen, Rotterdam (Inv.-Nr. F II 212)

Das Château Noir ist hier vom Abhang südlich des Maison Maria gesehen, mit der zentralen Westfassade und der Südfront des Gebäudekomplexes rechts. Die im Vordergrund sichtbare Terrasse wurde später abgebrochen. Vgl. die von ähnlichen Standorten gesehenen Ansichten Venturi Nrn. 797 (Jacques Koerfer, Bern) und 1035 (Barnes Foundation, Merion).

PROVENIENZ: Paul Cassirer, Berlin; Franz Koenigs, Haarlem.
BIBLIOGRAPHIE: Rewald-Marchutz 1935, S. 19, Nr. 7 (Fotografie des Motivs); Venturi, S. 48, S. 268, Nr. 1034, Abb.; Rewald 1936, Abb. 71; Novotny 1938, S. 195, Nr. 8; Rewald 1939, Abb. 80; E. Haverkamp Begemann, *Vijf eeuwen tekenkunst*, Rotterdam 1957, S. 70 f., Nr. 82, Abb.; Neumeyer 1958, S. 30, S. 61, Nr. 88, Abb. (seitenverkehrt); Faunce 1963, S. 118, Abb. 2; Andersen 1963, S. 24, Abb.; H. Hutter, *Die Handzeichnung*, Wien 1966, Abb. 9; Hoetink 1968, Nr. 30, Abb.; Leymarie 1969, S. 95, Abb.; Siblik 1971, Abb. 60; Gauss 1976, S. 22 (bei Nr. 85); Venturi 1978, S. 142, Abb.; *Cézanne Briefe* 1979, S. 273, Abb.
AUSSTELLUNGEN: Rotterdam 1933/1934, Nr. 18; Basel 1935, Nr. 176; Amsterdam 1938, Nr. 9; London 1946, Nr. 20; Amsterdam 1951, Nr. 152; Paris 1952, Nr. 145; Den Haag 1956, Nr. 75; Zürich 1956, Nr. 122; New York 1963, Nr. 44, Abb. 42; Paris – Amsterdam 1964, Nr. 207, Abb.; Newcastle – London 1973, Nr. 62, Abb., S. 163.

41 *Jagdhütte in der Provence (Cabane de chasse en Provence)*
um 1890
Venturi Nr. 1052 (1890–1894)
Aquarell über Bleistift, 310×470 mm.
Museum Boymans-van Beuningen, Rotterdam (Inv.-Nr. F II 149)

Aquarellfassung des Gemäldes Venturi Nr. 671 (Barnes Foundation, Merion).

PROVENIENZ: Dr. Gosset, Paris; Auktion Hôtel Drouot, Paris 17. März 1928, Nr. 3, Abb.; Paul Cassirer, Berlin; Franz Koenigs, Haarlem.
BIBLIOGRAPHIE: Venturi, S. 271, Nr. 1052, Abb.; Hoetink 1968, Nr. 24, Abb.; Siblik 1971, Abb. 52.
AUSSTELLUNGEN: Rotterdam 1933/1934, Nr. 14, Abb.; Basel 1935, Nr. 178; Amsterdam 1938, Nr. 10; Amsterdam 1946, Nr. 17; London 1946, Nr. 21; Paris 1952, Nr. 144, Abb.; Newcastle – London 1973, Nr. 57, Abb., S. 163.

42 *Waldstück (Sous-bois)*   1888–1890
Venturi Nr. 1621 (1890–1900)
Aquarell über Bleistift, 496×320 mm.
Victoria and Albert Museum, London

PROVENIENZ: Ambroise Vollard, Paris; Galerie Nathan, Zürich.
BIBLIOGRAPHIE: Venturi, S. 345, Nr. 1621, Abb.; Victoria and Albert Museum Bulletin, III, Juli 1967, S. 120, Abb.; Wadley 1973, S. 831f., Abb. 105; Wadley 1975, S. 67f., Abb. 62.
AUSSTELLUNGEN: Newcastle – London 1973, Nr. 61, Abb.; Tokyo – Kyoto – Fukuoka 1974, Nr. 72, Abb.

43 *Bäume und Felsen (Arbres et rochers)*   1890–1895
Venturi Nr. 1059 (1890–1900)
Aquarell über Bleistift, 484×313 mm.
Von der Heydt-Museum, Wuppertal (Inv.-Nr. G 668)

PROVENIENZ: Galerie Bernheim-Jeune, Paris; Justin K. Thannhauser, Berlin – Luzern; Siegfried Rosengart, Luzern; Eduard von der Heydt, Ascona.
BIBLIOGRAPHIE: Venturi, S. 271, Nr. 1059, Abb.
AUSSTELLUNGEN: Wuppertal 1965, Nr. 32.

44 *Der große Baum (Le grand arbre)*   1890–1895
Venturi Nr. 939 (1890–1898)
Aquarell über Bleistift, 499×650 mm.
Privatbesitz

Eines der größten Aquarellformate. Ein ähnliches, wohl später gemaltes Waldinterieur ist auf dem Gemälde Venturi Nr. 760 und auf einer dazugehörigen Aquarellstudie (New York – Houston 1977/1978, Nr. 100, Abb. 82) wiedergegeben. Vgl. auch die Zeichnungen Chappuis Nrn. 913, 914, 1163.

PROVENIENZ: Eugène Blot, Paris; Auktion Hôtel Drouot, Paris 2. Juni 1933, Nr. 5, Abb.; Jacques Seligmann, Paris; Edward M. M. Warburg, New York.
BIBLIOGRAPHIE: George 1926, Abb. 10; Venturi, S. 51, S. 257, Nr. 939, Abb.; Bulletin of Palace of the Legion of Honor, San Francisco 1950, VIII, 4, Abb.; Virginia Museum of Fine Arts Bulletin, Richmond 1958, XVIII, 9, S. 2.
AUSSTELLUNGEN: Paris 1933, Nr. 20; New York 1933, Nr. 7; Museum of Art, Cleveland 1934; *Summer Loan Show*, Fogg Art Museum, Cambridge (Massachusetts) 1948, 1955, 1961, 1969; *The Collection of Mr. and Mrs. Edward M. M. Warburg*, Palace of the Legion of Honor, San Francisco 1950, Nr. 3; *Summer Loan Show*, City Art Museum, St. Louis 1951; *Paintings from Private Collections*, The Metropolitan Museum of Art, New York 1956; *Summer Loan Show*, Albright-Knox Art Gallery, Buffalo 1957; *The Warburg Collection*, Museum of Fine Arts, Richmond 1958; *Summer Loan Show*, Busch-Reisinger Museum, Cambridge (Massachusetts) 1959; *Selections from the Collection of Mr. and Mrs. Edward M. M. Warburg*, Museum of Art, Columbia 1960, Nr. 2; *Summer Loan Show*, Museum, Norfolk 1961; New York 1963, Nr. 38, Abb. 35; *Twelve Masterworks from the Collection of Edward M. M. Warburg*, Williams College, Museum of Art, Williamstown 1964; *Collection of Mr. and Mrs. Edward M. M. Warburg*, Fine Arts Center, Colorado Springs 1965, und Yellowstone Art Center, Billings 1966; Pasadena 1967, Nr. 18, Abb.; The Metropolitan Museum of Art, New York 1968, Nr. 12.

45 *Bäume und Gebäude (Arbres et bâtiments)*   1892–1894
Venturi Nr. 981 (1890–1894)
Aquarell über Bleistift (Papier mit Prägestempel: Montgolfier Saint Marcel Les Annonacy), 324×505 mm.
Museum Boymans-van Beuningen, Rotterdam (Inv.-Nr. F II 150)

PROVENIENZ: Dr. Gosset, Paris; Auktion Hôtel Drouot, Paris 17. März 1928, Nr. 4, Abb.; Paul Cassirer, Berlin; Franz Koenigs, Haarlem.
BIBLIOGRAPHIE: Venturi, S. 262, Nr. 981, Abb.; Hoetink 1968, Nr. 25, Abb., (bei Nr. 32); Siblik 1971, Abb. 46; Wadley 1975, S. 67, S. 90, Abb. 80; Wechsler 1975, Abb. 12.
AUSSTELLUNGEN: Rotterdam 1933/1934, Nr. 17; Amsterdam 1946, Nr. 10; Den Haag 1956, Nr. 69; Zürich 1956, Nr. 108; Newcastle – London 1973, Nr. 71, Abb.

46 *Felsen und Bäume (Rochers et arbres)*   1892–1893
Nicht bei Venturi
Aquarell über Bleistift, 317×477 mm.
Privatbesitz, ehemalige Sammlung Hahnloser

Das Motiv könnte im Wald von Fontainebleau gemalt sein.

PROVENIENZ: E. Hahnloser, Paris.
AUSSTELLUNGEN: Basel 1936, Nr. 74; Winterthur 1949, Nr. 320; München 1969, Nr. 31, Abb. 25.

47 *Felsen und Bäume (Rochers et arbres)*   1890–1895
Nicht bei Venturi
Bleistift und Aquarell, 460×350 mm.
Privatbesitz

PROVENIENZ: Galerie Bollag, Zürich

55 Verso-Seite

48 *Felsiger Hang mit Bäumen (Versant rocheux avec arbres)*
1890–1895
Nicht bei Venturi
Aquarell über Bleistift, 312×478 mm.
Von der Heydt-Museum, Wuppertal (Inv.-Nr. KK 1965/28)

PROVENIENZ: Eduard von der Heydt, Ascona.
AUSSTELLUNGEN: Wuppertal 1965, Nr. 35, Abb.

49 *Kiefern bei Bibémus (Pins à Bibémus)*   um 1895
Venturi Nr. 985 (1895–1900)
Aquarell, 482×317 mm.
Privatbesitz

PROVENIENZ: Galerie Bernheim-Jeune, Paris; Cornelius J. Sullivan, New York.
BIBLIOGRAPHIE: Venturi, S. 263, Nr. 985, Abb.; Elgar 1969, S. 254, Abb. 153.
AUSSTELLUNGEN: New York 1959, Nr. 77, Abb.; Pasadena 1967, Nr. 12, Abb.

50 *Waldrand (La lisière)*   um 1895
Venturi Nr. 969 (1888–1890)
Aquarell über Bleistift (Papier mit Wasserzeichen: CF), 311×479 mm.
Whitworth Art Gallery, University of Manchester, Manchester (Inv.-Nr. D 16.1927)

Das Aquarell gehört zu einer Gruppe von Waldmotiven, die in der Mitte der neunziger Jahre entstanden.

PROVENIENZ: Galerie Bernheim-Jeune, Paris; The Leicester Galleries, London.
BIBLIOGRAPHIE: Whitworth Art Gallery Report 1927, S. 14, Abb.; Venturi, S. 260, Nr. 969, Abb.
AUSSTELLUNGEN: Wien 1961, Nr. 83; Newcastle – London 1973, Nr. 80, Abb.

51 *Waldstück (Sous-bois)*   um 1895
Venturi Nr. 1004 (1895–1900)
Aquarell über Bleistift (Papier mit Wasserzeichen: CF), 315×483 mm.
Verso: Handschriftliche Notizen.
Museum Boymans-van Beuningen, Rotterdam (Inv.-Nr. F II 214)

PROVENIENZ: Galerie Bernheim-Jeune, Paris; Paul Cassirer, Berlin; Franz Koenigs, Haarlem.
BIBLIOGRAPHIE: Venturi, S. 265, Nr. 1004, Abb.; Hoetink 1968, Nr. 32, Abb.
AUSSTELLUNGEN: Rotterdam 1933/1934, Nr. 16; Amsterdam 1938, Nr. 7; London 1939, Nr. 36.

52 *Waldstück (Sous-bois)*   um 1895
Venturi Nr. 1544 (1895–1904)
Aquarell über Bleistift, 435×311 mm.

Verso: *Waldstück,* um 1895, Aquarell über Bleistift, Venturi Nr. 1548.
Privatbesitz, Schweiz

John Rewald vermutet (New York – Houston, 1977/1978), daß es sich eher um ein Waldstück des Nordens als um ein Motiv in der Gegend von Aix-en-Provence handelt.

PROVENIENZ: Ambroise Vollard, Paris; A. Chester Beatty, London; H. J. Bomford, London; Galerie Knoedler, New York.
BIBLIOGRAPHIE: Venturi, S. 335 f. (bei Nr. 1548), Nr. 1544, Abb.; Hoog 1972, S. 22, Abb.
AUSSTELLUNGEN: London 1939 (Wildenstein), Nr. 70; London 1946, Nr. 30; Paris 1971, Nr. 15; New York – Houston 1977/1978, Nr. 89, Abb. 102; Paris 1978, S. 43, Abb., S. 179 f., Nr. 73, Abb.

53 *Uferlandschaft (Au bord de l'eau)* um 1896
Nicht bei Venturi
Aquarell, 240×370 mm.
Privatbesitz, Paris

Die Uferlandschaft könnte am See von Annecy entstanden sein, wo sich Cézanne im Juli 1896 aufhielt.

PROVENIENZ: Ambroise Vollard, Paris; Marguerite Savany, Paris; Auktion Sotheby, London 1. April 1981, Nr. 168, Abb.
AUSSTELLUNGEN: *Cézanne Watercolours,* Galerie Reid & Lefevre, London 1950; *Aquarelles de Cézanne,* Galerie L. G. Baugin, Paris 1950; *Renoir et ses amis,* Musée de la ville, Troyes 1969.

54 *Spiegelungen im Wasser (Reflets dans l'eau)* um 1896
Venturi Nr. 968 (um 1897)
Aquarell, 492×322 mm.
Von der Heydt-Museum, Wuppertal (Inv.-Nr. KK 1956/116)

Das sehr frei behandelte Motiv könnte am See von Annecy entstanden sein, wo sich Cézanne im Juli 1896 aufhielt.

PROVENIENZ: Galerie Bernheim-Jeune, Paris; Eduard von der Heydt, Ascona.
BIBLIOGRAPHIE: Pfister 1927, S. 29, Abb. (als Querformat); Venturi, S. 260, Nr. 968, Abb.
AUSSTELLUNGEN: Berlin 1927, Nr. 33; Zürich 1956, Nr. 125; Wuppertal 1965, Nr. 29, Abb.

55 *Hausdächer (Toits de maisons)* um 1895
Venturi Nr. 1015 (1885–1887)
Aquarell (Papier mit Prägestempel: Berville), 325×400 mm.
Verso: *Baumstudie,* 1898–1900, Aquarell, nicht bei Venturi (Abb. S. 272).
Museum Boymans-van Beuningen, Rotterdam (Inv.-Nr. F II 213)

Aquarellstudie zu dem Gemälde Venturi Nr. 482. Um die Mitte der neunziger Jahre begann sich erneut eine stärker konstruktive, zu geometrischen Stilisierungen neigende Gliederung der

Motive durchzusetzen; vgl. Venturi Nrn. 656, 668. Ein ähnliches Motiv zeigt das bei Venturi nicht aufgeführte Gemälde *Dächer* (Privatbesitz, USA), Brion 1973, S. 5, Abb.

PROVENIENZ: Paul Cassirer, Berlin; Franz Keonigs, Haarlem.
BIBLIOGRAPHIE: Venturi, S. 169 (bei Nr. 482), S. 266, Nr. 1015, Abb.; Hoetink 1968, Nr. 31, Abb.; Siblik 1971, Abb. 45.
AUSSTELLUNGEN: Rotterdam 1933/1934, Nr. 15; Amsterdam 1946; Nr. 13; Den Haag 1956, Nr. 61, Abb.; Zürich 1956, Nr. 99; Newcastle – London 1973, Nr. 72, Abb., S. 165.

56 *In der Stadtmitte (Intérieur de village)* um 1895
Venturi Nr. 824 (1872–1877)
Aquarell über Bleistift, 470×308 mm.
Privatbesitz, Montreal

Dargestellt ist eine von hohen Häusern flankierte Straße mit Blick auf die Apsis einer Kirche (?). Vgl. das Aquarell Venturi Nr. 826.

PROVENIENZ: Eugène Blot, Paris; Otto Wertheimer, Paris.
BIBLIOGRAPHIE: George 1926, Abb. 1; Venturi, S. 240, Nr. 824, Abb.
AUSSTELLUNGEN: Washington – Chicago – Boston 1971, Nr. 36, Abb.

57 *Haus unter Bäumen (Maison dans les arbres)* 1895–1897
Venturi Nr. 1013 (1885–1895)
Aquarell über Bleistift, 327×504 mm.
Privatbesitz

PROVENIENZ: Paul Cézanne *fils,* Paris; Galerie Bernheim-Jeune, Paris; Galerie Montross, New York; Lillie P. Bliss, New York; The Museum of Modern Art, New York; Auktion Parke-Bernet, New York 11. Mai 1944, Nr. 61, Abb.; Privatsammlung, New York; Galerie Nathan, Zürich.
BIBLIOGRAPHIE: Rivière 1923, S. 212, S. 229; International Studio, August 1931, S. 25, Abb.; Venturi, S. 266, Nr. 1013, Abb.; Jacob Rosenberg, *On Quality in Art,* Washington 1964, S. 107, Abb. 84.
AUSSTELLUNGEN: Paris 1907, Nr. 1, unter dem Titel *Maison dans les arbres (le Château Noir),* 1897; Rom 1913, Nr. 671; New York 1916, Nr. 9; New York 1921, Nr. 9; Brooklyn 1926; New York – Andover – Indianapolis 1931/1932, Nr. 16, Abb.; New York 1934/1935, Nr. 8.

58 *Dorfkirche (Eglise du village)* 1897–1899
Nicht bei Venturi
Aquarell über Bleistift, 445×319 mm.
Privatbesitz, Schweiz

Vgl. dasselbe Motiv, von einem etwas anderen Blickwinkel aus gesehen, auf dem Gemälde Venturi Nr. 1531 (Barnes Foundation, Merion). Gemälde und Aquarell sind Beispiele für eine um 1895 einsetzende, konstruktiv-lineare Definition der Bildgegenstände.

PROVENIENZ: Ambroise Vollard, Paris; M. Matsukata, Paris; Privatbesitz Deutschland; Galerie Wildenstein, New York.
BIBLIOGRAPHIE: Art News, LV, Oktober 1956, S. 6; Arts, XXXI, Oktober 1956, S. 54; Arts XXXIV, 2, November 1959, S. 27, Abb.; Reff 1960, S. 116, S. 118, Abb. 26.
AUSSTELLUNGEN: New York 1956, Nr. 48; New York 1959, Nr. 81, Abb.; New York 1963, Nr. 59, Abb. 59; Paris 1971, Nr. 17.

59 *Baumstudie (Etude pour un arbre)* 1895–1900
Nicht bei Venturi
Aquarell, 376×302 mm.
Verso: *Junge mit Strohhut*, 1896, Bleistiftzeichnung, Chappuis Nr. 1085.
Museum Boymans-van Beuningen, Rotterdam (Inv.-Nr. F II 119 verso)

PROVENIENZ: Paul Cassirer, Berlin; Franz Koenigs, Haarlem.
BIBLIOGRAPHIE: Andersen 1963, S. 25, Abb.; Hoetink 1968, S. 40 (bei Nr. 20); Andersen 1970, S. 236 (bei Nr. 263); Chappuis, S. 248 (bei Nr. 1085).

60 *Der Ziehbrunnen im Park des Château Noir (Le puits dans le parc de Château Noir)* 1895–1898
Venturi Nr. 998 (1888–1894)
Aquarell, 476×308 mm.
Privatbesitz

Der kleine Brunnenschacht, der bis in die dreißiger Jahre benutzt wurde, befindet sich am Weg zum Château Noir. Links von der Umfassung erkennt man einen Block, der zum Abstellen der Wassergefäße diente. Wie so oft wird auch an diesem Beispiel deutlich, daß der Aquarellist genau auf die für die Bildstruktur wichtigen Einzelheiten achtete; siehe die Fotografie des Motivs im Katalog New York – Houston 1977/1978, S. 90. Vgl. das Aquarell Venturi Nr. 1061.

PROVENIENZ: Cornelius J. Sullivan, New York.
BIBLIOGRAPHIE: Venturi, S. 264, Nr. 998, Abb.; Novotny 1937, S. 8, S. 13, Abb. 113; Novotny 1938, S. 196, Nr. 18; Novotny 1948, Abb. 103.
AUSSTELLUNGEN: New York 1959, Nr. 72; Pasadena 1967, Nr. 16, Abb.; New York – Houston 1977/1978, Nr. 80, Abb. 63.

61 *Zisterne im Park des Château Noir (Citerne dans le parc de Château Noir)* 1895–1900
Venturi Nr. 1546 (1895–1900)
Aquarell über Bleistift, 505×425 mm.
Mrs. Henry Pearlman, New York

PROVENIENZ: Ambroise Vollard, Paris; Arman Moradian, Paris.
BIBLIOGRAPHIE: Venturi, S. 335, Nr. 1546, Abb.; Novotny 1938, S. 196, Nr. 14; *The Pearlman Collection*, in: Arts, XXXIII, Februar 1959, S. 47, Abb.; Chanin 1960, S. 233, S. 235, Abb.; Andersen 1963, S. 27, Abb.; *Pearlman Collection 1972*.

AUSSTELLUNGEN: New York 1952, Nr. 10, Abb.; Aix-en-Provence – Nizza 1953, Nr. 44; New York 1956, Nr. 19, Abb.; Aix-en-Provence 1956, Nr. 76; *Anonymous Collection*, The Baltimore Museum of Art, Baltimore 1958; New York 1959 (Knoedler), Nr. 26, Abb.; *Drawings, Watercolors and Oils by Paul Cézanne lent by an anonymous collector*, Fogg Art Museum, Cambridge (Massachusetts) 1959; *The Nineteenth Century: One Hundred Twenty-Five Master Drawings*, University Gallery, Minnesota 1962, und The Solomon R. Guggenheim Museum, New York 1962, Nr. 16; New York 1963, Nr. 45, Abb. 36; *Cézanne and Structure in Modern Painting*, The Solomon R. Guggenheim Museum, New York 1963; New York 1964, Nr. 8; *Collection of Mr. and Mrs. Henry Pearlman*, Munson-Williams-Proctor Institute, Utica, N.Y., 1965; Detroit 1967, Nr. 12; Pasadena 1967, Nr. 27, S. 40, Abb.; *New York Collects*, The Metropolitan Museum of Art, New York 1968, Nr. 10; *Impressionism, Post-Impressionism, Expressionism: The Mr. and Mrs. Henry Pearlman Collection...*, Wadsworth Atheneum, Hartford 1970, Nr. 14; Washington – Chicago – Boston 1971 (nur in Boston gezeigt, nicht im Katalog); New York 1971, Nr. 11; New York 1974, Nr. 34, Abb.

62 *Der Steinbruch von Bibémus (La carrière de Bibémus)* 1895–1900
Venturi Nr. 1050 (1895–1900)
Aquarell über Bleistift, 305×475 mm.
Privatbesitz

PROVENIENZ: Paul Cassirer, Amsterdam; John Nicholas Brown, Providence.
BIBLIOGRAPHIE: Venturi, S. 51, S. 270, Nr. 1050, Abb.
AUSSTELLUNGEN: Rhode Island School of Design, Faunce House, Brown University, März 1935; Joslyn Memorial Museum, Omaha 1941; Washington – Chicago – Boston 1971, Nr. 48, Abb.

63 *Felsformation (Formation rocheuse)* 1895–1900
Nicht bei Venturi
Aquarell über Bleistift, 480×315 mm.
Galerie Beyeler, Basel

Dasselbe Motiv zeigt die Zeichnung Chappuis Nr. 1152 (Paul Mellon, Upperville). Die von Chappuis gegebene Beschreibung, es handele sich um den Ausblick aus einer Höhle auf eine sonnenbeschienene Landschaft, ist kaum nachzuvollziehen. Die Frage, ob Quer- oder Hochformat ist nicht eindeutig zu klären. Die Strichführung der Zeichnung (Abb. S. 275) und die Pinselführung im Aquarell lassen eher an ein Querformat denken. Vgl. auch das Bibémus-Motiv Venturi Nr. 772.

PROVENIENZ: Ambroise Vollard, Paris; Auktion Sotheby, London 26. März 1958, Nr. 139; Galerie Hammer, New York.
BIBLIOGRAPHIE: Edition Beyeler, *Autour de l'Impressionnisme*, Basel 1970, Abb. (Frontispiz); Reinhold Hohl, *Paul Cézanne, Das Spätwerk 1895–1906, Grand Palais Paris 1978*, in: Pantheon, XXXV, 3, Juli – September 1978, S. 282 ff., Abb.
AUSSTELLUNGEN: Zürich 1956, Nr. 126; München 1956,

Nr. 99; Köln 1956/1957, Nr. 50; Hamburg 1963, Nr. 23, Abb. 60; *Manet – Degas – Monet – Cézanne – Bonnard*, Galerie Beyeler, Basel 1977, Nr. 12; New York – Houston 1977/1978, Nr. 86, Abb. 46; Paris 1978, Nr. 41, Abb.

64 *Bäume und Felsen oberhalb des Château Noir (Arbres parmi les rocs au-dessus de Château Noir)* 1895–1900
Venturi Nr. 1060 (1900–1904)
Aquarell, 470×286 mm.
Privatbesitz, New York

Ähnliche Motive zeigen die Gemälde Venturi Nrn. 779 (Musée du Louvre, Paris), 788 und vor allem 786 (ehemals Henri Matisse).

PROVENIENZ: Galerie Bernheim-Jeune, Paris; Galerie Montross, New York; Lillie P. Bliss, New York; The Museum of Modern Art, New York; Auktion Parke-Bernet, New York 11. Mai 1944, Nr. 71, Abb.
BIBLIOGRAPHIE: Rewald-Marchutz 1935, S. 19, Abb. (Fotografie des Motivs); Venturi, S. 272, Nr. 1060, Abb.; Novotny 1938, S. 7, S. 42, S. 56, S. 75, S. 197, Nr. 29, Abb. 34; Rubin 1977, S. 113, S. 267, Abb. 64; Paris 1978, S. 42.
AUSSTELLUNGEN: Brüssel 1904, Nr. 99; Brüssel 1913, Nr. 51; Rom 1913, Nr. 678; New York 1916, Nr. 11; New York 1919, Nr. 99; Philadelphia 1920, Nr. 48; Brooklyn 1926; New York – Andover – Indianapolis 1931/1932, Nr. 19; New York 1934, Nr. 19, Abb.

65 *Kiefer und Felsen oberhalb des Château Noir (Pin et rochers au-dessus de Château Noir)* um 1900
Venturi Nr. 1041 (1895–1900)
Aquarell über Bleistift, 460×355 mm.
The Art Museum, Princeton University, Princeton (Inv.-Nr. 41–166)

Durch Waldbrände wurde in jüngster Zeit die ganze Vegetation des felsigen Bergkammes, der vom Château Noir zum Bibémus-Steinbruch führt, zerstört.

PROVENIENZ: Ambroise Vollard, Paris; Frederick A. Comstock, New York; Galerie Valentine, New York.
BIBLIOGRAPHIE: George 1926, Abb. 2; Erle Loran Johnson, *Cézanne's country*, in: The Arts, XVI, April 1930, S. 536f., Abb. (Fotografie des Motivs); Venturi, S. 47, S. 269, Nr. 1041, Abb.; Raynal 1936, S. 140, Abb. 105; Bulletin of the Department of Art and Archaeology, Princeton University, Juni 1937, S. 5; Novotny 1938, S. 51, Anm. 44, S. 197, Nr. 30; Loran 1963, S. 25, S. 63, S. 116, Abb. 33; *19th and 20th Century French Drawings from The Art Museum, Princeton University*, Princeton 1972, S. 90, Nr. 14, Abb.; Kelder 1980, S. 391 (dort um 1910 datiert), S. 422, Abb.
AUSSTELLUNGEN: New York 1963, Nr. 73, Abb.; New York – Houston 1977/1978, S. 91, Abb. (mit Fotografie des Motivs), S. 93, S. 113, S. 116, Nr. 87, Abb. 65; Paris 1978, S. 28, S. 31, Abb. (mit Fotografie des Motivs), S. 41, S. 44f., Abb., S. 154f., Nr. 56, Abb.

Paul Cézanne, *Felsformation*, 1895–1900. Bleistift auf Papier, 152×237 mm. Paul Mellon, Upperville (Chappuis Nr. 1152)

72 Verso-Seite

95 Verso-Seite

66 *Häuser inmitten von Bäumen (Maisons au milieu des arbres)* um 1900
Venturi Nr. 977 (1890–1894)
Aquarell über Bleistift, 282×435 mm.
The Museum of Modern Art, New York; Lillie P. Bliss Collection (Inv.-Nr. 15.34)

Faszinierend ist der Gegensatz zwischen der klaren architektonischen Gliederung in der linken Bildhälfte und der lebendig bewegten, vegetativen Zone rechts.

PROVENIENZ: Galerie Bernheim-Jeune, Paris; Galerie Montross, New York; Lillie P. Bliss, New York.
BIBLIOGRAPHIE: Rivière 1923, S. 230; Venturi, S. 262, Nr. 977, Abb.; Alfred Barr, *Painting and Sculpture in The Museum of Modern Art*, New York 1942, Nr. 96; Meyer Schapiro, *Paul Cézanne*, New York 1952, S. 15, Abb.; Andersen 1963, S. 25, Abb.
AUSSTELLUNGEN: Paris 1907, Nr. 32; New York 1916, Nr. 30; Philadelphia 1920; Brooklyn 1926; New York – Andover – Indianapolis 1931/1932, Nr. 17; *Summer Exhibition*, The Museum of Modern Art, New York 1932; Philadelphia 1934, Nr. 49; New York 1934, Nr. 16, Abb.; Pittsburgh – Chicago 1935; *Cubism and Abstract Art*, The Museum of Modern Art, New York 1936; *Classic and Romantic Traditions in Abstract Painting*, Wilmington Museum of Art – University of Pittsburgh – Springfield Art Association – Art Association of New Orleans – Des Moines Art Association – Duke University of Durham, 1939/1940; *French Paintings*; Skidmore College, Saratoga Springs 1942; New York 1963, S. 17, S. 37, Nr. 29, Abb. 27; *From Cézanne to Picasso*, The National Museum of Western Art, Tokyo – Ishibashi Museum, Kurume – Art Gallery, Auckland – National Gallery, Melbourne – Farmer's Blaxland Gallery, Sydney – Academy of Arts, Honolulu – California Palace of the Legion of Honor, San Francisco 1971/1972; *European Drawings from the Collection*, The Museum of Modern Art, New York 1972; *100 European Drawings from American Collections*, Rijksmuseum Kröller-Müller, Otterlo – Art Gallery, Sheffield – Rotonda di via Besano, Mailand – Gulbenkian Foundation, Lissabon 1973/1974; New York – Houston 1977/1978, S. 59, S. 113, Nr. 90, Abb. 90; Paris 1978, S. 41, S. 173 f., Nr. 69, Abb.

67 *Der Pistazienbaum im Hof des Château Noir (Le pistachier du Château Noir)* um 1900
Venturi Nr. 1039 (1895–1900)
Aquarell über Bleistift (Papier mit Prägestempel: Montgolfier Saint Marcel Les Annonacy...), 480×314 mm.
Staatsgalerie Stuttgart, Graphische Sammlung (Inv.-Nr. C 52/475)

Der alte Pistazienbaum mit ummauertem Wurzelwerk steht im Hof des Château Noir. Eine weiter ausgearbeitete Fassung des vom Fenster eines von Cézanne gemieteten Abstellraums gesehenen Baums befindet sich im Art Institute of Chicago, Venturi Nr. 1040. Auf der Rückseite des vorliegenden Blattes steht die Bleistiftnotiz: »No. 16993, haut/bas/Appt [appartien] à M. Fénéon – La Cahute.« Felix Fénéon war Mitarbeiter der Galerie

Bernheim-Jeune und veranlaßte wohl, daß das Aquarell unter dem Titel *La Cahute* 1912 in London ausgestellt wurde.

PROVENIENZ: Paul Cézanne *fils*, Paris; Galerie Bernheim-Jeune, Paris; Paul Cassirer, Berlin; Justin K. Thannhauser, Berlin – Luzern; Siegfried Rosengart, Luzern; Bock von Randegg; Auktion Stuttgarter Kunstkabinett R. N. Ketterer, Stuttgart 25.–27. November 1952, Nr. 936, Abb.
BIBLIOGRAPHIE: Rewald-Marchutz 1935, S. 19, Abb. 9 (Fotografie des Motivs); Venturi, S. 269, Nr. 1039, Abb.; Novotny 1938, S. 196, Nr. 20; Gauss 1976, S. 22, Nr. 85, Abb.
AUSSTELLUNGEN: London 1912, Nr. 171; Berlin 1927, Nr. 34; *Zeichnungen des 19. und 20. Jahrhunderts, Neuerwerbungen seit 1945*, Staatsgalerie, Stuttgart 1960, Nr. 15, Abb. 25; *Von Ingres bis Picasso, Französische Zeichnungen des 19. und 20. Jahrhunderts aus dem Besitz der Graphischen Sammlung*, Staatsgalerie, Stuttgart 1969, S. 25, Nr. 9, Abb.; *Zeichen und Farbe*, Staatsgalerie, Stuttgart 1972, Nr. 21, Abb.

68 *Hütte und Schornstein (Cabanon et cheminée)* um 1900
Nicht bei Venturi
Aquarell über Bleistift, 445×590 mm.
Privatbesitz

Das Aquarell ist typisch für einen nahezu rokokohaften Linienschwung, wie er um 1900 verschiedentlich in Aquarellen und Zeichnungen Cézannes vorkommt.

PROVENIENZ: Ambroise Vollard, Paris; Paul Cassirer, London.
BIBLIOGRAPHIE: Hoog 1972, S. 42, Abb.
AUSSTELLUNGEN: London 1939, Nr. 16; Zürich 1956, Nr. 114; Wien 1961, Nr. 68; Paris 1971, Nr. 23.

69 *Die Brücke von Argenteuil (Le pont d'Argenteuil)* um 1900
Venturi Nr. 918 (um 1900)
Aquarell über Bleistift, 457×555 mm.
Verso: *Flußufer mit Brücke und Lastkahn*, 1880–1883, Bleistiftzeichnung, Chappuis Nr. 799.
Marlborough Fine Art Ltd., London

Vgl. das Gemälde Venturi Nr. 769 (Museum of Art, Providence).

PROVENIENZ: Paul Cézanne *fils*, Paris; Galerie Bernheim-Jeune, Paris; G. F. Reber, Barmen; S. Wendland, Paris; Auktion Hôtel Drouot, Paris 26. Oktober 1921, Nr. 3; M. Féral, Paris; Galerie Bernheim-Jeune, Paris; Percy Moore Turner, London; Ivor Spencer Churchill, London; Galerie Knoedler, New York; Edward Hulton, London; Auktion Sotheby, London 1. Juli 1981, Nr. 307, Abb.
BIBLIOGRAPHIE: Bulletin de la vie artistique, 1926, S. 11, Abb.; Venturi, S. 230 (bei Nr. 769), S. 254, Nr. 918, Abb.; Chappuis, S. 203 (bei Nr. 799).
AUSSTELLUNGEN: *Cézanne, Gauguin, Seurat, van Gogh*, The Museum of Modern Art, New York 1929, Nr. 33; *Vincent van Gogh en zijn Tijdgenooten*, Stedelijk Museum, Amsterdam

1930, Nr. 133; Basel 1936, Nr. 90; New York 1952, Nr. 14; *The Hulton Collection,* Rotterdam – Dortmund – Frankfurt – München 1964–1966, Nr. 4; *Sammlung Sir Edward and Lady Hulton,* Kunsthaus, Zürich 1967/1968, Nr. 6.

70 *Provenzalische Landschaft (Paysage en Provence)*
um 1900
Venturi Nr. 962 (1890–1900)
Aquarell über Bleistift, 313×478 mm.
Museum der bildenden Künste, Budapest (Inv.-Nr. 1935–2675)

PROVENIENZ: Pál von Majovszky, Budapest.
BIBLIOGRAPHIE: Venturi, S. 260, Nr. 962, Abb.; Genthon Istvan u.a., *Les maîtres étrangers des XIXe–XXe siècles,* Musée des Beaux Arts, Budapest 1957, Nr. 15, Abb. 8; Pataky 1958, S. 9, Nr. 72, Abb.; Siblik 1971, Abb. 42; Rubin 1977, Abb. 89.
AUSSTELLUNGEN: Ausgestellt im Museum der bildenden Künste, Budapest, 1919, 1921, 1933, 1935 (Nr. 84), 1936, 1940, 1959, 1974; Wien 1967, Nr. 112; Leningrad 1970, Nr. 92.

71 *Gewässer am Waldrand (Plan d'eau à l'orée d'un bois)*
um 1900
Venturi Nr. 936 (1897)
Aquarell über Bleistift, 459×592 mm.
The Saint Louis Art Museum, Saint Louis (Inv.-Nr. 52:1948)

Venturi bezeichnete das Motiv als *Coin du lac d'Annecy,* wo sich Cézanne im Sommer 1896 in Talloires aufhielt. Aus stilistischen Gründen schlägt Rewald (New York – Houston 1977/1978) eine spätere Datierung vor.

PROVENIENZ: Ambroise Vollard, Paris; Julius Loeb, New York.
BIBLIOGRAPHIE: George 1926, S. 17; Venturi, S. 256, Nr. 936, Abb.; Cézanne 1936, Abb.; *Cézanne* 1947, Abb.; Bulletin of the City Art Museum of St. Louis, XXXIII, 4, 1948, S. 14, Abb.; *The St. Louis Art Museum, Handbook of the Collections,* St. Louis 1975, S. 167, Abb.
AUSSTELLUNGEN: New York 1963, Nr. 51, Abb. 44; New York – Houston 1977/1978, Nr. 93, Abb. 91; Paris 1978, S. 41, Nr. 70, Abb.

72 *Montagne Sainte-Victoire*   1900–1902
Venturi Nr. 1560 (1900–1906)
Aquarell über Bleistift, 311×481 mm.
Verso: *Zweig mit Blättern und Früchten,* um 1890, unveröffentlichte Bleistiftzeichnung mit einigen wenigen Andeutungen in Aquarell (Abb. S. 275).
Privatbesitz

Venturi erwähnt irrtümlich, daß sich auf der Rückseite des Blattes das Aquarell Nr. 1555 befindet. Dieselbe wahrscheinlich in der Nähe der Ortschaft Saint Marc gesehene Ansicht der Montagne Sainte-Victoire zeigt das Aquarell Venturi Nr. 1562 (Musée du Louvre, Paris).

PROVENIENZ: Ambroise Vollard, Paris; Martin Fabiani, Paris; Galerie Rosenberg & Stiebel, New York; John S. Thacher, Washington; E. V. Thaw, New York.
BIBLIOGRAPHIE: Venturi, S. 337, Nr. 1560, Abb.
AUSSTELLUNGEN: New York – Houston 1977/1978, Nr. 97, Abb. 133.

73 *Montagne Sainte-Victoire*   um 1900
Venturi Nr. 1022 (1890–1900)
Aquarell über Bleistift, 290×445 mm.
Artus-Club, San Francisco

Ein im Katalog New York – Houston 1977/1978, Abb. 131, reproduziertes Aquarell sowie das Gemälde Venturi Nr. 665 zeigen das aus der Gegend des Château Noir gesehene Motiv in ähnlichen Bildausschnitten. Vgl. die Bleistiftskizze Chappuis Nr. 1182.

PROVENIENZ: Sammlung Bollag, Zürich.
BIBLIOGRAPHIE: Venturi, S. 267, Nr. 1022, Abb.; Novotny 1938, S. 12, S. 78.

74 *Montagne Sainte-Victoire*   1902–1904
Nicht bei Venturi
Aquarell über Bleistift, 475×615 mm.
National Gallery of Ireland, Dublin (Inv.-Nr. 3300)

Blick von der Gegend um das Atelier des Lauves nach Osten, auf die weite Hügellandschaft mit der Montagne Sainte-Victoire im Hintergrund. Vgl. das ebenfalls in wenigen zarten Farblagen und Bleistiftkonturen angelegte Aquarell Nr. 102, Abb. 137 im Katalog New York – Houston 1977/1978. Die Gemälde Venturi Nrn. 798 (Museum of Art, Philadelphia), 799 (Carroll S. Tyson, Philadelphia) sowie das Aquarell Venturi Nr. 1534 (Sammlung Reinhart, Winterthur), entstanden ebenfalls in der Gegend.

BIBLIOGRAPHIE: Strauss 1980, S. 283.
AUSSTELLUNGEN: Newcastle – London 1973, Nr. 96, Abb., S. 169; New York – Houston 1977/1978, S. 95, Nr. 104, Abb. 135; Paris 1978, S. 33, Nr. 83, Abb.

75 *Montagne Sainte-Victoire*   1904–1906
Venturi Nr. 1033 (1900–1906)
Aquarell über Bleistift, 470×530 mm.
Dr. Peter Nathan, Zürich

Das Aquarell gehört zu den prachtvollsten und im Sinne des Aquarellisten vollendetsten Ansichten der Montagne Sainte-Victoire. Vgl. die Gemälde Venturi Nrn. 798 (Museum of Art, Philadelphia), 799 (Carroll S. Tyson, Philadelphia), 800 (Atkins Museum, Kansas City), 801 (Kunsthaus, Zürich).

PROVENIENZ: Josse Bernheim-Jeune, Paris.
BIBLIOGRAPHIE: Venturi, S. 268, Nr. 1033, Abb.; Novotny 1938, S. 7, S. 11, S. 16 f., S. 42, S. 85, Abb. 9, S. 204, Nr. 93; Hoog 1972, S. 63, Abb.; Barskaya 1975, S. 190, Abb.; Rubin 1977, S. 100, Abb., S. 412 (bei Nr. 105).

AUSSTELLUNGEN: Paris 1956; Paris 1960, Nr. 23; *La douce France*, Nationalmuseum, Stockholm 1964, Nr. 50; Paris 1971, Nr. 19.

76 *Montagne Sainte-Victoire* 1902–1904
Nicht bei Venturi
Aquarell über Bleistift, 310×475 mm.
Mrs. Henry Pearlman, New York

PROVENIENZ: Erich Maria Remarque, Ascona.
BIBLIOGRAPHIE: *Pearlman Collection* 1972.
AUSSTELLUNGEN: New York 1943, Nr. 30; New York 1971, Nr. 21; New York 1974, Nr. 44, Abb.

77 *Montagne Sainte-Victoire* 1905–1906
Venturi Nr. 1030 (1900–1906)
Aquarell über Bleistift, 360×545 mm.
The Trustees of the Tate Gallery, London

Vgl. das Gemälde Venturi Nr. 803 (Puschkin-Museum, Moskau), das auf einer Fotografie zu erkennen ist, die der Maler K. X. Roussel im Januar 1906 von Cézanne bei der Arbeit am Chemin des Lauves aufgenommen hat (reproduziert in *Cézanne Briefe* 1979, S. 288/289).

PROVENIENZ: Ambroise Vollard, Paris; Pierre Loeb, Paris; Charles Montag, Lausanne; Pierre Matisse, New York; Dalzell Hatfield, Los Angeles; Hugh Walpole, London.
BIBLIOGRAPHIE: Venturi, S. 51, S. 268, Nr. 1030, Abb.; Novotny 1938, S. 11, S. 193; Venturi 1943, Abb. (Frontispiz); Schmidt 1952, S. 28f., Abb. 18; Köln 1956/1957, S. 74 (bei Nr. 49); Ronald Alley, *Tate Gallery Catalogues – The foreign paintings, drawings and sculpture*, London 1959, S. 36; Ratcliffe 1960, S. 31; Fritz Novotny, *Cézanne*, Köln, o.J., Abb. 48a; Wadley 1973, S. 832; Barskaya 1975, S. 191, Abb.; Rubin 1977, S. 27f., Abb., S. 69, Abb. 138; Kelder 1980, S. 391, Abb.
AUSSTELLUNGEN: *Hugh Walpole's Collection*, French Gallery, London 1937, Nr. 12; London 1939 (Wildenstein), Nr. 68, Abb.; *The Tate Gallery's Wartime Acquisitions*, National Gallery, London 1943, Nr. 23; *A selection from the Tate Gallery's Wartime Acquisitions*, CEMA touring Exhibition, 1942/1943, Nr. 8; London 1946, Nr. 19; Newcastle – London 1973, S. 22, Nr. 99, Abb., S. 170; Tokyo – Kyoto – Fukuoka 1974, Nr. 82, Abb.; Paris 1978, S. 212, S. 214f., Nr. 94, Abb.

78 *Zisterne im Park des Château Noir (Citerne dans le parc de Château Noir)* 1900–1904
Venturi Nr. 1038 (1900–1906)
Aquarell über Bleistift, 451×298 mm.
Verso: *Sitzender Akt*, 1880–1890, Bleistift und Aquarell, Venturi Nr. 894.
Mrs. Henry Pearlman, New York

PROVENIENZ: Ambroise Vollard, Paris; Erich Maria Remarque, Ascona.
BIBLIOGRAPHIE: Venturi, S. 250 (bei Nr. 894), S. 269, Nr. 1038, Abb.; Badt 1956, S. 27, Abb. 4; Badt 1971, S. 41f., Abb.;

Pearlman Collection 1972; Rubin 1977, S. 29, Abb. 94.
AUSSTELLUNGEN: New York 1943, Nr. 34; Den Haag 1956, Nr. 85; Zürich 1956, Nr. 137; München 1956, Nr. 108; Lausanne 1964, Nr. 104, Abb.; New York 1971, Nr. 20; New York 1974, Nr. 43, Abb.

79 *Bäume am Straßenrand (Arbres au bord d'une route)* 1900–1904
Nicht bei Venturi
Aquarell über Bleistift, 467×305 mm.
Sammlung Ernst Beyeler, Basel

PROVENIENZ: Ambroise Vollard, Paris; Dr. Walter Feilchenfeldt, Zürich; Robert von Hirsch, Basel; Auktion Sotheby, London 26.–27. Juni 1978, Nr. 841, Abb.
BIBLIOGRAPHIE: Schmidt 1952, S. 28, Abb. 16.
AUSSTELLUNGEN: London 1939, Nr. 7.

80 *Haus nahe der Biegung des Chemin des Lauves (Maison près d'un tournant en haut du Chemin des Lauves)* um 1904
Venturi Nr. 1037 (1900–1904)
Aquarell über Bleistift, 480×632 mm.
Mrs. Henry Pearlman, New York

John Rewald erwähnt (New York – Houston 1977/1978) ein entsprechendes, bei Venturi nicht verzeichnetes Gemälde. Außerdem existiert eine wahrscheinlich von Emile Bernard 1904 aufgenommene Fotografie des Motivs, das sich oberhalb von Cézannes Atelier am Chemin des Lauves befand.

PROVENIENZ: Ambroise Vollard, Paris; Justin K. Thannhauser, Luzern – New York.
BIBLIOGRAPHIE: Venturi, S. 269, Nr. 1037, Abb.; Munro 1956, S. 50; Chanin 1960, S. 230, S. 235, Abb.; Faunce 1963, S. 118, Abb.; *Pearlman Collection* 1972.
AUSSTELLUNGEN: Chicago – New York 1952, Nr. 112; New York 1956, Nr. 22, Abb.; Aix-en-Provence 1956, Nr. 84, Abb.; *Anonymous Collection*, The Baltimore Museum of Art, Baltimore 1958; New York 1959 (Knoedler), Nr. 29, Abb.; *Drawings, Watercolors, and Oils by Paul Cézanne lent by an anonymous collector*, Fogg Art Museum, Cambridge (Massachusetts) 1959; New York 1963, Nr. 66, Abb. 65; *Cézanne and Structure in Modern Painting*, The Solomon R. Guggenheim Museum, New York 1963; New York 1964, Nr. 12; *Collection of Mr. and Mrs. Henry Pearlman*, Munson-Williams-Proctor Institute, Utica, N.Y., 1965; Detroit 1967, Nr. 15; Pasadena 1967, Nr. 33, Abb.; New York 1974, Nr. 42, Abb.; New York – Houston 1977/1978, S. 69, S. 101, Abb. (Fotografie des Motivs), Nr. 112, Abb. 112.

81 *Jourdans Hütte (Le cabanon de Jourdan)* 1906
Venturi Nr. 1078 (1906)
Aquarell über Bleistift, 480×628 mm.
Privatbesitz

Aquarellfassung des Gemäldes Venturi Nr. 805 (Riccardo Jukker, Mailand). Der Ort, wo die links im Bild skizzierte Hütte des

Grundbesitzers Jourdan stand, ist nicht mehr auszumachen. Rewald schreibt im Katalog New York – Houston 1977/1978, daß das großformatige Aquarell möglicherweise jenes Landschaftsmotiv wiedergibt, an dem Cézanne arbeitete, als er am 15. Oktober 1906 einen Schwächeanfall erlitt, der schließlich zum Tod des Künstlers am 22. des Monats führte.

PROVENIENZ: Justin K. Thannhauser, Luzern; Privatbesitz, Zürich.
BIBLIOGRAPHIE: Rivière 1923, S. 225; Venturi, S. 51, S. 236 (bei Nr. 805), S. 274, Nr. 1078, Abb.; Schmidt 1952, Abb. 19; Ratcliffe 1960, S. 32.
AUSSTELLUNGEN: Basel 1936, Nr. 97; Den Haag 1956, Nr. 90; Aix-en-Provence 1956, Nr. 86, Abb.; Zürich 1956, Nr. 144; New York – Houston 1977/1978, S. 105, S. 403 (bei Nr. 56), S. 415 (bei Nr. 122), Nr. 116, Abb. 84; Paris 1978, S. 38, Nr. 66, Abb.

82 *Rückenlehne eines Stuhls (Dossier de chaise)*
1879–1882
Venturi Nr. 850 (1879–1882)
Aquarell über Bleistift, 177×127 mm.
Lord Clark, Hythe

Das Arrangement mit Stoff (?) auf der Sitzfläche eines Stuhles steht vor jener blau getönten Tapete mit Blattdekor, die auch im Hintergrund der Stilleben Venturi Nrn. 337–348 und des Porträts Venturi Nr. 374 erscheint. Nach Venturi befand sich die Tapete entweder in jenem Haus in Melun, wo Cézanne 1879 und 1880 wohnte, oder aber in der Pariser Wohnung 32 Rue de l'Ouest, wo er sich von März 1880 bis Mai 1881 und erneut von März bis Oktober 1882 aufhielt. Detailskizzen dieser oder einer ähnlichen Stuhllehne Chappuis Nrn. 336–340.

PROVENIENZ: Ambroise Vollard, Paris.
BIBLIOGRAPHIE: Venturi, S. 51, S. 243, Nr. 850, Abb.; Ratcliffe 1960, Anm. 38; Chappuis, S. 120 (bei Nr. 339).
AUSSTELLUNGEN: London 1946, Nr. 5.

83 *Stilleben mit drei Birnen (Nature morte avec trois poires)*
1880–1882
Venturi Nr. 859 (1879–1882)
Aquarell über Bleistift, 126×208 mm.
Museum Boymans-van Beuningen, Rotterdam (Inv.-Nr. F II 210)

PROVENIENZ: Paul Cézanne *fils*, Paris; Paul Cassirer, Berlin; Franz Koenigs, Haarlem.
BIBLIOGRAPHIE: Venturi, S. 245, Nr. 859, Abb.; Hoetink 1968, Nr. 28, Abb.; Siblik 1971, Abb. 66.
AUSSTELLUNGEN: Rotterdam 1933/1934, Nr. 11; Basel 1935, Nr. 179; Basel 1936, Nr. 68; Amsterdam 1938, Nr. 2; Amsterdam 1946, Nr. 12.

84 *Blütenzweig (Fleur)* 1882–1885
Venturi Nr. 1630 (1879–1882)
Aquarell über Bleistift, 323×215 mm.

Yale University Art Gallery, New Haven; Collection of Frances and Ward Cheney, B.A. 1922, Gift of Mrs. Franz von Ziegesar (Inv.-Nr. 1969. 107.1)

Vgl. die etwas später entstandene Zeichnung Chappuis Nr. 647 (Art Institute, Chicago).

PROVENIENZ: Ambroise Vollard, Paris; Frances Cheney, New York.
BIBLIOGRAPHIE: Venturi, S. 346, Nr. 1630, Abb.

85 *Hortensienblüte und Bildnis Hortense Cézanne (Hortensia avec portrait de Hortense Cézanne)* 1882–1886
Venturi Nr. 1100 (1883–1887)
Aquarell über Bleistift, 305×465 mm.
Privatbesitz

Das Aquarell der Hortensienblüte dürfte gleichzeitig mit der Porträtzeichnung entstanden sein. Vgl. die Zeichnung Chappuis Nr. 648.

PROVENIENZ: Paul Cézanne *fils*, Paris; Galerie Bernheim-Jeune, Paris; Charles Viguier, Paris; Charles Gillet, Paris.
BIBLIOGRAPHIE: L'Art vivant, 1926, S. 492, Abb.; Venturi, S. 277, Nr. 1100, Abb.; Andersen 1970, S. 95, Nr. 66; Chappuis, S. 178 (bei Nr. 648); Sidney Geist, *What makes the black clock run?* in: Art International, XXII, 2, 1978, S. 10, Abb.
AUSSTELLUNGEN: München 1929, Nr. 13; Tokyo – Kyoto – Fukuoka 1974, Nr. 68, Abb.; Tübingen 1978, Nr. 51, Abb.

86 *Stilleben mit Früchten (Nature morte avec fruits)*
1885–1888
Venturi Nr. 858 (1872–1877)
Aquarell über Bleistift, 238×318 mm.
Museum der bildenden Künste, Budapest (Inv.-Nr. 1935–2677)

Aufgrund des zeichnerischen Stils der nur an den entscheidenden Schattenzonen buntfarbigen Stillebenskizze wäre, gegenüber Venturi, eine spätere Datierung vorzuschlagen. Die Bleistiftnotizen am unteren Blattrand und die Bildausschnittangabe wurden von fremder Hand hinzugefügt. Vgl. das Stillebenaquarell Venturi Nr. 856.

PROVENIENZ: Pál von Majovszky, Budapest.
BIBLIOGRAPHIE: Lázár 1930, S. 631, Abb.; Venturi, S. 244, Nr. 858, Abb.; Hoffmann 1943, S. 153; Huyghe 1956, S. 98, Abb.; Pataky 1958, S. 9, Nr. 70, Abb.; Taillandier 1961, S. 70, Abb.; Andersen 1963, S. 24, Abb.; Siblik 1971, Abb. 35.
AUSSTELLUNGEN: Ausgestellt im Museum der bildenden Künste, Budapest, 1919, 1921, 1933, 1935, (Nr. 88), 1936, 1940, 1956, 1959, 1974.

87 *Blumenvase (Vase au bouquet)* um 1890
Nicht bei Venturi
Aquarell über Bleistift, 470×310 mm.
Verso: *Waldstück*, um 1890, Aquarell über Bleistift, nicht bei Venturi.
Fitzwilliam Museum, Cambridge (Inv.-Nr. PD. 6–1966)

Vgl. das wohl später entstandene, in der strengen Gliederung ähnliche Stillebenaquarell Venturi Nr. 1542 (Paul Mellon, Washington).

PROVENIENZ: Ambroise Vollard, Paris; Victor Schuster, London; Galerie Reid & Lefevre, London; Stanley W. Sykes, Cambridge.
BIBLIOGRAPHIE: Newcastle – London 1973, Nr. 73, Abb. (Ausschnitt).
AUSSTELLUNGEN: London 1949, Nr. 6; *Paintings from the Collections of the Earl of Sandwich and Stanley W. Sykes,* Huntingdonshire Music and Arts Society, Huntingdon 1949, Nr. 12; *French Paintings,* Maxwell Art Gallery, Peterborough 1953, Nr. 33; *European Drawings from the Fitzwilliam Museum,* Harvard University, Cambridge (Massachusetts) 1976/1977, Nr. 98.

88 *Stilleben mit Ingwertopf und Früchten (Nature morte avec pot de gingembre et fruits)* um 1890
Nicht bei Venturi
Aquarell über Bleistift, 320×490 mm.
Privatbesitz

Aquarellstudie zu dem Gemälde Venturi Nr. 595; vgl. auch das Aquarell Venturi Nr. 1134. Der Ingwertopf war ein – vor allem in den frühen neunziger Jahren – häufig benutztes Stillebenrequisit; vgl. die Gemälde Venturi Nrn. 496, 594–598, 616, 733, 737, 738.

PROVENIENZ: Ambroise Vollard, Paris.

89 *Jacke auf einem Hocker (Veste sur une chaise)*
1890–1895
Venturi Nr. 1125 (1890–1900)
Aquarell über Bleistift, 475×305 mm.
Marianne Feilchenfeldt, Zürich.

Stoffdraperien haben Cézanne vor allem wegen der Hell-Dunkel-Effekte fasziniert. In zahlreichen Stillebenarrangements sind sie, in feste Formen gebracht, wesentliches gestalterisches Element.

PROVENIENZ: Galerie Bernheim-Jeune, Paris; A. Chester Beatty, London; Galerie Paul Rosenberg, New York.
BIBLIOGRAPHIE: Elie Faure, *Paul Cézanne,* Paris 1926, Abb. 23; Venturi, S. 48, S. 281, Nr. 1125, Abb.; Raynal 1936, S. 138, Abb. 102; Dorival 1949, S. 180f., Abb. 18; Neumeyer 1958, S. 52, Nr. 57, Abb.; Carl Georg Heise, *Große Zeichner des 19. Jahrhunderts,* Berlin 1959, S. 172, Abb. 140; Longstreet 1964, Abb.; Das Werk, September 1964, S. 343, Abb.; Liliane Brion-Guerry, *Cézanne et l'expression de l'espace,* Paris 1966, Abb. 52; Pasadena 1967, S. 14, Abb.; Elgar 1969, S. 252, Abb. 151; Leymarie 1969, S. 90, Abb.; Siblik 1971, Abb. 50; Hoog 1972, S. 18, Abb.; Erpel 1973, Abb. 15; Venturi 1978, S. 118, Abb.
AUSSTELLUNGEN: London 1937, Nr. 38; London 1939 (Wildenstein), Nr. 62; London 1946, Nr. 26; Zürich 1956, Nr. 119,

Abb. 57; Paris 1959, Nr. 148; Wien 1961, Nr. 67, Abb. 38; Aix-en-Provence 1961, Nr. 29, Abb. 19; New York 1963, Nr. 35, Abb. 30; Lausanne 1964, Nr. 93, Abb.

90 *Stilleben mit zwei Totenschädeln (Nature morte avec deux crânes)* um 1895
Nicht bei Venturi
Aquarell über Bleistift, 242×314 mm.
Privatbesitz

Von den zahlreichen Stilleben mit Totenköpfen, Venturi Nrn. 61, 68, 751, 753, 758, 759, 1129–1131, 1568, kommen dem vorliegenden, zu den eindrucksvollsten Fassungen gehörenden Aquarell das Gemälde Venturi Nr. 1567 (Institute of Arts, Detroit), das bei Venturi nicht aufgeführte, skizzenhafte *Stilleben mit Totenschädel und Kerzenleuchter* (Staatsgalerie, Stuttgart) sowie die Zeichnung Chappuis Nr. 1214 (R. Chappuis, Tresserve) am nächsten. Die kontemplative Vorstellungswelt des memento mori, von Hinlänglichkeit und Vergänglichkeit, ist in der klaren Bildorganisation und der verhaltenen Farbigkeit besonders überzeugend angesprochen.

PROVENIENZ: Ambroise Vollard, Paris; Paul Cassirer, London; Erich Maria Remarque, Ascona; Paulette Goddard, Ascona.
BIBLIOGRAPHIE: Jewell 1949, S. 9, Abb.; Hofmann 1953, Abb. 38; Rousseau 1953, Abb. 38.
AUSSTELLUNGEN: London 1939, Nr. 34; Den Haag 1956, Nr. 64, Abb.; Zürich 1956, Nr. 103, Abb. 52; München 1956, Nr. 80, Abb.; New York 1963, Nr. 56, Abb. 52.

91 *Stilleben mit Äpfeln, Zuckerdose und Karaffe (Nature morte avec pommes, sucrier et carafe)* 1900–1902
Venturi Nr. 1135 (1885–1890)
Aquarell über Bleistift, 480×630 mm.
Kunsthistorisches Museum, Wien (Inv.-Nr. NG 42)

Der Holztisch mit der barock geschwungenen Unterseite wurde als Requisit in einem Porträt, Venturi Nr. 679 (Barnes Foundation, Merion), und in mehreren Stilleben der Spätzeit, Venturi Nrn. 730 (Musée du Louvre, Paris), 734 (National Museum of Wales, Cardiff), 1541 sowie in einem bei Venturi nicht aufgeführten Stillebengemälde in der National Gallery of Art, Washington, benutzt. Die Porzellanzuckerdose dagegen kommt seit den Stilleben der Frühzeit vor, vgl. Venturi Nrn. 62, 207, 594, 616, 738, 1145. Der auffallend kompakte Gebrauch der Aquarellfarben ist für manche der nach 1900 entstandenen Stilleben charakteristisch.

PROVENIENZ: Ambroise Vollard, Paris; Galerie Bernheim-Jeune, Paris; C. Reininghaus, Wien.
BIBLIOGRAPHIE: *Verzeichnis der Neuerwerbungen 1916–1918,* in: Mitteilungen aus der k.k. österreichischen Staatsgalerie, 2/3, Juni 1918, S. 8, Nr. 10; Max Dvořák, *Die Ausstellung der Neuerwerbungen der Staatsgalerie,* in: Die bildenden Künste, II, 1919, S. 36ff., Abb.; *Katalog der Modernen Galerie,* Wien 1929, Abb. 6; Venturi, S. 283, Nr. 1135, Abb.; Novotny 1938, S. 54, Anm. 49, S. 78, S. 164, Anm. 25; Novotny 1950, S. 231;

Taillandier 1961, S. 46, S. 66, Abb.; Loran 1963, S. 93; Siblik 1971, Abb. 15; Rubin 1977, Abb. 173.
AUSSTELLUNGEN: Paris 1907, Abb.; *Neuerwerbungen 1916–1918*, Künstlerhaus, Wien 1918; *Europäische Malerei des 19. Jahrhunderts*, Hofburg, Wien 1951; *Meisterwerke der Tier- und Stillebenmalerei*, Akademie der bildenden Künste, Wien 1952, Nr. 22; *Die moderne Galerie des Kunsthistorischen Museums*, Akademie der bildenden Künste, Wien 1956/1957, Nr. 4; Aix-en-Provence 1956, Nr. 81, Abb.; Wien 1961, Nr. 73, Abb. 45; Aix-en-Provence 1961, Nr. 35, Abb. 21.

92 *Stilleben mit Äpfeln auf einem Tablett (Nature morte avec pommes sur un plateau)* 1902–1906
Venturi Nr. 855 (1872–1877)
Aquarell über Bleistift, 315×479 mm.
Museum Boymans-van Beuningen, Rotterdam (Inv.-Nr. F II 121)

Vgl. im Hinblick auf die Zeichnung und die Anordnung der Früchte das 1902–1906 datierte Stillebenaquarell *Äpfel und Tintenfaß* (Paul Hirschland, Great Neck), Abb. 182 im Katalog New York – Houston 1977/1978.

PROVENIENZ: Galerie Bernheim-Jeune, Paris; Mlle. Diéterle, Paris; Paul Cassirer, Berlin; Franz Koenigs, Haarlem.
BIBLIOGRAPHIE: Venturi, S. 244, Nr. 855, Abb.; Hoetink 1968, Nr. 22, Abb.
AUSSTELLUNGEN: Amsterdam 1946, Nr. 8, Abb.; Paris – Amsterdam 1964, Nr. 200, Abb.

93 *Stilleben mit Äpfeln, Flasche und Stuhllehne (Nature morte avec pommes, bouteille, dossier de chaise)* 1902–1906
Venturi Nr. 1155 (1904–1906)
Aquarell über Bleistift, 445×590 mm.
Courtauld Institute Galleries, London

In diesem prachtvollen Stilleben hat sich offensichtlich Cézannes Interesse für Plastiken, insbesondere für Porträtbüsten des 18. Jahrhunderts, im Linienschwung der Zeichnung und der Pinselzüge niedergeschlagen.

PROVENIENZ: Paul Cézanne *fils*, Paris; Justin K. Thannhauser, Berlin – Luzern; Galerie Daber, Paris; Galerie Wildenstein, New York; Galerie Paul Rosenberg, Paris; Ivor Spencer Churchill, London; Samuel Courtauld, London; Home House Trustees, Samuel Courtauld Bequest.
BIBLIOGRAPHIE: d'Ors 1930, Abb. 20; Venturi, S. 286, Nr. 1155, Abb.; Taillandier 1961, S. 77, Abb.; Chappuis 1962, S. 114 (bei Nr. 209); Loran 1963, S. 88, S. 93; Walter Koschatz-ky, *Das Aquarell*, Wien – München 1969, S. 10, Abb.; Elgar 1969, S. 249 f.; Siblik 1971, Abb. 13; Brion 1973, S. 81, Abb.; Wechsler 1975, Abb. 19; Rubin 1977, S. 36; Strauss 1980, S. 288; Hermann Leber, *Aquarellieren lernen*, Köln 1980, S. 165, Abb. 31.
AUSSTELLUNGEN: *Eighth Exhibition of Watercolors and Pastels*, Cleveland Museum of Art, Cleveland 1930; Philadelphia 1934, Nr. 55; London 1939 (Wildenstein), Nr. 73; London

1946, S. 3, Nr. 56; Tate Gallery, London 1948, Nr. 86; *Impressionnistes de la Collection Courtauld de Londres*, Musée de l'Orangerie, Paris 1955, Nr. 72, Abb. 45; Aix-en-Provence 1961, Nr. 38, Abb. 22; Wien 1961, Nr. 81, Abb. 44; Newcastle – London 1973, S. 21, Nr. 98, Abb., S. 170; *French Paintings from the Courtauld Collection*, Graves Art Gallery, Sheffield 1976; *Samuel Courtauld's Collection of French 19th Century Paintings and Drawings*, Courtauld Institute Galleries, London 1976, Nr. 64; New York – Houston 1977/1978, Nr. 77, Abb. 184; Paris 1978, Nr. 34, Abb.

94 *Stilleben mit grüner Melone (Nature morte au melon vert)* 1902–1906
Venturi S. 350
Aquarell über Bleistift, 315×475 mm.
Privatbesitz

Das auf einer Tischplatte arrangierte Stilleben zeigt links einen Henkelkorb, daneben das große Rund einer Melone, dann ein Glas und rechts einen Apfel sowie einen Zweig mit Blättern.

PROVENIENZ: Ambroise Vollard, Paris; Edouard Jonas, Paris; Galerie Paul Rosenberg, New York; Robert von Hirsch, Basel; Auktion Sotheby, London 26.–27. Juni 1978, Nr. 836, Abb.
BIBLIOGRAPHIE: Venturi, S. 350; Schmidt 1952, S. 29, Abb. 25; Taillandier 1961, S. 71, Abb.; Siblik 1971, Abb. 12.

95 *Stilleben mit Granatapfel (Nature morte à la grenade)* 1902–1906
Venturi Nr. 1149 (1900–1906)
Aquarell über Bleistift, 315×476 mm.
Verso: Spuren einer unvollendet gebliebenen Aquarellstudie (Abb. S. 275).
Sammlung Ernst Beyeler, Basel

Das aus Früchten, einer Kasserolle, verschiedenen Gefäßen und Besteck zusammengestellte Motiv erhält seine prachtvolle Wirkung insbesondere aus dem Zusammenspiel von mit Farbe bedeckten und unbedeckten Partien. Seit der Frühzeit kommt einem schräg abgelegten Messer eine kompositorische Bedeutung in Cézannes Stillebenarrangements zu; vgl. Venturi Nrn. 59, 70, 185, 197, 214, 341, 344, 356, 604, 730, 734, 749, 1142, 1143.

PROVENIENZ: Justin K. Thannhauser, Berlin – Luzern; Arthur Hahnloser, Winterthur; Hans R. Hahnloser, Bern; Auktion Kornfeld & Cie., Bern 7.–8. Juni 1978, Nr. 91, Abb.
BIBLIOGRAPHIE: Meier-Graefe 1918 (Aquarelle), Abb. 3; Pfister 1927, Abb. 78; Venturi, S. 285, Nr. 1149, Abb.; Hoog 1972, S. 71, Abb.
AUSSTELLUNGEN: *Französische Malerei*, Kunstmuseum Winterthur 1916, Nr. 32; *La Provence et ses peintres au XIXe siècle*, Musée de Cannes 1929, Nr. 67; Basel 1936, Nr. 93; *La Peinture Française du XIXe siècle en Suisse*, Gazette des Beaux Arts, Paris 1938, Nr. 20; *Die Hauptwerke der Sammlung Hahnloser, Winterthur*, Kunstmuseum Luzern, 1940, Nr. 34, Abb. 18; Köln 1956/1957, Nr. 52, Abb.; München 1969, Nr. 32, Abb. 1; München 1973, Nr. 305.

96 *Junge mit Mütze (Garçon à la casquette)* um 1878
Venturi Nr. 887 (1872–1877)
Aquarell und Deckweiß über Bleistift, 125×105 mm.
Privatbesitz, Schweiz

Es könnte Paul Cézanne *fils* im Alter von etwa sechs oder sieben Jahren dargestellt sein; vgl. die Porträtzeichnungen Chappuis Nrn. 697–707, 723. Am Blattrand links und unten Reste einer Zeichnung (Landschaft?).

PROVENIENZ: Paul Cézanne *fils*, Paris; Paul Renoir, Paris.
BIBLIOGRAPHIE: Venturi, S. 249, Nr. 887, Abb.

97 *Kopf eines Mannes mit Hut, von hinten gesehen (Tête d'homme portant chapeau vue de derrière)* um 1885
Nicht bei Venturi
Aquarell über Bleistift, 270×310 mm.
Privatbesitz

Cézanne zeichnete zweimal ihm nahestehende Freunde, nämlich den Arzt Dr. Gachet, Chappuis Nr. 296, und Camille Pissarro, Chappuis Nr. 301 (Kunstmuseum Basel, Kupferstichkabinett). Der stilistische Befund des Aquarells steht der Annahme entgegen, Cézanne habe hier mit wenigen, souverän auf das Papier gesetzten Farbigkeiten den Kunsthändler Ambroise Vollard porträtiert; Cézanne und Vollard kannten sich seit 1896.

PROVENIENZ: Ambroise Vollard, Paris; Paul Cassirer, London; Erich Maria Remarque, Ascona.
AUSSTELLUNGEN: London 1939, Nr. 32; New York 1947, Nr. 77; Den Haag 1956, Nr. 63; Zürich 1956, Nr. 101; München 1956, Nr. 79.

98 *Studie zu einem Kartenspieler (Etude pour un joueur de cartes)* um 1892
Venturi Nr. 1088 (1890–1892)
Aquarell (Papier mit Wasserzeichen: Vidalon), 485×326 mm.
Verso: *Porträtstudie,* um 1892, Bleistiftzeichnung, Chappuis Nr. 1095.
Privatbesitz, Schweiz

Studie für den links am Tisch sitzenden Kartenspieler der Gemälde Venturi Nrn. 556–558; vgl. Venturi Nr. 566 (National Gallery of Art, Washington).

PROVENIENZ: Adrien Chappuis, Paris; Galerie Paul Rosenberg, Paris; Paul Cassirer, Amsterdam; Franz Koenigs, Haarlem.
BIBLIOGRAPHIE: Vollard 1914, S. 51, Abb.; Venturi, S. 326 (bei Nr. 1482), S. 275, Nr. 1088, Abb.; Badt 1956, S. 66, S. 91; Faure o.J., Abb. 12; Andersen 1970, S. 229 (bei Nr. 251); Chappuis, S. 250 (bei Nr. 1095); Adriani 1978, S. 89, Anm. 207.
AUSSTELLUNGEN: Amsterdam 1938, Nr. 12; London 1939, Nr. 27.

99 *Knabe mit roter Weste (Garçon au gilet rouge)* 1890–1895

Venturi Nr. 1094 (1890–1895)
Aquarell über Bleistift, 462×302 mm.
Marianne Feilchenfeldt, Zürich.

In der ersten Hälfte der neunziger Jahre entstanden vier Gemäldeversionen des *Knaben mit der roten Weste,* Venturi Nrn. 680–683 (The Museum of Modern Art, New York; Sammlung Bührle, Zürich; Paul Mellon, Washington; Barnes Foundation, Merion). Die Fassung Venturi Nr. 680 zeigt das Modell – nach Rivière 1923, handelt es sich um einen Italiener namens Michelangelo di Rosa – von der Seite gesehen in derselben in sich versunkenen Haltung wie auf dem Aquarell, das in seiner Frontalität ein ebenbürtiges Pendant im anderen Medium darstellt.

PROVENIENZ: Ambroise Vollard, Paris.
BIBLIOGRAPHIE: Vollard 1914, S. 163, Abb.; Arishima 1926, Abb. 24; Venturi, S. 211 (bei Nr. 680), S. 276, Nr. 1094, Abb.; *Cézanne* 1947, Abb.; Schmidt 1952, S. 28, Abb. 31; Hofmann 1953, Abb. 30; Rousseau 1953, Abb. 30; Neumeyer 1958, S. 23 f., S. 48 f., Nr. 45, Abb.; Longstreet 1964, Abb.; Pasadena 1967, S. 14 f., Abb.; Ramuz 1968, Abb. 23; Elgar 1969, Abb. 143; Leymarie 1969, S. 88, S. 91, Abb.; Murphy 1971, S. 93, S. 99; Hoog 1972, S. 19, Abb.; Erpel 1973, Abb. 13.
AUSSTELLUNGEN: London 1939, Nr. 15; New York 1941, Nr. 126; New York 1947, Nr. 78, Abb.; Chicago – New York 1952, Nr. 74, Abb.; *Europäische Meister, 1790–1910,* Kunstmuseum, Winterthur 1955, Nr. 222; Den Haag 1956, Nr. 70, Abb.; Aix-en-Provence 1956, Nr. 74; Zürich 1956, Nr. 110, Abb. 51; München 1956, Nr. 85, Abb.; Köln 1956/1957, Nr. 38, Abb.; Paris 1959, Nr. 147, Abb. 31; Wien 1961, Nr. 66, Abb. 39; New York 1963, Nr. 33, Abb. 31; Hamburg 1963, Nr. 17, Abb. 59; Lausanne 1964, Nr. 96, Abb.; Washington – Chicago – Boston 1971, Nr. 47, Abb.; München 1973, Nr. 302, Abb.

100 *Selbstbildnis (Portrait de l'artiste)* um 1895
Nicht bei Venturi
Aquarell über Bleistift, 282×257 mm.
Walter Feilchenfeldt, Zürich

Unter den insgesamt 36 bei Venturi aufgeführten Selbstbildnissen und den von Chappuis zusammengestellten 23 gezeichneten Selbstporträts ist dies das einzige Beispiel im Aquarellmedium. Es kommt dem 1890–1894 datierten Gemälde Venturi Nr. 578 am nächsten und zeigt den Künstler im Alter von etwa 55 Jahren.

PROVENIENZ: Ambroise Vollard, Paris; Hans Mettler, St. Gallen.
BIBLIOGRAPHIE: Schmidt 1952, S. 27, Abb. 1; Taillandier 1961, S. 88, Abb.; Pasadena 1967, S. 3, Abb.; Ramuz 1968, Nr. 47; Elgar 1969, S. 246; Siblik 1971, Abb. 51; Hoog 1972, S. 64, Abb.
AUSSTELLUNGEN: Chicago – New York 1952, Nr. 69, Abb.; Den Haag 1956, Nr. 74; Zürich 1956, Nr. 121, Abb. 53; München 1956, Nr. 91, Abb.; Köln 1956/1957, Nr. 43, Abb.; *Französische Malerei von Delacroix bis Picasso,* Volkswagenwerk, Wolfsburg 1961, Nr. 175, Abb. 62; New York 1963, Nr. 28,

Abb. 25; Hamburg 1963, Nr. 21, Abb. 73; Lausanne 1964, Nr. 98, Abb.; *50 Jahre Kunsthandelsverband der Schweiz*, Kunsthaus, Zürich 1973, Nr. 234, Abb.

101 *Sitzende Frau (Femme assise)* 1902–1904
Venturi Nr. 1093 (1895–1900)
Aquarell über Bleistift, 480×360 mm.
Galerie Jan Krugier, Genf

Aquarellfassung des unvollendet gebliebenen Gemäldes Venturi Nr. 1611. Vgl. als Pendant das Aquarell eines am Tisch sitzenden Mannes, Venturi Nr. 1099 (ehemals Robert von Hirsch, Basel).

PROVENIENZ: Ambroise Vollard, Paris; Adams Brothers, London; Paul Rosenberg, New York; Robert von Hirsch, Basel; Auktion Sotheby, London 26.–27. Juni 1978, Nr. 838, Abb.
BIBLIOGRAPHIE: Vollard 1914, S. 125, Abb.; Venturi, S. 276, Nr. 1093, Abb., S. 343 (bei Nr. 1611); Venturi 1943, Abb. 14; Rubin 1977, Abb. 21.
AUSSTELLUNGEN: London 1946, Nr. 25.

102 *Sitzender Bauer (Paysan assis)* 1902–1904
Venturi Nr. 1089 (1900–1904)
Aquarell, 456×310 mm.
Kunsthaus Zürich, Graphische Sammlung (Inv.-Nr. 2372).

Aquarellstudie zu dem Gemälde Venturi Nr. 713. Die Gestalt erhält ihre Authentizität aus der einfachen, frontalen Haltung des auf einem Hocker Sitzenden.

PROVENIENZ: Paul Cassirer, Amsterdam.
BIBLIOGRAPHIE: Meier-Graefe 1918 (Aquarelle), Abb. 6; Meier-Graefe 1922, S. 221, Abb.; Venturi, S. 219 (bei Nr. 713), S. 276, Nr. 1089, Abb.; Raynal 1954, S. 110 f., Abb., Neumeyer 1958, S. 49, Nr. 47, Abb.; Balzer 1958, Abb. 113; Longstreet 1964, Abb.; Elgar 1969, S. 246; Brion 1973, S. 56, Abb.
AUSSTELLUNGEN: Berlin 1921, Nr. 49; Paris 1936, Nr. 132; Paris 1939, Nr. 55; Lyon 1939, Nr. 55; London 1939 (Wildenstein), Nr. 60; *La peinture français en Suisse*, Galerie Wildenstein, Paris 1939, Nr. 19; Den Haag 1956, Nr. 82; Aix-en-Provence 1956, Nr. 80; Zürich 1956, Nr. 134, Abb. 62; München 1956, Nr. 106, Abb.; Wien 1961, Nr. 77, Abb. 33; Newcastle – London 1973, S. 13, Abb., Nr. 89, Abb.; New York – Houston 1977/1978, S. 60, Abb., S. 406 (bei Nr. 64), Nr. 119, Abb. 95; Paris 1978, Nr. 7, Abb.

103 *Der Gärtner Vallier (Le jardinier Vallier)* 1906
Venturi Nr. 1566 (1902–1906)
Aquarell über Bleistift, 480×315 mm.
Privatbesitz, Schweiz

In den letzten beiden Lebensjahren, als Cézanne erstmals seit frühen Versuchen in den sechziger Jahren die Gelegenheit wahrnahm, auch Bildnisse im Freien zu malen, porträtierte er mehrfach den Gärtner Vallier auf der Terrasse vor dem Atelier, Venturi Nrn. 715–718, 1092, 1102, 1524. Die im Bildausschnitt

etwas weiter gefaßten Versionen Venturi Nrn. 715, 1524 und 1092 sind wohl früher entstanden als das vorliegende Aquarell, das zu den letzten und schönsten Porträts Cézannes zählt.

PROVENIENZ: Ambroise Vollard, Paris; Victor Schuster, London; Edward Molyneux, Paris; O. Edler, London; Auktion Sotheby, London 26. März 1958, Nr. 138, Abb.
BIBLIOGRAPHIE: Venturi, S. 332 (bei Nr. 1524), S. 338, Nr. 1566, Abb.; Venturi 1943, S. 42, Abb. 29; Ratcliffe 1960, Anm. 104; Siblik 1971, Abb. 14; Hoog 1972, S. 67, Abb.; Wadley 1975, S. 69, S. 71, Abb. 65; Rubin 1977, S. 66, S. 386 (bei Nr. 2), S. 415 (bei Nrn. 120, 121), Abb. 30; Venturi 1978, S. 129, Abb.; Adriani 1978, S. 334 (bei Nr. 102).
AUSSTELLUNGEN: *Nineteenth Century French Paintings*, National Gallery, London 1946, Nr. 35; Wien 1961, Nr. 82, Abb. 46; Aix-en-Provence 1961, Nr. 39, Abb. 23; New York 1963, Nr. 70, Abb. 66; *Documenta III*, Kassel 1964; Paris 1971, Nr. 21; Newcastle – London 1973, Nr. 97, Abb., S. 169 f.; Tokyo – Kyoto – Fukuoka 1974, Nr. 87, Abb.

104 *Studie nach Caravaggio: Grablegung Christi (Etude d'après le Caravage: La mise au tombeau)* 1877–1880
Venturi Nr. 869 (1879–1885)
Aquarell über Bleistift, 273×211 mm.
Privatbesitz, Schweiz

Blatt aus einem Skizzenalbum; Bleistiftangaben an den Rändern von fremder Hand hinzugefügt. Das Aquarell sowie die Pauszeichnung Chappuis Nr. 468 (R. Chappuis, Tresserve), entstanden nach einem Stich, der, basierend auf einer Zeichnung Bourdons, nach Caravaggios Gemälde *Grablegung Christi* (Pinacoteca Vaticana, Rom) von Louis Pauquet gefertigt worden war.

PROVENIENZ: E. Hahnloser, Paris; Hans R. Hahnloser, Bern.
BIBLIOGRAPHIE: Meier-Graefe 1921, Abb. 10; Roberto Longhi, *Questi Caravaggeschi*, in: Pinacoteca, I, März–Juni 1929, S. 320, Abb. 53; d'Ors 1930, S. 12, Abb.; Venturi, S. 50, S. 246, Nr. 869, Abb.; Neumeyer 1958, S. 20, S. 40, Nr. 17, Abb.; Berthold 1958, S. 35, S. 154; Chappuis, S. 143 (bei Nr. 468); Adriani 1978, S. 85, Anm. 156.
AUSSTELLUNGEN: Lyon 1939, Nr. 46; London 1939 (Wildenstein), Nr. 51; Zürich 1956, Nr. 208; München 1956, Nr. 73; Köln 1956/1957, Nr. 34; Wien 1961, Nr. 52; Aix-en-Provence 1961, Nr. 34; München 1969, Nr. 27, Abb. 24.

105 *Studie nach einem Grabdenkmal (Etude de monument funéraire)* 1878–1882
Venturi Nr. 870 (1879–1885)
Aquarell über Bleistift, 217×126 mm.
Verso: *Porträt nach Bacchiacca und Gebäude des Jas de Bouffan*, 1882–1885, Bleistiftzeichnung, Chappuis Nr. 608.
Museum Boymans-van Beuningen, Rotterdam (Inv.-Nr. F II 211)

Aquarellstudie nach der betenden Figur mit Wappenschild eines nicht identifizierten Grabdenkmals (?), wohl aus dem 17. Jahrhundert. Vgl. die Detailzeichnungen Chappuis Nrn. 625, 626.

Das Aquarell entstammt demselben Skizzenalbum (Leigh Block, Chicago) wie die genannten Zeichnungen.

PROVENIENZ: Paul Cézanne *fils,* Paris; Paul Cassirer, Berlin; Franz Koenigs, Haarlem.
BIBLIOGRAPHIE: Venturi, S. 246, Nr. 870, Abb.; Berthold 1958, S. 154; Hoetink 1968, Nr. 29, Abb.; Siblik 1971, Abb. 33; Chappuis, S. 172 (bei Nr. 608), S. 175 (bei Nrn. 625, 626).
AUSSTELLUNGEN: Rotterdam 1933/1934, Nr. 12; Amsterdam 1938, Nr. 3.

106 *Studie nach Delacroix: Medea (Etude d'après Delacroix: Médée)* 1880–1885
Venturi Nr. 867 (1879–1882)
Aquarell über Bleistift, 395×261 mm.
Kunsthaus Zürich, Graphische Sammlung (Inv.-Nr. 2371)

Die Aquarellkopie nach Delacroix' *Médée furieuse* wurde wahrscheinlich nicht nach der berühmten, 1838 gemalten Fassung des Musée des Beaux-Arts, Lille, gefertigt, sondern nach einer kleineren Version, die sich im Besitz des Sammlers Victor Chocquet befand (Rewald 1969, S. 56, und Katalog Newcastle – London 1973, S. 158 f.).

PROVENIENZ: C. Hoogendijk, Den Haag; Auktion Amsterdam 22. Mai 1912, Nr. 101; Paul Cassirer, Amsterdam.
BIBLIOGRAPHIE: Meier-Graefe 1918, S. 119, Abb.; Meier-Graefe 1918 (Aquarelle), Abb. 10; Meier-Graefe 1922, S. 75, Anm. 21, S. 145, Abb.; Emil Waldmann, *Paul Cézanne – Zur Ausstellung im Kunstsalon Paul Cassirer,* in: Kunst und Künstler, XX, 1922, S. 134, Abb.; Julius Meier-Graefe, *Delacroix,* München 1922, Abb. 133; Pfister 1927, Abb. 59; Samleren, August 1929, S. 114; Rewald 1935, S. 282 ff.; Venturi, S. 17, S. 50, S. 246, Nr. 867, Abb.; Venturi 1943, S. 15, Abb. 8; Göran Schildt, *Paul Cézanne's Personlighet,* Helsingfors 1947, Abb. 32; Schmidt 1952, S. 26, Abb. 2; Raynal 1954, S. 21, Abb.; Neumeyer 1958, S. 20, S. 40 f., Nr. 18, Abb.; Balzer 1958, Abb. 110; Berthold 1958, S. 154; Lichtenstein 1964, S. 56, Anm. 18; Pasadena 1967, S. 12, Abb.; Schapiro 1968, S. 86 f., Anm. 76; Ikegami 1969, Abb. 3; Rewald 1969, S. 56; Murphy 1971, S. 72 f., Abb.; Wadley 1973, S. 831; Lichtenstein 1975, S. 121, S. 123, Abb. 26; Barnes 1977, S. 105, Anm. 1; Venturi 1978, S. 49, Abb.
AUSSTELLUNGEN: Berlin 1921, Nr. 51, Abb.; Paris 1936, Nr. 120; Paris 1939, Nr. 27; Lyon 1939, Nr. 45; London 1939 (Wildenstein), Nr. 50; Chicago – New York 1952, Nr. 35, Abb.; *Falsch oder echt?,* Kunsthaus, Zürich 1953; *Monticelli et le baroque Provençale,* Musée de l'Orangerie, Paris 1953, Nr. 22; Den Haag 1956, Nr. 58; Zürich 1956, Nr. 96, Abb. 50; München 1956, Nr. 72, Abb.; Wien 1961, Nr. 50, Abb. 31; Newcastle – London 1973, S. 10, Nr. 43, Abb., S. 158 f.

107 *Studie nach Nicolas Coustou (?): Stehender Putto (Etude d'après Nicolas Coustou (?): Amour debout)* um 1900
Venturi Nr. 1083 (1895–1900)
Aquarell über Bleistift, 480×315 mm.
Museum der bildenden Künste, Budapest (Inv.-Nr. 1935–2676)

Die Aquarellstudie zeigt die Rückansicht eines ehemals Puget, dann auch François Duquesnoy oder dem 1680 bis 1682 in Aix-en-Provence tätigen Christophe Veyrier zugeschriebenen Putto. Von dieser heute verschollenen Arbeit besaß Cézanne einen Gipsabguß, auf dessen Sockel Teile einer Inschrift zu erkennen sind, die auf den Bildhauer Nicolas Coustou als Schöpfer des Originals hinweisen. Nach dem 45 cm hohen Gipsmodell, das in vielen Ateliers und Kunstschulen als Vorlage diente, sind, meist auf großformatigen Blättern, insgesamt vier Aquarelle, Venturi Nrn. 1081–1084 und elf Zeichnungen erhalten, Chappuis Nrn. 980bis – 990; vgl. auch die Gemälde Venturi Nrn. 706, 707, 711, 1608, 1609.

PROVENIENZ: Pál von Majovszky, Budapest.
BIBLIOGRAPHIE: S. Meller, *Handzeichnungen des XIX. Jahrhunderts aus der Sammlung P. v. Majovszky,* in: Die graphischen Künste, 1919, S. 19, Abb.; Meier-Graefe 1921, Abb. 21; Lázár 1930, S. 632, Abb.; D. Rózsaffy, *Une exposition de dessins français du XVe au XXe siècle au Musée des Beaux-Arts de Budapest,* in: Le Bulletin de l'art ancien et moderne, 1933, S. 383; Venturi, S. 50, S. 274 (bei Nr. 1081), S. 275, Nr. 1083, Abb., S. 322 (bei Nr. 1457); Hoffmann 1943, S. 150 ff., Abb.; Berthold 1958, S. 154; Pataky 1958, S. 9, Nr. 71, Abb.; Siblik 1971, Abb. 44; Rubin 1977, S. 52, Anm. 109; Adriani 1978, S. 355 (bei Nr. 178).
AUSSTELLUNGEN: Ausgestellt im Museum der bildenden Künste, Budapest, 1919, 1921, 1930, 1933, 1935, 1936, 1956, 1959, 1971; Wien 1967, Nr. 113; Leningrad 1970, Nr. 93.

108 *Ins Wasser Springender (Le plongeon)* 1867–1870
Venturi Nr. 818 (1865–1870)
Deckfarben und Aquarell über Tusche und Bleistift, 127×121 mm.
The National Museum of Wales, Cardiff

Venturis Interpretation des Motivs als *Sturz des Ikarus* vermag nicht zu überzeugen; vielmehr dürfte es sich um den Kopfsprung eines Badenden handeln, wie er auch in der Zeichnung Chappuis Nr. 96, und im Aquarell Venturi Nr. 1615, skizziert wurde.

PROVENIENZ: P. Hazard, Orrouy; Auktion Galerie Georges Petit, Paris 1.–3. Dezember 1919, Nr. 257; Galerie Bernheim-Jeune, Paris; Gwendoline Davies, London.
BIBLIOGRAPHIE: Venturi, S. 239, Nr. 818, Abb.; J. E. H. Steegman, *Catalogue of the Gwendoline E. Davies Bequest,* Cardiff 1957, Nr. 17; John Ingamells, *The Davies Collection of French Art,* Cardiff 1967, S. 83; Chappuis, S. 71 (bei Nr. 96); Adriani 1980, Abb. 15.
AUSSTELLUNGEN: London 1925, Nr. 1; Newcastle – London 1973, Nr. 9, Abb., S. 152.

109 *Drei weibliche Badende (Trois baigneuses)* 1874–1876
Venturi Nr. 898 (1872–1877)
Aquarell und Deckfarben über Bleistift, 114×127 mm.
The National Museum of Wales, Cardiff

Die beiden Mädchenakte links im Bild werden durch das Auftauchen eines faunischen Voyeurs erschreckt. Aquarellfassung des Gemäldes Venturi Nr. 266; vgl. auch die Zeichnungen Chappuis Nrn. 367, 368.

PROVENIENZ: P. Hazard, Orrouy; Auktion Galerie Georges Petit, Paris 1.–3. Dezember 1919, Nr. 258, Abb.; Galerie Bernheim-Jeune, Paris; Gwendoline Davies, London.
BIBLIOGRAPHIE: L'Amour de l'Art, 1920, S. 268, Abb.; Venturi, S. 251, Nr. 898, Abb., S. 302 (bei Nr. 1253); J. E. H. Steegman, *Catalogue of the Gwendoline E. Davies Bequest*, Cardiff 1957, Nr. 16; Ratcliffe 1960, Anm. 29; Elgar 1969, Abb. 42; Chappuis, S. 125 (bei Nrn. 367, 368); Adriani 1978, S. 341 (bei Nr. 135); Adriani 1980, S. 60, Abb. 16.
AUSSTELLUNGEN: London 1925, Nr. 5; Newcastle–London 1973, Nr. 23, Abb., S. 154.

110 *Männliche Badende am Ufer (Baigneurs au repos)*
1875–1877
Venturi Nr. 899 (1875–1877)
Aquarell und Deckfarben über brauner Tusche, 110×175 mm.
Bridgestone Museum of Art, Tokyo

Die kleine Studie, deren ausführliche Vorzeichnung in Tusche ungewöhnlich ist, dürfte in Zusammenhang mit den Gemälden Venturi Nrn. 273, 274, 276 entstanden sein. Die Figurenanordnung wurde 1896–1898 als Lithographie, Venturi Nr. 1157, erneut aufgegriffen (Nr. 111). Vgl. die später gezeichneten Figurenskizzen Chappuis Nrn. 275, 351, 507, 508, 625, 683, 946, 947 sowie die monumentale Einzelgestalt auf dem Gemälde Venturi Nr. 548 (The Museum of Modern Art, New York).

PROVENIENZ: P. Hazard, Orrouy; Auktion Galerie Georges Petit, Paris 1.–3. Dezember 1919, Nr. 260, Abb.; Galerie Bernheim-Jeune, Paris; Shirakaba, Tokyo; Marubeni Corporation, Tokyo.
BIBLIOGRAPHIE: Fry 1927, Abb. 29; Venturi, S. 125 (bei Nr. 276), S. 251, Nr. 899, Abb.; Novotny 1937, Abb. 96; Neumeyer 1958, S. 17, S. 21, S. 38, Nr. 11, Abb.; Berthold 1958, S. 36; Reff 1959, S. 28; Melvin Waldfogel, *Caillebotte, Vollard and Cézanne's ›Baigneurs au repos‹*, in: Gazette des Beaux Arts, LXV, 107, 1965, S. 120, Anm. 9; Chappuis, S. 122 (bei Nr. 351); Adriani 1978, S. 343 (bei Nr. 144).

111 *Die großen Badenden (Les grands baigneurs)*
1896–1898
Nicht bei Venturi
Aquarellierte Lithographie, 419×535 mm.
The National Gallery of Canada, Ottawa (Inv.-Nr. 16605).

Die vom Künstler aquarellierte schwarz-weiße Lithographie, die rechts unten im Stein signiert ist, diente als Vorlage für die von Auguste Clot gedruckte Auflage (wenigstens 100 Exemplare) der farbigen Lithographie Venturi Nr. 1157.

PROVENIENZ: Ambroise Vollard, Paris.
BIBLIOGRAPHIE: Rubin 1977, S. 119, S. 121, S. 128, S. 130ff., Abb. 10.

Paul Cézanne, *Die Badenden*, 1875–1877. Öl auf Leinwand, 79,4×100,3 cm. Barnes Foundation, Merion (Venturi Nr. 276)

118 Verso-Seite

112 *Zwei liegende männliche Akte (Deux nus allongés)*
1880–1885
Venturi Nr. 1410
Bleistift und Aquarell, 125×204 mm.
Verso: *Zinnie*, um 1890, Bleistiftzeichnung, Chappuis Nr. 1021.
Kunstmuseum Basel, Kupferstichkabinett (Inv.-Nr. 1935.171)

Seite neun aus dem Skizzenalbum *BS III*, dessen Blätter sich im Kupferstichkabinett des Kunstmuseums Basel befinden. Seitenangaben oben links von fremder Hand.

PROVENIENZ: Paul Cézanne *fils*, Paris; Paul Guillaume, Paris; W. Feuz, Bern.
BIBLIOGRAPHIE: Venturi, S. 317, Nr. 1410, Abb.; Chappuis 1962, Nr. 132, Abb.; Chappuis, S. 235 (bei Nr. 1021).
AUSSTELLUNGEN: Rom 1979, Nr. 82, Abb.

113 *Männlicher Akt (Homme nu)* 1883–1886
Venturi Nr. 1436
Bleistift, blaue Kreide, schwarze und violette Tuschen, Aquarell, 205×126 mm.
Verso: Entwurf eines Briefes vom 21. September 1894 (*Cézanne Briefe* 1979, S. 220).
Kunstmuseum Basel, Kupferstichkabinett (Inv.-Nr. 1935.164)

Seite 30 aus dem Skizzenalbum *BS III*, dessen Blätter sich im Kupferstichkabinett des Kunstmuseums Basel befinden. Über dem Akt, der eine der Hintergrundfiguren der Gemälde Venturi Nrn. 582, 587, 590 entwirft, ist eine verschlossene Büchse mit einem kleinen Brotlaib darauf skizziert (darüber die Worte: »Chez Marie«). In Bleistift steht am oberen Blattrand: »A demain donc, ce n'est qu'un plaisir différé – et le désirs s'accroît quand l'effet se recule« (Pierre Corneille, *Polyeucte*, I, 1, Vers 42); am unteren Rand Addition zweier Summen.

PROVENIENZ: Paul Cézanne *fils*, Paris; Paul Guillaume, Paris; W. Feuz, Bern.
BIBLIOGRAPHIE: Venturi, S. 319, Nr. 1436, Abb.; Chappuis 1962, Nr. 133, Abb.; Chappuis, S. 176, Nr. 629, Abb.
AUSSTELLUNGEN: Rom 1979, Nr. 83, Abb.

114 *Stehender männlicher Rückenakt (Homme nu debout, vu de dos)* um 1885
Venturi Nr. 903 (1879–1882)
Bleistift und Aquarell, 223×171 mm.
Wadsworth Atheneum, Hartford; The Ella Gallup Sumner and Mary Catlin Sumner Collection

Die Figur, die – allerdings seitenverkehrt – auf eine Rückansicht des sogenannten *Römischen Redners*, eine von Cleomenes signierte antike Marmorstatue im Louvre, zurückgeht, wurde sowohl als Einzelgestalt, wie auch im Zusammenhang der *Badenden* mehrmals von Cézanne gestaltet. Sie bildet einen Hauptakzent in den meisten Gemälden, Aquarellen und Zeichnungen mit männlichen *Badenden*; vgl. Venturi Nrn. 268, 387–390, 393, 394, 541, 580–582, 585, 587–591, 901, 1110, 1114, und Chappuis Nrn. 418–430, 432.

PROVENIENZ: Raphael Gérard, Paris; Louis Hodebert, Paris; Etienne Bignon, Paris; Georges Seligmann, Paris.
BIBLIOGRAPHIE: Karl Scheffler, *Die Jüngsten*, in: Kunst und Künstler, XI, 1913, S. 390, Abb.; Theodore Duret, *Die Impressionisten*, Berlin 1920, S. 114, Abb.; Lothar Brieger, *Das Aquarell*, Berlin 1923, S. 379, Abb.; Parnassus, 3, April 1930, S. 46, Abb.; Bulletin of Wadsworth Atheneum, 1931; Venturi, S. 48, S. 150 (bei Nr. 393), S. 251 f., Nr. 903, Abb.; John Rewald, *Correspondence de Paul Cézanne*, Paris 1937, Abb. 18; Magazine of Art, 41, 1, Januar 1948, S. 27, Abb. 3; Dorival 1949, S. 77, S. 180, Abb. 16; Schmidt 1952, S. 26, Abb. 5; Theodore Rousseau, *Cézanne as an Old Master*, in: Art Digest, LI, 2, April 1952, S. 52, Abb.; Neumeyer 1958, S. 20, S. 39 f., Nr. 16, Abb.; *Wadsworth Atheneum Handbook*, Hartford 1958, S. 136, Abb.; Taillandier 1961, S. 80, Abb.; Chappuis 1962, S. 79 (bei Nr. 111); Andersen 1963, S. 25, Abb.; Murphy 1971, S. 19, Abb.; Siblik 1971, Abb. 36; Chappuis, S. 135 (bei Nr. 425); Barskaya 1975, S. 180, Abb.; Adriani 1978, S. 87, Anm. 174, S. 342 (bei Nrn. 140, 141).
AUSSTELLUNGEN: Slater Memorial Museum, Norwich 1932; Smith College Museum of Art, Northampton 1933; New York 1933, Nr. 15; Philadelphia 1934, Nr. 46; *From Delacroix to Neo-Impressionism*, Lyman Allyn Museum, New London 1950; Chicago – New York 1952, Nr. 29, Abb.; *Masterpieces from the Wadsworth Atheneum*, Galerie Knoedler, New York 1958; Wien 1961, Nr. 61; Aix-en-Provence 1961, Nr. 26; New York 1963, Nr. 10, Abb. 8; Pasadena 1967, Nr. 5, Abb.; Newcastle – London 1973, Nr. 50, Abb., S. 161.

115 *Männliche Badende (Baigneurs)* 1895–1900
Venturi Nr. 1112 (um 1900)
Bleistift und Aquarell, 130×210 mm.
Bridgestone Museum of Art, Tokyo

Blatt aus einem Skizzenalbum. Beispiel jener bewegungsreichen Szenen mit acht oder mehr männlichen *Badenden*, die sich nur in Cézannes Spätwerk finden; vgl. Venturi Nrn. 727, 729 und Chappuis Nr. 1218 (Kunstmuseum Basel, Kupferstichkabinett).

PROVENIENZ: Galerie Bernheim-Jeune, Paris; Kichizaemon Kishimoto, Osaka; Shojiro Ishibashi, Tokyo.
BIBLIOGRAPHIE: Minotaure, IX, 1936, S. 39, Abb.; Venturi, S. 279, Nr. 1112, Abb.; *The Bridgestone Museum of Art*, Tokyo 1977, Nr. 46, Abb. 37; Adriani 1978, S. 343 (bei Nr. 14), S. 344 (bei Nr. 146).

116 *Männliche Badende (Baigneurs)* 1896–1897
Venturi Nr. 1110 (1890–1900)
Aquarell über Bleistift, 200×272 mm.
Privatbesitz

Venturi glaubt auf der Darstellung, die er *Baigneurs et Baigneuses* nennt, auch weibliche Akte entdecken zu können. Die Anordnung der sieben *Badenden* erscheint in dieser vollendeten Form wohl erstmals im vorliegenden Aquarell, um leicht verändert in der Lithographie Venturi Nr. 1156, in dem um 1900 gemalten Bild Venturi Nr. 387 (Ernst Beyeler, Basel) sowie in einem im Katalog New York – Houston 1977/1978, S. 384 abgebildeten, ewa gleich großen Aquarell (ehemals B. Schreiber, Beverly Hills) fortgeführt zu werden. Vgl. auch die Kompositionen Venturi Nrn. 388–390, 541, 580–582, 585, 587–591, 901, 902, 1114, und Chappuis Nrn. 418–423, 440, 684.

PROVENIENZ: Paul Cézanne *fils*, Paris; Maurice Renou, Paris.
BIBLIOGRAPHIE: Rivière 1923, S. 13/14, Abb. (Ausschnitt); Samleren, VIII, 1929, S. 119; Rivière 1933, S. 149, Abb. (Ausschnitt); Venturi, S. 279, Nr. 1110, Abb. (Ausschnitt); Venturi 1943, Abb. 30 (Ausschnitt); Cassou 1947, Abb.; Berthold 1958, S. 39, S. 41, Abb. 47; G. F. Hartlaub, *Die Impressionisten in Frankreich,* Stuttgart o.J., S. 43, Abb.; Chappuis 1962, S. 115 (bei Nr. 210); Adriani 1978, S. 342 (bei Nr. 140), S. 344 (bei Nr. 145).
AUSSTELLUNGEN: Paris 1935; Lyon 1939, Nr. 54; London 1939 (Wildenstein), Nr. 65.

117 *Weibliche Badende (Baigneuses)*   1902–1906
Venturi Nr. 1104 (1895–1900)
Aquarell über Bleistift, 174×275 mm.
Privatbesitz

Um die Komposition um eine weitere Figur ergänzen zu können, wurde das Blatt am linken Rand angestückt.

PROVENIENZ: Paul Cézanne *fils;* Paris; W. Walter, Paris; Walter Feilchenfeldt, Zürich.
BIBLIOGRAPHIE: Venturi, S. 278, Nr. 1104, Abb.; Cassou 1947, Abb.; Schmidt 1952, Abb. 6; Rubin 1977, S. 379, Abb. 198.
AUSSTELLUNGEN: Paris 1935; *Sammlung E. G. Bührle,* Kunsthaus, Zürich 1958, Nr. 228; Hamburg 1963, Nr. 22, Abb. 74.

118 *Weibliche Badende (Baigneuses)*   1902–1906
Venturi Nr. 1108 (1900–1906)
Aquarell über Bleistift, 127×216 mm.
Verso: *Häuser,* um 1890, unveröffentlichte Bleistiftzeichnung (Abb. S. 285).
Privatbesitz

Blatt aus einem Skizzenalbum. Aquarellfassung einer nur im Gemälde Venturi Nr. 725 weiter entwickelten Figurenordnung. Ob im Hintergrund die Montagne Sainte-Victoire angedeutet ist, läßt sich nicht mit Gewißheit sagen.

PROVENIENZ: Paul Cézanne *fils,* Paris; Otto Wertheimer, Paris; Robert von Hirsch, Basel; Auktion Sotheby, London 26.–27. Juni 1978, Nr. 835, Abb.
BIBLIOGRAPHIE: Venturi, S. 279, Nr. 1108, Abb.; Cassou 1947, Abb.; Jourdain 1950, Abb.; Melvin Waldfogel, *A problem in Cézanne's Grande Baigneuses,* in: The Burlington Magazine, Mai 1962, Abb. 37; Badt 1971, S. 47, S. 49, Abb.; Rubin 1977, S. 399 (bei Nr. 41); Paris 1978, S. 236 (bei Nr. 104).
AUSSTELLUNGEN: Paris 1935; Zürich 1956, Nr. 141.

119 *Weibliche Badende (Baigneuses)*   1902–1906
Venturi Nr. 1106 (um 1903)
Aquarell über Bleistift, 224×315 mm.
Privatbesitz

Cézanne erfand mit dieser Darstellung eine einmalige Figurenanordnung, die ähnlich nur in der Gemälde-Komposition Venturi Nr. 725 fortgeführt wurde. Nach Aussage von Paul Cézanne *fils* (Paris 1936), entstand das Aquarell 1903 in Aix-en-Provence.

PROVENIENZ: Paul Cézanne *fils*, Paris; Maurice Renou, Paris.
BIBLIOGRAPHIE: Vollard 1914, S. 143, Abb.; Rivière 1923, S. 224; Venturi, S. 278; Nr. 1106, Abb.; Venturi 1943, Abb. 31; Cassou 1947, Abb.; Ratcliffe 1960, S. 29; Barnes 1977, S. 94, Anm. 93.
AUSSTELLUNGEN: Paris 1936, Nr. 137.

120 *Weibliche Badende (Baigneuses)*   1902–1906
Venturi Nr. 1105 (1900–1906)
Aquarell über Bleistift, 210×270 mm.
Verso: *Weibliche Badende,* 1902–1906, Aquarell, Venturi Nr. 1111.
Privatbesitz

Im Gegensatz zu den meisten der späten Kompositionen mit *Weiblichen Badenden,* auf denen eine linke und eine rechte Figurengruppe voneinander getrennt sind, ist im vorliegenden Aquarell eine vollkommene Einheit der Figuren untereinander und mit der sie umgebenden Natur erreicht.

PROVENIENZ: Paul Cézanne *fils*, Paris; Maurice Renou, Paris.
BIBLIOGRAPHIE: Rivière 1933, S. 97, Abb.; Venturi, S. 51, S. 278, Nr. 1105, Abb., S. 279 (bei Nr. 1111); Rewald 1936, Abb. 82; Cassou 1947, Abb. (recto und verso); Jourdain 1950, Abb.; Andersen 1963, S. 27, Abb.; Siblik 1971, Abb. 55; Hoog 1972, S. 31, Abb. (recto), S. 50, Abb. (verso); Werner Hofmann, *Das irdische Paradies,* München 1974, S. 190, Abb. 267; Hélène Adhémar, *Cézanne, les dernières années,* in: Le petit journal des grandes expositions, LVIII, 1978, Abb.
AUSSTELLUNGEN: Zürich 1956, Nr. 140; New York – Houston 1977/1978, Nr. 118, Abb. 200; Paris 1978, Nr. 103, Abb.

121 *Der Fischzug (La pêche)*   1904–1906
Venturi Nr. 1116 (1900–1906)
Aquarell über Bleistift, 125×220 mm.
The National Museum of Western Art, Tokyo (Inv.-Nr. D. 1959–9)

Blatt aus einem Skizzenalbum; Seitenangabe unten rechts von fremder Hand.

PROVENIENZ: Galerie Bernheim-Jeune, Paris; M. Matsukata, Paris.
BIBLIOGRAPHIE: Venturi, S. 280, Nr. 1116, Abb.; *La Collection Matsukata,* Tokyo 1955, Abb. 21; Mizue, 651, Juli 1959, Abb. 8; Sekai Bijutsu Zenshu, XXXVI, Tokyo 1961, S. 260, Abb.

AUSSTELLUNGEN: *Exposition d'Art Français,* San Francisco 1924/1925, Nr. 429; Aix-en-Provence – Nizza 1953, Nr. 46; *Masterpieces of the Ex-Matsukata Collection,* Tokyo 1960, Nr. 11; Tokyo – Kyoto – Fukuoka 1974, Nr. 81, Abb.

Nachtrag

122   *Felsen oberhalb des Château Noir (Rochers au-dessus de Château Noir)*   1895–1900
Venturi Nr. 1042 (1895–1900)
Aquarell, 489×290 mm.
Privatbesitz

Vgl. die Aquarelle Venturi Nrn. 1043 (The Museum of Modern Art, New York), 1044 (Joseph Pulitzer, Saint Louis).

PROVENIENZ: Durand-Ruel, Paris; Mayor Gallery, London; John Hugh Smith, Oxford; O. T. Falk, London; Alfred Scharf, London; Ursula Price, London; Auktion Sotheby, London 1. April 1981, Nr. 162, Abb.; Dollard Fine Arts, New York.
BIBLIOGRAPHIE: Amédée Ozenfant, *Art – Bilan des Arts Modernes en France,* Paris 1928, S. 73, Abb.; Amédée Ozenfant, *Foundations of Modern Art,* New York 1931, S. 67, Abb.; Venturi, S. 270, Nr. 1042, Abb.; Novotny 1938, S. 197, Nr. 25; Reff 1963, S. 29, Abb. 3; Rubin 1977, S. 92, Abb. 42; Paris 1978, S. 32, Abb.
AUSSTELLUNGEN: New York 1963, Nr. 63, Abb. 40; Newcastle – London 1973, Nr. 82, Abb., S. 168.

123   *Bäume und Felsen (Arbres et rochers)*   um 1900
Nicht bei Venturi
Aquarell über Bleistift, 470×310 mm.
Privatbesitz, Liechtenstein

PROVENIENZ: Galerie Beyeler, Basel.
AUSSTELLUNGEN: Lausanne 1964.

124   *Weg unter Bäumen (Sentier en sous-bois)*   1885–1890
Venturi Nr. 838 (1875–1877)
Aquarell über Bleistift, 475×310 mm.
(Nicht abgebildet)
Privatbesitz

PROVENIENZ: Galerie Bernheim-Jeune, Paris; Princesse Murat, Paris; Paul Cassirer, Berlin; H. von Siemens, Berlin.
BIBLIOGRAPHIE: Venturi, S. 242, Nr. 838, Abb.
AUSSTELLUNGEN: Berlin 1929/1930, Nr. 5, Abb.

Konkordanz

Vergleich der Nummern in Lionello Venturi, *Cézanne – son art, son œuvre*, Text- und Abbildungsband, Paris 1936, mit den entsprechenden Nummern in vorliegendem Katalog:

Venturi	Kat.-Nrn.	Venturi	Kat.-Nrn.	Venturi	Kat.-Nrn.	Venturi	Kat.-Nrn
818	108	904	9	1024	37	1108	118
820	2	910	26	1026	30	1110	116
822	3	914	28	1030	77	1111	120 verso
824	56	915	14	1033	75	1112	115
832	12	916	22	1034	40	1116	121
836	21	918	69	1037	80	1125	89
839	17	924	34	1038	78	1135	91
840	13	936	71	1039	67	1149	95
847	20	939	44	1041	65	1155	93
850	82	949	15	1050	62	1192	7
855	92	962	70	1052	41	1410	112
858	86	968	54	1059	43	1436	113
859	83	969	50	1060	64	1537	18
867	106	977	66	1074	19	1544	52
869	104	981	45	1078	81	1546	61
870	105	985	49	1083	107	1560	72
878	11	994	24	1088	98	1563	31
880	6	998	60	1089	102	1565	29
887	96	1003	38	1093	101	1566	103
895	8	1004	51	1094	99	1621	42
897	10	1013	57	1100	85	1630	84
898	109	1015	55	1104	117	1633	39
899	110	1021	32	1105	120		
903	114	1022	73	1106	119		

Nicht bei Venturi:
Kat.-Nrn. 1, 5, 16, 23, 25, 27, 33, 35, 36, 46, 47, 48, 53, 58, 59, 63, 68, 74, 76, 79, 87, 88, 90, 97, 100, 111, 123.

Bibliographie mit Verzeichnis der abgekürzt zitierten Literatur

Aufgeführt sind lediglich Publikationen, die auch Cézannes Aquarelle berücksichtigen. Ausführliche allgemeine Literaturangaben findet man in Lionello Venturi, *Cézanne – son art, son œuvre*, Paris 1936, S. 365 ff., in Bernard Dorival, *Cézanne*, Hamburg 1949, S. 187 ff., und in Fritz Novotny, *Die neuere Literatur zu Cézanne*, in: Bibliographie zur Kunstgeschichte des 19. Jahrhunderts, Publikationen der Jahre 1940–1966, München 1968, S. 161 f.

Adriani 1978: Götz Adriani, *Paul Cézanne – Zeichnungen*, Köln 1978. Die Publikation erschien anläßlich der Ausstellung *Paul Cézanne – Das zeichnerische Werk*, Kunsthalle, Tübingen 1978. Siehe unter Ausstellungskataloge: Tübingen 1978.

Adriani 1980: Götz Adriani, *Paul Cézanne ›Der Liebeskampf‹ – Aspekte zum Frühwerk Cézannes*, München 1980.

Andersen 1963: Wayne V. Andersen, *Watercolor in Cézanne's Artistic Process*, in: Art International, VII, 25. Mai 1963, S. 23 ff.

Andersen 1970: Wayne V. Andersen, *Cézanne's Portrait Drawings*, Cambridge (Massachusetts) – London 1970.

Arishima 1926: Ikouma Arishima, *Cézanne*, in: Ars, XIV, 1926.

Badt 1943: Kurt Badt, *Cézanne's Watercolour Technique*, in: The Burlington Magazine, LXXXIII, 1943, S. 246 ff.

Badt 1956: Kurt Badt, *Die Kunst Cézannes*, München 1956 (englischsprachige Ausgabe, London 1965).

Badt 1971: Kurt Badt, *Das Spätwerk Cézannes*, Konstanz 1971.

Balzer 1958: Wolfgang Balzer, *Die Französischen Impressionisten*, Dresden 1958.

Barnes 1977: Albert C. Barnes und Violetta de Mazia, *The Art of Cézanne*, Merion 1977 (4. Auflage der Ausgabe von 1939).

Barskaya 1975: A. Barskaya und E. Georgiyevskaya, *Paul Cézanne*, Leningrad 1975.

Bernard 1924: Emile Bernard, *Les aquarelles de Cézanne*, in: L'Amour de l'Art, II, 1924, S. 32 ff.

Berthold 1958: Gertrude Berthold, *Cézanne und die alten Meister*, Stuttgart 1958.

Brion 1973: Marcel Brion, *Paul Cézanne*, München 1973.

Cassou 1947: Jean Cassou, *Paul Cézanne – Les baigneuses*, Paris – New York 1947.

Cézanne 1936: Paul Cézanne *fils, Cinq aquarelles reproduites en facsimilé*, Paris – New York 1936.

Cézanne 1947: Cézanne, 10 Watercolors, New York 1947.

Cézanne Briefe 1979: John Rewald (Herausgeber), *Paul Cézanne – Briefe*, Zürich 1979 (2. deutschsprachige Ausgabe der französischsprachigen Originalausgabe von 1937).

Chanin 1960: A. L. Chanin, *The Henry Pearlman Collection*, in: Connoisseur, CXLV, Juni 1960.

Chappuis 1962: Adrien Chappuis, *Die Zeichnungen von Paul Cézanne – Kupferstichkabinett der öffentlichen Kunstsammlung Basel*, Text- und Abbildungsband, Olten – Lausanne 1962.

Chappuis: Adrien Chappuis, *The drawings of Paul Cézanne – A catalogue raisonné*, Text- und Abbildungsband, London 1973.

Cooper 1963: Douglas Cooper, Besprechung von »Chappuis 1962«, in: Master Drawings, I, 4, Winter 1963, S. 54 ff.

Dellis 1972: Max Dellis, *Note relative au tableau ›l'éternel feminin‹ de Cézanne*, in: Arts et livres de Provence, 81, 1972.

Denis 1905: Maurice Denis, *Cézanne*, in: L'Ermitage, 15. November 1905.

Dorival 1949: Bernard Dorival, *Cézanne*, Hamburg 1949.

Elgar 1969: Frank Elgar, *Cézanne*, London 1969.

Erpel 1973: Fritz Erpel, *Paul Cézanne*, Berlin 1973.

Faunce 1963: Sarah C. Faunce, *Cézanne Watercolor Exhibition*, in: The Art Quarterly, XXVI, 1, 1963, S. 119 ff.

Faure 1926: Elie Faure, *Paul Cézanne*, Paris 1926.

Faure o. J.: Elie Faure, *Paul Cézanne*, Paris o. J.

Feist 1963: Peter Feist, *Paul Cézanne*, Leipzig 1963.

Fry 1927: Roger Fry, *Cézanne, a study of his development*, London 1927.

Gatto 1970: Alfonso Gatto, *L'Opera completa di Cézanne*, Mailand 1970.

Gauss 1976: Ulrike Gauss, *Die Zeichnungen und Aquarelle des 19. Jahrhunderts in der Graphischen Sammlung der Staatsgalerie Stuttgart*, Stuttgart 1976.

George 1926: Waldemar George, *Les aquarelles de Cézanne*, Paris 1926.

Hoetink 1968: H. R. Hoetink, *Franse Tekeningen uit de 19e Eeuw*, Catalogus van de verzameling in het Museum Boymans – van Beuningen, Rotterdam 1968.

Hoffmann 1943: E. Hoffmann, *A Majovszky gyüjtémeny*, in: Európa, 1943, S. 150 ff.

Hofmann 1953: Werner Hofmann, *Paul Cézanne*, München 1953.

Hohl 1966: Reinhold D. Hohl, *Landschaftsaquarelle von Paul Cézanne*, in: Werkzeitung Geigy, XXIV, 6, November/Dezember 1966, S. 16 ff.

Hoog 1972: Michael Hoog, *Cézanne und seine Welt*, Paris 1972.

Huyghe 1956: René Huyghe, *Le dessin français au XIXe siècle*, Lausanne 1956.

Ikegami 1969: Chuji Ikegami, *Cézanne*, Tokyo 1969.

Jewell 1949: Edward Alden Jewell, *Paul Cézanne*, New York 1949.

Jourdain 1950: Francis Jourdain, *Cézanne*, Paris 1950.

Kahn 1913: Gustave Kahn, *Aquarelles de Cézanne*, in: Mercure de France, CVI, 396, 16. Dezember 1913, S. 822.

Kelder 1980: Diane Kelder, *French Impressionism*, New York 1980.

Lázár 1930: B. Lázár, *Cézanne*, in: Magyar Müvészet, 1930.

Leymarie 1969: Jean Leymarie, *Impressionistische Zeichnungen von Manet bis Renoir*, Genf 1969.

Lichtenstein 1964: Sara Lichtenstein, *Cézanne and Delacroix*, in: The Art Bulletin, XLVI, 1, März 1964, S. 55 ff.

Lichtenstein 1967: Sara Lichtenstein, *A sheet of Cézanne copies after Delacroix*, in: Master Drawings, V, 1, 1967, S. 182 ff.

Lichtenstein 1975: Sara Lichtenstein, *Cézanne's copies and variants after Delacroix*, in: Apollo, Februar 1975, S. 116 ff.

Lindsay 1969: Jack Lindsay, *Cézanne, his life and art*, London 1969.

Longstreet 1964: Stephen Longstreet, *Paul Cézanne, drawings*, Los Angeles 1964.

Loran 1963: Erle Loran, *Cézanne's composition*. Berkeley – Los Angeles 1963 (3. Auflage der Ausgabe von 1943).

Meier-Graefe 1918: Julius Meier-Graefe, *Cézanne und sein Kreis*, München 1918.

Meier-Graefe 1918 (Aquarelle): Julius Meier-Graefe, *Cézanne's Aquarelle*, München 1918.

Meier-Graefe 1921: Julius Meier-Graefe, *Cézanne und seine Ahnen, Faksimiles nach Aquarellen, Feder- und anderen Zeichnungen von Tintoretto, Greco, Poussin, Corot, Delacroix, Cézanne*, München 1921.

Meier-Graefe 1922: Erweiterte Fassung von »Meier-Graefe 1918«, München 1922.

Micheli 1967: Mario de Micheli, *Cézanne*, Florenz 1967.

Morice 1905: Charles Morice, *Aquarelles de Cézanne*, in: Mercure de France, LVI, 193, 1. Juli 1905, S. 133 f.

Munro 1956: Eleanor C. Munro, *Reviews and previews: Cézanne watercolors*, in: Art News, 55, März 1956, S. 50.

Murphy 1971: Richard W. Murphy, *Cézanne und seine Zeit 1839–1906*, 1971.

Neumeyer 1958: Alfred Neumeyer, *Cézanne Drawings*, New York – London 1958.

Nicodemi 1944: Giorgio Nicodemi, *Cézanne, 74 disegni*, Mailand 1944.

Novotny 1937: Fritz Novotny, *Paul Cézanne*, Wien – Paris – New York 1937.

Novotny 1938: Fritz Novotny, *Cézanne und das Ende der wissenschaftlichen Perspektive*, Wien 1938.

Novotny 1948: Fritz Novotny, *Paul Cézanne*, London 1948.

Novotny 1950: Fritz Novotny, *Cézanne als Zeichner*, in: Wiener Jahrbuch für Kunstgeschichte, XIV (XVIII), 1950, S. 225 ff.

d'Ors 1930: Eugenio d'Ors, *Paul Cézanne*, Paris 1930.

Pataky 1958: Dénes Pataky, *Von Delacroix bis Picasso, Zeichnungen aus der Sammlung des Museums der bildenden Künste in Budapest*, Budapest 1958.

Pearlman Collection 1972: Watercolors by Paul Cézanne from the Collection of Mr. and Mrs. Henry Pearlman, Utica, N.Y., 1972.

Pfister 1927: Kurt Pfister, *Cézanne – Gestalt, Werk, Mythos*, Potsdam 1927.

Ramuz 1968: C. F. Ramuz, *Cézanne Formes*, Lausanne 1968.

Ratcliffe 1960: Robert William Ratcliffe, *Cézanne's working methods and their theoretical background*, unveröffentlichte Dissertation, Courtauld Institute of Art, University of London, London 1960.

Raynal 1936: Maurice Raynal, *Cézanne*, Paris 1936.

Raynal 1954: Maurice Raynal, *Cézanne*, Genf 1954.

Reff 1958: Theodore Franklin Reff, *Studies in the drawings of Cézanne*, unveröffentlichte Dissertation, Harvard University Cambridge, Cambridge (Massachusetts) 1958.

Reff 1959: Theodore Franklin Reff, *Cézanne – The enigma of the nude*, in: Art News, LVIII, 7, November 1959, S. 26 ff., S. 68.

Reff 1960: Theodore Franklin Reff, *A new Exhibition of Cézanne*, in: The Burlington Magazine, CII, 684, März 1960, S. 116 ff.

Reff 1962: Theodore Franklin Reff, *Cézanne, Flaubert, St. Anthony, and the queen of Sheba*, in: The Art Bulletin, XLIV, Juni 1962, S. 113 ff.

Reff 1963: Theodore Franklin Reff, *Cézanne: The logical mystery*, in: Art News, LXII, Arpil 1963, S. 28 ff.

Rewald 1935: John Rewald, *Cézanne au Louvre*, in: L'Amour de l'Art, XVI, Oktober 1935, S. 282 ff.

Rewald – Marchutz 1935: John Rewald und Léo Marchutz, *Cézanne au Château Noir*, in: L'Amour de l'Art, XVI, Januar 1935.

Rewald 1936: John Rewald, *Cézanne et Zola*, Paris 1936.

Rewald 1944: John Rewald, *The camera verifies Cézanne's watercolors*, in: Art News, XXXIII, Oktober 1944, S. 16 ff.

Rewald 1968: John Rewald, *Paul Cézanne, a biography*, New York 1968 (3. englischsprachige Ausgabe der Originalausgabe, die 1939 in Paris unter dem Titel erschien: *Cézanne, sa vie, son œuvre, son amitié pour Zola*).

Rewald 1969: John Rewald, *Chocquet and Cézanne*, in: Gazette des Beaux Arts, LXXIV, 111, Juli – August 1969, S. 33 ff.

Rilke 1977: Clara Rilke (Herausgeber), *Rainer Maria Rilke, Briefe über Cézanne*, Frankfurt 1977.

Rivière 1910: Jacques Rivière, *Cézanne*, Paris 1910.

Rivière 1923: Georges Rivière, *Le maître Paul Cézanne*, Paris 1923.

Rivière 1933: Georges Rivière, *Cézanne – Le peintre solitaire*, Paris 1933.

Rousseau 1953: Theodore Rousseau, *Paul Cézanne*, New York 1953.

Rubin 1977: William Rubin (Herausgeber), *Cézanne – the late work*, New York 1977. Die Publikation, die anläßlich der Ausstellung *Cézanne – the late work*, The Museum of Modern Art, New York 1977, erschien und deren umfassender Abbildungsteil nicht identisch ist mit dem von John Rewald erarbeiteten Katalogteil, enthält folgende Beiträge: Theodore Reff, *Painting and Theory in the Final Decade*; Lawrence Gowing, *The Logic of Organized Sensations*; Liliane Brion-Guerry, *The Elusive Goal*; John Rewald, *The Last Motifs at Aix*; Fritz Novotny, *The Late Landscape Paintings*; Geneviève Monnier, *The Late Watercolors*; Douglas Druick, *Cézanne's Lithographs*; George Heard Hamilton, *Cézanne and His Critics;* William Rubin, *Cézannisme and the Beginnings of Cubism*. Siehe unter Ausstellungskataloge: New York – Houston 1977/1978.

Schapiro 1968: Meyer Schapiro, *Les pommes de Cézanne*, in: Revue de l'Art, 1–2, 1968, S. 73 ff. (*The apples of Cézanne*, in: Art News Annual, XXXIV, 1968, S. 35 ff.).

Schmidt 1952: Georg Schmidt, *Aquarelle von Paul Cézanne*, Basel 1952.

Siblik 1971: Jiri Siblik, *Paul Cézanne, Zeichnungen und Aquarelle*, Wien 1971.

Strauss 1980: Ernst Strauss, *Nachbetrachtungen zur Pariser Cézanne-Retrospektive 1978*, in: Kunstchronik, XXXIII, 7/8, Juli/August 1980, S. 246 ff. und S. 281 ff.

Taillandier 1961: Yvon Taillandier, *Paul Cézanne*, Mailand –

Paris – New York 1961.

Vaizey 1974: Marina Vaizey, *Watercolour and pencil drawings by Cézanne*, in: The Connoisseur, 185, 1974, S. 92.

Venturi: Lionello Venturi, *Cézanne – son art, son œuvre*, Text- und Abbildungsband, Paris 1936.

Venturi 1943: Lionello Venturi, *Paul Cézanne, Watercolours*, Oxford 1943.

Venturi 1978: Lionello Venturi, *Cézanne*, Genf 1978.

Vollard 1914: Ambroise Vollard, *Paul Cézanne*, Paris 1914.

Wadley 1973: Nicholas Wadley, *Cézanne Watercolours and Drawings at the Hayward Gallery*, in: The Burlington Magazine, CXV, Dezember 1973, S. 831 f.

Wadley 1975: Nicholas Wadley, *Cézanne and his art*, London 1975.

Wechsler 1975: Judith Wechsler, *Cézanne in Perspective*, Englewood Cliffs 1975.

Zahn 1957: Leopold Zahn, *Paul Cézanne – Landschaftsaquarelle*, Baden-Baden 1957.

Ausstellungen und Ausstellungskataloge

Aix-en-Provence – Nizza 1953: *Cézanne – Peintures, Aquarelles, Dessins*, Aix-en-Provence – Nice 1953.

Aix-en-Provence 1956: *Exposition pour commémorer le cinquantaire de la mort de Cézanne* (Text Fritz Novotny), Pavillon de Vendôme, Aix-en-Provence 1956.

Aix-en-Provence 1961: *Paul Cézanne* (Text Fritz Novotny), Pavillon de Vendôme, Aix-en-Provence 1961.

Amsterdam 1938: *Fransche Meesters uit de XIXe eeuw, tekeningen, aquarellen, pastels*, Galerie Paul Cassirer, Amsterdam 1938.

Amsterdam 1946: *Tekeningen van Fransche Meesters, 1800–1900*, Stedelijk Museum, Amsterdam 1946.

Amsterdam 1951: *Het Fransche landschap van Poussin tot Cézanne*, Rijksmuseum, Amsterdam 1951.

Basel 1935: *Meisterzeichnungen französischer Künstler von Ingres bis Cézanne*, Kunsthalle, Basel 1935.

Basel 1936: *Paul Cézanne*, Kunsthalle, Basel 1936.

Berlin 1921: *Paul Cézannes Werke in deutschem Privatbesitz*, Galerie Paul Cassirer, Berlin 1921.

Berlin 1927: *Cézanne, Aquarelle und Zeichnungen*, Galerie Flechtheim, Berlin 1927.

Berlin 1927 (Thannhauser): *Erste Sonderausstellung*, Galerie Thannhauser, Berlin 1927.

Berlin 1929/1930: *Ein Jahrhundert französischer Zeichnung*, Galerie Paul Cassirer, Berlin 1929/1930.

Boston 1937: *Modern Paintings from Boston Collections*, Museum of Modern Art, Boston 1937.

Boston 1939: *Paintings, Drawings, Prints from Private Collections in New England*, Museum of Fine Arts, Boston 1939.

Brooklyn 1926: *Summerexhibition*, Brooklyn Academy of Arts and Sciences, Brooklyn 1926.

Brüssel 1904: *Exposition d'Impressionnistes*, Libre Esthétique, Brüssel 1904.

Brüssel 1913: *Interprétations du Midi*, Libre Esthétique, Brüssel 1913.

Chicago – New York 1952: *Cézanne, Paintings, Watercolors and Drawings* (Text Theodore Rousseau; Katalogbearbeitung Patrick T. Malone), The Art Institute, Chicago 1952; The Metropolitan Museum of Art, New York 1952.

Columbus 1939: *Cézanne Watercolors*, The Columbus Gallery of Fine Arts, Columbus 1939.

Den Haag 1956: *Paul Cézanne 1839–1906* (Text Fritz Novotny), Gemeentemuseum, Den Haag 1956.

Detroit 1967: *Cézanne and his Contemporaries: The Mr. and Mrs. Henry Pearlman Collection*, The Detroit Institute of Arts, Detroit 1967.

Genf 1967: *Cézanne à Picasso*, Musée de l'Athénée, Genf 1967.

Hamburg 1963: *Wegbereiter der Modernen Malerei, Cézanne, Gauguin, van Gogh, Seurat* (Text Hans Platte; Katalogbearbeitung Ursula Witt), Kunstverein, Hamburg 1963.

Köln 1956/1957: *Cézanne, Ausstellung zum Gedenken an sein 50. Todesjahr*, Wallraf-Richartz-Museum, Köln 1956/1957.

Lausanne 1964: *Chefs d'Œuvre des Collections Suisses de Manet à Picasso*, Palais de Beaulieu, Lausanne 1964.

Leningrad 1970: *Sedevré riszunka muzeja uzobrazutelnih iszukusztv Budapeste*, Leningrad 1970.

London 1912: *Second Post Impressionist Exhibition*, Grafton Galleries, London 1912.

London 1925: *Paul Cézanne*, The Leicester Galleries, London 1925.

London 1937: *Cézanne*, Galerie Alex Reid & Lefevre, London 1937.

London 1939: *Paul Cézanne Watercolours*, Galerie Paul Cassirer, London 1939.

London 1939 (Wildenstein): *Homage to Paul Cézanne* (Text John Rewald), Galerie Wildenstein, London 1939.

London 1946: *Paul Cézanne, an exhibition of watercolours* (Text Kenneth Clark), The Tate Gallery, London 1946.

London 1949: *19th Century French Masters*, Galerie Reid & Lefevre, London 1949.

Luzern 1940: *Hauptwerke der Sammlung Hahnloser, Winterthur*, Kunstmuseum, Luzern 1940.

Lyon 1939: *Centenaire de Paul Cézanne* (Text Joseph Billiet), Palais Saint-Pierre, Lyon 1939.

Maryland – Louisville – Ann Arbor 1977/1978: *From Delacroix to Cézanne, French Watercolor Landscapes of the Nineteenth Century*, University of Maryland Art Gallery, Maryland 1977; J. B. Speed Art Museum, Louisville 1978; University of Michigan Museum of Art, Ann Arbor 1978.

München 1929: *Von Ingres bis Picasso*, Graphisches Kabinett J. B. Neumann, München 1929.

München 1956: *Paul Cézanne 1839–1906* (Text Fritz Novotny), Haus der Kunst, München 1956.

München 1969: *Europäische Meisterwerke aus Schweizer Sammlungen*, Staatliche Graphische Sammlung, München 1969.

München 1973: *Das Aquarell 1400–1950*, Haus der Kunst, München 1973.

Newcastle – London 1973: *Watercolour and pencil drawings by*

Cézanne (Text Lawrence Gowing; Katalogbearbeitung Robert William Ratcliffe), Laing Art Gallery, Newcastle upon Tyne 1973; Hayward Gallery, London 1973.

New York 1916: *Cézanne*, Montross Gallery, New York 1916.

New York 1919: *Cézanne*, Arden Galleries, New York 1919.

New York 1921: *Cézanne, Redon and others*, Museum of French Art, New York 1921.

New York – Andover – Indianapolis 1931/1932: *The collection of the Late Miss Lillie P. Bliss*, The Museum of Modern Art, New York 1931; Addison Gallery of American Art, Andover 1931; John Herron Art Institute, Indianapolis 1932.

New York 1933: *Watercolors by Cézanne*, Galerie Jacques Seligmann, New York 1933.

New York 1934: *The Lillie P. Bliss Collection*, The Museum of Modern Art, New York 1934.

New York 1934/1935: *Fifth Anniversary Exhibition*, The Museum of Modern Art, New York 1934/1935.

New York 1937: *Cézanne Watercolors*, Valentine Gallery, New York 1937.

New York 1943: *Loan Exhibition of the Collection of Pictures of Erich Maria Remarque*, Galerie Knoedler, New York 1943.

New York 1947: *Paul Cézanne 1839–1906* (Katalogbearbeitung Vladimir Visson, Daniel Wildenstein), Galerie Wildenstein, New York 1947.

New York 1952: *Cézanne, Rarely shown works* (Text Karl-Ernst Osthaus), Fine Arts Associates, New York 1952.

New York 1956: *Cézanne Watercolors*, Fine Arts Associates, New York, 1956.

New York 1956 (Wildenstein): *For the Connoisseur*, Galerie Wildenstein, New York 1956.

New York 1959: *Cézanne* (Text Meyer Schapiro; Katalogbearbeitung Daniel Wildenstein, Georges Wildenstein), Galerie Wildenstein, New York 1959.

New York 1959 (Knoedler): *A loan exhibition of Paintings, Watercolors and Sculpture from the collection of Mr. and Mrs. Henry Pearlman*, Galerie Knoedler, New York 1959.

New York – Oberlin 1959: *Great Master Drawings of Seven Centuries*, Galerie Knoedler, New York 1959; Dudley Peter Allen Memorial Art Museum, Oberlin 1959.

New York 1963: *Cézanne Watercolors* (Texte Meyer Schapiro, Theodore Reff), Galerie Knoedler, New York 1963.

New York 1964: *The Henry Pearlman Collection*, The Brooklyn Museum, New York 1964.

New York 1971: *Summer Loan 1971: Paintings from New York Collections: Collection of Mr. and Mrs. Henry Pearlman*, The Metropolitan Museum of Art, New York 1971.

New York 1974: *An Exhibition of Paintings, Watercolors, Sculpture and Drawings from the Collection of Mr. and Mrs. Henry Pearlman* (Katalogbearbeitung John Rewald), The Brooklyn Museum, New York 1974.

New York – Houston 1977/1978: *Cézanne – The late work* (Texte Theodore Reff, Lawrence Gowing, Liliane Brion-Guerry, John Rewald, Fritz Novotny, Geneviève Monnier, Douglas Druick, George Heard Hamilton, William Rubin; Katalogbearbeitung John Rewald), The Museum of Modern Art, New York 1977; Museum of Fine Arts, Houston 1978.

Northampton 1948: *Some Paintings from Alumnae Collections*, Smith College Museum of Art, Northampton 1948.

Northampton 1950: *Works of Art belonging to Alumnae*, Smith College Museum of Art, Northampton 1950.

Paris 1907: *Les Aquarelles de Cézanne*, Galerie Bernheim-Jeune, Paris 1907.

Paris 1907 (Salon d'Automne): *Rétrospective d'œuvres de Paul Cézanne*, Salon d'Automne, Paris 1907.

Paris 1909: *Paul Cézanne Aquarelles*, Galerie Bernheim-Jeune, Paris 1909.

Paris 1910: *Cézanne*, Galerie Bernheim-Jeune, Paris 1910.

Paris 1929: *Cézanne 1839–1906* (Text Ambroise Vollard; Katalogbearbeitung Roger Gaucheron), Galerie Pigalle, Paris 1929.

Paris 1935: *Aquarelles et Baignades de Cézanne*, Galerie Renou et Colle, Paris 1935.

Paris 1936: *Cézanne* (Texte Jacques-Emile Blanche, Paul Jamot; Katalogbearbeitung Charles Sterling), Musée de l'Orangerie, Paris 1936.

Paris 1939: *Paul Cézanne, Centenaire du peintre indépendant* (Text Maurice Denis), Musée de l'Orangerie, Paris 1939.

Paris 1952: *Musée Boymans de Rotterdam, dessins du XVe au XIXe siècle*, Bibliothèque Nationale, Paris 1952.

Paris 1956: *Aquarelles de Cézanne*, Galerie Bernheim-Jeune, Paris 1956.

Paris 1959: *De Géricault à Matisse, Chefs-d'œuvres français de Collections Suisse*, Petit Palais, Paris 1959.

Paris 1960: *Cézanne, Aquarelliste et Peintre*, Galerie Bernheim-Jeune, Paris 1960.

Paris – Amsterdam 1964: *Le dessin français dans les collections Hollandaises*, Institut Néerlandais, Paris 1964; *Franse tekeningen uit Nederlandse verzamelingen*, Rijksmuseum, Amsterdam 1964.

Paris 1971: *Aquarelles de Cézanne*, Galerie Bernheim-Jeune, Paris 1971.

Paris 1978: *Cézanne – les dernières années 1895–1906*, reduzierte Fassung der zuerst in New York gezeigten Ausstellung (Texte siehe Katalog New York – Houston 1977/1978), Grand Palais, Paris 1978.

Pasadena 1967: *Cézanne watercolors* (Text John Coplans), Art Museum, Pasadena 1967.

Philadelphia 1934: *Works of Cézanne*, Pennsylvania Museum of Art, Philadelphia 1934.

Pittsburgh – Chicago 1935: *Bliss Collection of Watercolors and Drawings*, Carnegie Institute, Pittsburgh 1935; Arts Club, Chicago 1935.

Rom 1913: *Prima Esposizione internazionale d'Arte della Secessione*, Rom 1913.

Rom 1979: *Disegni di Cézanne* (Text Nello Ponente), Palazzo Braschi, Rom 1979.

Rotterdam 1933/1934: *Tekeningen van Ingres tot Seurat*, Museum Boymans-van Beuningen, Rotterdam 1933/1934.

San Francisco 1937: *Paul Cézanne* (Texte G. L. Cann Morley, Gerstle Mack), Museum of Art, San Francisco 1937.

Tokyo – Kyoto – Fukuoka 1974: *Cézanne* (Texte John Rewald,

Denys Sutton, Fritz Novotny, Adrien Chappuis; Katalogbe-
arbeitung Chuij Ikegami), Musée National d'Art Occidental,
Tokyo 1974; Musée de la Ville, Kyoto 1974; Centre Culturel,
Fukuoka 1974.

Tübingen 1978: *Paul Cézanne – Das zeichnerische Werk* (Text
Götz Adriani), Kunsthalle, Tübingen 1978.

Washington – Chicago – Boston 1971: *Cézanne* (Texte John
Rewald, Duncan Phillips; Katalogbearbeitung John Rewald),
The Phillips Collection, Washington 1971; The Art Institute,
Chicago 1971; Museum of Fine Arts, Boston 1971.

Wien 1961: *Paul Cézanne 1839–1906* (Text Fritz Novotny;
Katalogbearbeitung Klaus Demus), Österreichische Galerie,
Wien 1961.

Wien 1967: *Meisterzeichnungen aus dem Museum der Schönen
Künste Budapest*, Albertina, Wien 1967.

Wuppertal 1965: *Verzeichnis der Handzeichnungen, Pastelle
und Aquarelle im Von der Heydt-Museum*, Wuppertal 1965.

Zürich 1956: *Paul Cézanne 1839–1906* (Text Gotthard Jed-
licka), Kunsthaus, Zürich 1956.

Fotonachweis

Die Fotovorlagen wurden dankenswerterweise von den Leihge-
bern zur Verfügung gestellt oder stammen aus dem Archiv des
DuMont Buchverlags Köln. Nicht aufgeführt sind die Namen
der Fotoquellen, die im Katalogteil erscheinen.

Ron Forth Photography, Cincinnati: 49, 60.
Foto Heimhuber, Sonthofen: 44, 57.
Fotoatelier Gerhard Howald, Kirchlindach-Bern: 104.
Foto Studio H. Humm, Zürich: 5, 10, 18, 25, 27, 29, 33, 36, 46,
68, 73, 75, 81, 85, 89, 90, 97, 99, 100, 116, 119, 120.
Attila Károly, Budapest (Corvina Archiv): 86.
Hans Petersen, Kopenhagen: 12.
Foto Studio van Santvoort, Wuppertal: 43, 48, 54.
Alfréd Schiller, Budapest (Corvina Archiv): 70.
D. Verriest, Gent: 47.
John Webb Photography, Cheam: 82.